教育部人文社会科学研究一般项目资助

教育部人文社会科学研究一般项目"学术期刊媒介融合中网络出版机制、评价方法及政府规制"（17YJA860015）研究成果

本书获得东北财经大学资助

光明社科文库
GUANGMING DAILY PRESS:
A SOCIAL SCIENCE SERIES

·经济与管理书系·

学术期刊网络出版问题研究

孟 耀 孟丽莎 | 著

光明日报出版社

图书在版编目（CIP）数据

学术期刊网络出版问题研究 / 孟耀，孟丽莎著 . --北京：光明日报出版社，2022.12
ISBN 978-7-5194-6573-5

Ⅰ.①学… Ⅱ.①孟… ②孟… Ⅲ.①学术期刊—网络出版—研究 Ⅳ.①G237.5

中国版本图书馆 CIP 数据核字（2022）第 072004 号

学术期刊网络出版问题研究
XUESHU QIKAN WANGLUO CHUBAN WENTI YANJIU

著　　者：孟　耀　孟丽莎	
责任编辑：石建峰	责任校对：李　兵
封面设计：中联华文	责任印制：曹　净

出版发行：光明日报出版社
地　　址：北京市西城区永安路 106 号，100050
电　　话：010-63169890（咨询），010-63131930（邮购）
传　　真：010-63131930
网　　址：http://book.gmw.cn
E - mail：gmrbcbs@gmw.cn
法律顾问：北京市兰台律师事务所龚柳方律师
印　　刷：三河市华东印刷有限公司
装　　订：三河市华东印刷有限公司
本书如有破损、缺页、装订错误，请与本社联系调换，电话：010-63131930

开　　本：170mm×240mm	
字　　数：319 千字	印　　张：17.5
版　　次：2023 年 1 月第 1 版	印　　次：2023 年 1 月第 1 次印刷
书　　号：ISBN 978-7-5194-6573-5	
定　　价：98.00 元	

版权所有　　翻印必究

序

  网络出版是出版业在互联网时代产生的新形态。传统出版是以纸媒为载体的出版形态，自从其诞生以来，经历了数个世纪的发展，为人类社会的知识传播和传承做出了伟大的贡献。在互联网诞生之前，传统出版是一种高效的出版模式。互联网诞生后，出版业出现了以电子信息为载体的网络出版，它以互联网为平台，把出版的内容从纸媒记录转化为电子信息记录，并在互联网里储存和传播，从而改变了内容信息的出版传播形态。由于互联网在传递信息时具有大容量、方便存取、更新快、互动性强等特点，人们对互联网的利用和依赖已经达到空前阶段。无论什么时候、无论什么地点、无论什么事情，都可以借助互联网查找所需要的内容信息。当前世界各地的人们离不开手机，既是因为可以互相联系，更多的是可以实现网络互联互通。网络出版是传统出版与互联网融合的产物，是一种可以脱离纸媒进行内容生产和传播的现代出版形态。

  学术期刊以发表科学研究成果，进行学术交流、促进学术思想的发现和技术创新为主要任务。它在出版中的时效性特征，使其非常适宜互联网出版与传播。作者和读者都希望学术期刊出版周期短，更希望学术期刊能够实现互动。因此，学术期刊网络出版成为最好的选择。但是，作为新型出版方式，它发展成为占主导地位的出版方式还需要时日。由于纸媒学术期刊具有一些电子期刊所不具备的优点，纸媒学术期刊还将继续生存下去，并与网络出版的电子期刊共同构成学术期刊的出版形态。然而，网络出版的电子期刊终将成为未来学术期刊的基本形态。

  长期从事学术期刊编辑出版问题研究，我们发现研究者在这个问题上的研究很不深入、不系统，取得的研究成果在理论上难以指导学术期刊进一步推进网络出版发展，基于网络出版必将成为学术期刊的基本方式这个大方向，我们选择这个问题进行系统研究，以期揭示学术期刊网络出版的规律，提出促进学术期刊网络出版的微观措施和宏观政策。

  学术期刊的网络出版要解决的问题很多。首先是认识问题。在以纸媒为介质的期刊形态下，把纸媒期刊内容转变为电子信息内容，并在互联网上储存和允许下载，这种方式是网络出版的一种方式。这种方式的意义在于通过过渡的方式，实现了学术期刊网络出版，其特征是纸媒期刊与网络期刊共存，共同为作者及读者提供知识传播服务。因此，在纸媒期刊没有彻底被网络期刊取代之前，纸媒期刊仍然具有非常重要的社会价值及意义。而网络期刊要取代纸媒期刊成为唯一的学术期刊形态，不是短期能够实现的。也许，这种共存是长期的，要经过较长时间才能改变两种形态共存的局面。事实上，纸媒期刊并不否定学术期刊网络出版，相反，对于网络出版提供了不可小觑的基础性支持，它在弥补网络期刊的不足、规范网络出版、扩大网络期刊社会影响等方面发挥了积极作用。在学术期刊网络出版中，发挥纸媒期刊与网络传播的互补效应，是提高学术期刊影响力的科学策略。其次，我们应当清楚网络出版的基本规律。按照网络传播的特点和方式，用互联网平台来出版和传播学术期刊的内容，让用户获得网络体验，发挥其全媒体、互动性、便利性和大容量等方面的优势。学术期刊的内容属于学术研究成果，决定了其读者面小，是小众化的媒介，但是，互联网技术的利用可以使其成为大众媒介。微信公众号的利用，为读者提供了阅读便利。手机的普及为学术期刊内容传播提供了移动设备，也为网络期刊传播创造了便利。

学术期刊网络出版已经成为未来的大趋势。为了能够在网络出版的方向上发展得更好、更快，还需要做好相关方面的事情，例如，对网络期刊进行科学评价，制定网络期刊规制和网络期刊发展政策等。这些都是我们在本书中所努力探讨的问题。经过课题组的共同努力，在这些方面取得了一些成果，但有待于进一步研究。

本书是笔者主持的教育部人文社会科学研究规划项目"学术期刊媒介融合中网络出版机制、评价方法及政府规制"（17YJA860015）的最终成果。参加本课题研究的人员除本人外，还有孟丽莎博士（第八章、第九章）、巴红静编辑、孙艳编辑、李明齐编辑，杨全山、刘艳、于振荣、韩淑丽对本书的研究提供了帮助和指导，他们对本课题研究做出了很多努力。同时，我的夫人宗香勤女士也给了我巨大的支持。在此书付梓之际，衷心感谢光明日报出版社编辑同仁为此书出版的付出。同时，感谢所有帮助我进步和陪伴我一路走来的老师和朋友。

孟　耀

东北财经大学梓楠楼

2021年2月

目 录
CONTENTS

第一章 绪 论 ·· **1**
 第一节 研究背景 ·· 1
 第二节 研究意义 ·· 5
 第三节 研究目标与主要内容 ·· 6
 第四节 研究思路和方法 ·· 9
 第五节 创新之处 ·· 11

第二章 文献梳理与研究综述 ·· **12**
 第一节 媒介融合问题研究综述 ·· 12
 第二节 学术期刊媒介融合问题的研究进展 ·································· 20
 第三节 学术期刊数字化与网络出版问题研究综述 ······················ 25

第三章 学术期刊媒介融合 ·· **42**
 第一节 学术期刊与新媒体融合发展 ·· 42
 第二节 学术期刊媒介融合的理论基础 ·· 49
 第三节 学术期刊媒介融合机制 ·· 53
 第四节 学术期刊媒介融合的政策依据和基本原则 ······················ 60
 第五节 学术期刊媒介融合的目标和基本途径 ······························ 62
 第六节 学术期刊媒介融合的分类和模式 ···································· 63
 第七节 我国学术期刊媒介融合模式的选择与创新 ······················ 66

第四章 学术期刊网络出版理论基础 ·· **72**
 第一节 学术期刊网络出版的界定 ··· 72

1

第二节　学术期刊网络出版的分类、功能及特征 …………… 78
　　第三节　学术期刊网络出版的社会影响 …………………………… 85

第五章　学术期刊网络出版的发展及问题 ………………………… 87
　　第一节　国外学术期刊网络出版的发展 …………………………… 87
　　第二节　我国学术期刊网络出版的发展 …………………………… 92
　　第三节　学术期刊网络出版发展存在的问题与发展策略 ………… 97

第六章　学术期刊网络出版机制及其运行机理 …………………… 104
　　第一节　学术期刊网络出版的影响因素 ………………………… 104
　　第二节　学术期刊网络出版机制及其构成 ……………………… 108
　　第三节　学术期刊网络出版机制运行机理 ……………………… 115
　　第四节　学术期刊网络出版机制的构建路径 …………………… 117

第七章　学术期刊网络出版平台及其构建 ………………………… 123
　　第一节　学术期刊网络出版平台的含义 ………………………… 123
　　第二节　国内外学术期刊网络出版平台比较 …………………… 128
　　第三节　学术期刊数字化网络出版模式 ………………………… 134
　　第四节　网络出版平台中学术期刊网站的构建 ………………… 138
　　第五节　学术期刊网上编辑出版系统 …………………………… 142
　　第六节　学术期刊网络出版信息管理系统 ……………………… 146

第八章　我国学术期刊评价体系及方法 …………………………… 149
　　第一节　学术期刊评价的产生与争论 …………………………… 149
　　第二节　我国学术期刊评价的发展及现状 ……………………… 156
　　第三节　学术期刊评价的理论分析 ……………………………… 159
　　第四节　我国现有期刊评价体系比较 …………………………… 170
　　第五节　当前学术期刊评价分析 ………………………………… 172

第九章　媒介融合中网络出版学术期刊评价 ……………………… 178
　　第一节　学术期刊网络出版的形态及其对期刊评价的影响 …… 178
　　第二节　现有学术期刊评价经验借鉴 …………………………… 184
　　第三节　网络出版学术期刊评价基本理论 ……………………… 189

第四节　基于质量因子理论和知识网络扩散理论的学术期刊评价 ……… 192
　　第五节　网络出版学术期刊评价方法探讨 …………………………… 198

第十章　学术期刊网络出版政府规制 …………………………………… 204
　　第一节　学术期刊网络出版规制研究回顾 …………………………… 204
　　第二节　网络出版中学术期刊政府规制理论基础 …………………… 206
　　第三节　学术期刊网络出版规制环境 ………………………………… 211
　　第四节　国外传媒产业与学术期刊出版中的政府规制 ……………… 214
　　第五节　国外学术期刊网络出版规制 ………………………………… 218
　　第六节　我国学术期刊出版政府规制 ………………………………… 225
　　第七节　学术期刊网络出版政府规制分析 …………………………… 238
　　第八节　学术期刊网络出版规制框架体系构建 ……………………… 246

参考文献 ………………………………………………………………………… 259

后　记 …………………………………………………………………………… 266

第一章

绪 论

第一节 研究背景

一、传媒产业迎来大变局

媒体融合是21世纪媒体产业发展的最显著特征。什么是媒体融合？美国麻省理工学院教授浦尔（J. Pur）提出的定义大意是：各种媒介呈现一体化多功能发展趋势。学术界一般从广义和狭义两个层次进行理解：广义上讲，媒体融合是指一切媒介及其要素的结合、汇集和融合，既有形态上的融合，也有组织结构、所有权、传播渠道和手段、功能等方面的融合。狭义上讲，媒体融合是指将不同的媒介形态融合在一起，形成新的媒介形态，又称媒介融合。现实中我们并不把二者明确地分开，只是在某些需要的场合才彻底区分。自20世纪后半期，准确地说在20世纪80年代前后，随着计算机技术和网络技术的产生和发展，媒体融合步伐迅速加快，成为人们生活中的新事物。目前，传统媒体中的报纸、杂志、电视、广播、图书出版等，以前所未有的速度加快与互联网、手机、智能终端等新媒体结合，形成了以内容为核心、以高科技传播手段为主导、以满足用户对信息资源高质量共享为目标的全媒体形态和系统。在这样的背景下，2014年8月18日，中央全面深化改革领导小组第四次会议审议通过了《关于推动传统媒体和新兴媒体融合发展的指导意见》。中央全面深化改革领导小组组长习近平强调，推动传统媒体和新兴媒体融合发展，要遵循新闻传播规律和新兴媒体发展规律，强化互联网思维，坚持传统媒体和新兴媒体优势互补、一体发展，坚持先进技术为支撑、内容建设为根本，推动传统媒体和新兴媒体在内容、渠道、平台、经营、管理等方面的深度融合，着力打造一批形态多样、手段先进、具有竞争力的新型主流媒体，建成几家拥有强大实力和传播力、公信力、影响力的新型媒体集团，形成立体多样、融合发展的现代传播体系。要一手抓融合，一手抓管理，确保融合发展沿着正确方向推进。

媒体融合意义深远。在我国不断推进新时代中国特色社会主义建设中，媒体融合意义深远。媒体融合适应了信息技术和互联网技术发展的新形势，在云计算、大数据、物联网、人工智能等新技术的背景下，实现了传播方式的革命和传播形态的提升，以其在信息传播领域的特殊优势，为增强人民群众的获得感、幸福感、安全感，开辟了新空间、新途径，能够更好地提升人民群众的生活质量，满足其日益增长的美好生活需要。① 我们的国家在强盛，我们的人民实现了小康社会，国家富强，人民小康，对精神文化和服务的需要也提升到新的高度。媒体融合催生了新的传播方式和传媒形态，移动互联、电子信息传播、互动链接等使得信息传播十分方便，数字化传播终端的普及更加贴近人民群众，也更好地满足了人民群众对高品质、高质量精神产品的需求。下载、链接、点赞、关注、评论、即时传播等，提高了用户的参与度，进而使人民群众在社会经济发展和政治生活中，有了更多的主动性和积极性，为促进全面实现小康社会提供了物质基础和技术条件。

目前，我国互联网发展迅速，网民数量增长很快。2019年2月28日，中国互联网络信息中心（CNNIC）发布第43次《中国互联网络发展状况统计报告》。报告显示，截至2018年12月，我国网民规模为8.29亿，其中手机网民占比达98.6%，互联网普及率达59.6%（图1-1）。这些成为推动媒体融合的巨大动力。

2019年1月25日，中共中央政治局在人民日报社就全媒体时代和媒体融合发展举行第十二次集体学习。习近平总书记发表重要讲话，指出"推动媒体融合发展、建设全媒体就成为我们面临的一项紧迫课题"，"党的十八大以来，我们坚持导向为魂、移动为先、内容为王、创新为要，在体制机制、政策措施、流程管理、人才技术等方面加快融合步伐，建立融合传播矩阵，打造融合产品，取得了积极成效。我们要立足形势发展，坚定不移推动媒体深度融合"。并提出媒体融合的发展方向："要形成资源集约、结构合理、差异发展、协同高效的全媒体传播体系。"②

媒体融合的发展如火如荼。传媒产业正发生着历史巨变。报纸、图书、杂志、电视、广播等传统媒体，不断扩大与新兴媒体的融合，并产生出越来越多

---

① 朱群永. 论推动媒体融合发展［EB/OL］. 睿慧资讯网，2019-04-05.
② 习近平. 加快推动媒体融合发展 构建全媒体传播格局［J］. 求是，2019（6）.

网民规模和互联网普及率

年份	网民数(万人)	互联网普及率
2008年	29800	22.6%
2009年	38400	28.9%
2010年	45730	34.3%
2011年	51310	38.3%
2012年	56400	42.1%
2013年	61758	45.8%
2014年	64875	47.9%
2015年	68826	50.3%
2016年	73125	53.2%
2017年	77198	55.8%
2018年	82851	59.6%

手机网民规模及其占网民比例

年份	手机网民规模(万人)	手机网民占整体网民比例
2008年	11760	39.5%
2009年	23344	60.8%
2010年	30274	66.2%
2011年	35558	69.3%
2012年	41997	74.5%
2013年	50006	81.0%
2014年	55678	85.8%
2015年	61981	90.1%
2016年	69531	95.1%
2017年	75265	97.5%
2018年	81698	98.6%

单位:万人　　2018年12月

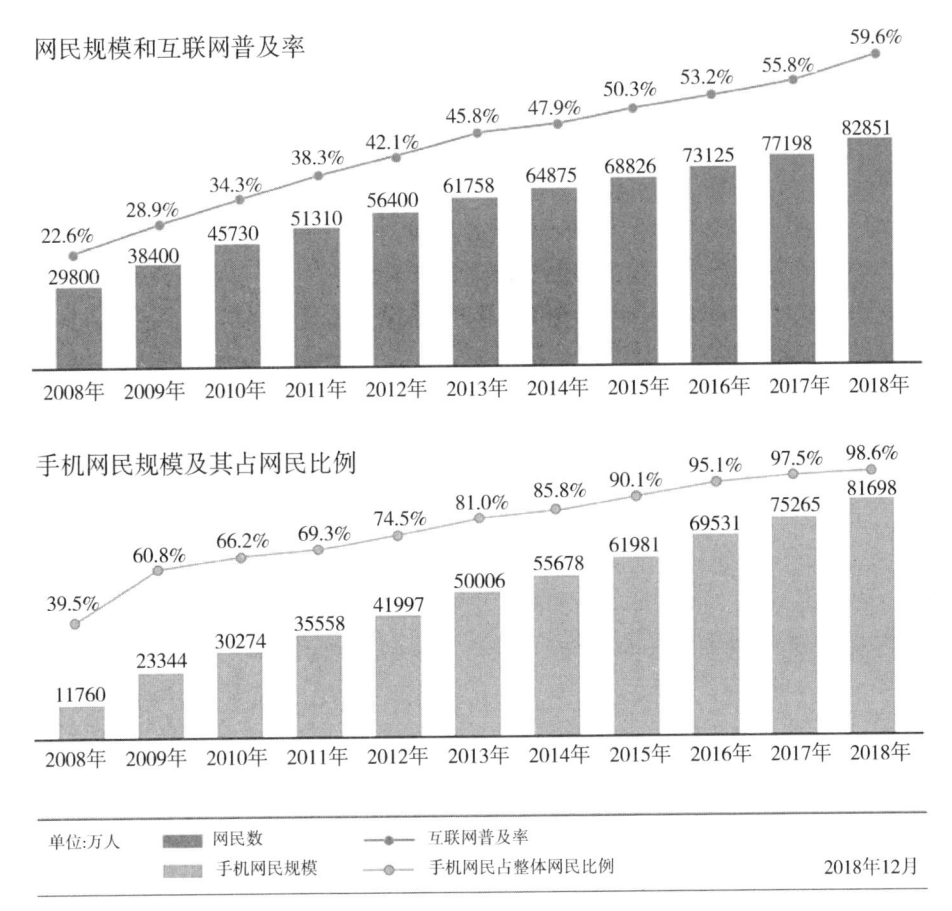

图1-1　我国网民规模和互联网普及率、手机网络规模及其占网络比例

资料来源:中国互联网络信息中心(CNNIC),中国互联网络发展状况统计报告。

的新形态、新方式和新手段。全媒体的传媒格局正在形成。

二、数字化与网络出版推动学术期刊媒介融合

随着媒介融合的深入开展,数字化转型成为出版业媒介融合的主要方式。报纸、图书和杂志不断向数字化深入发展。国内外很多著名的报纸、图书和杂志出版商大规模减少纸媒出版,甚至放弃纸媒出版,将数字出版作为主要产品。互联网的发展为网络传播提供了便利,网络出版成为各大出版商的饕餮盛宴。

期刊出版业也遭遇了发展瓶颈。不仅纸张价格上升带来成本增加,而且报刊亭的大幅度减少导致纸质期刊销售困难,期刊总印数连续数十年大幅度下降,期刊广告收入大幅度下滑。然而,学术期刊虽然受到了同样的冲击,但是依然在印刷出版方面保持了较好的发展。近年来新创期刊中学术期刊占了较大比例，其中网络出版占据了主要份额。在数字化和网络出版不断扩大阵地的过程中，很多学术期刊出版存在着战略思维落后的问题。例如，坚守传统内容运营理念，固守传统内容品牌与模式，缺乏与用户、作者之间的交流互动，知识服务意识淡薄，忽视网络传播带来的发展机遇。

适应媒体融合发展的大趋势，2010年8月16日原新闻出版总署发布《关于加快我国数字出版产业发展的若干意见》（新出政发〔2010〕7号），指出"发展数字出版产业，对于提升我国文化软实力，推动文化产业乃至国民经济的可持续发展，转变出版业发展方式具有重要意义"，提出了加快我国数字出版产业发展的具体意见。什么是数字出版？这个通知说得非常明确："数字出版是指利用数字技术进行内容编辑加工，并通过网络传播数字内容产品的一种新型出版方式，其主要特征为内容生产数字化、管理过程数字化、产品形态数字化和传播渠道网络化。目前数字出版产品形态主要包括电子图书、数字报纸、数字期刊、网络原创文学、网络教育出版物、网络地图、数字音乐、网络动漫、网络游戏、数据库出版物、手机出版物（彩信、彩铃、手机报纸、手机期刊、手机小说、手机游戏）等。数字出版产品的传播途径主要包括有线互联网、无线通信网和卫星网络等。由于其海量存储、搜索便捷、传输快速、成本低廉、互动性强、环保低碳等特点，已经成为新闻出版业的战略性新兴产业和出版业发展的主要方向。"一方面是出版业数字化，另一方面是网络传播。数字出版为网络出版奠定了内容数字信息基础，成为网络出版的突破口。在某种意义上说，数字出版就是网络出版。2014年1月，原国家新闻出版广电总局出台《加强数字出版内容投送平台建设和管理的指导意见》。2015年4月，原国家新闻出版广电总局和中华人民共和国财政部颁布《关于推动传统出版和新兴出版融合发展的指导意见》，提出了创新内容生产和服务、加强重点平台建设、扩展内容传播渠道、拓展新技术新业态、完善经营管理机制和发挥市场机制作用等6项任务。2015年国家财政下达文化产业发展专项资金50亿元，支持项目834项，其中新闻出版数字化转型升级的项目有98项。在国家各项政策的推动下，我国出版业向着移动化、社交化、音频化、互动化的方向积极推进，取得了显著成绩。以数字教育出版为例，艾瑞咨询发布的数据显示，2015年数字教育市场规模达1192亿元，2018年超过2046亿元。2016年数字教育用户规模为1.38亿人，增长率25%。首个国家级数字出版基地——上海张江数字出版基地拥有方正科技、盛大网络、中文在线、沪江、喜马拉雅FM等龙头企业，2016年产值突破400亿元人民币。

学术期刊数字化的主要模式是与在线数据库合作，将学术期刊内容集中上网。中国知网、万方数据、维普资讯和龙源期刊网等，汇集了现有的学术期刊，形成规模巨大的学术期刊数据库，向用户提供全文下载、查询、优先出版、开放获取等服务，极大地促进了学术期刊的传播，提高了学术研究成果的社会影响力和国际影响力。优先出版模式是近年来兴起的新型出版模式，它是通过出版商的运营，在印刷版期刊出版前，以数字出版形式在网络上优先发表文献。它可以单篇出版，也可以整期出版。国外主要是Nature创办的AOP（Advance Online Publication）、Science创办的Express、Springer创办的Online First，国内主要是中国知网创办的"期刊优先出版"和万方数据创办的"科技期刊优先出版"。此外，中国的学术期刊也与国际上知名出版商的大型数据库出版平台合作创办网络期刊。

数字化与网络出版开辟了学术期刊出版新途径、新模式，为学术信息资源的广泛传播创造了条件，也为学术期刊的全媒体发展提供了机遇。面对国际社会快速发展的学术期刊网络和数字化出版，我国学术期刊既要积极吸取它们的经验，又要适应具体国情，走出一条中国特色的网络出版发展之路。

第二节　研究意义

学术期刊是发表研究成果和进行学术交流、促进学术发展的期刊，在文化领域和学术发展中具有独特的作用。在互联网时代，信息技术和网络技术的发展为期刊发展带来了新的挑战，也形成了新的发展契机，一方面，数字化和网络化使期刊传统出版方式不再适应读者现在的阅读方式，也给期刊出版者提出了出版技术升级、经营体制改革等要求；另一方面，期刊可以在网络技术、数字技术的支持下，实现期刊出版技术升级改造，并在融合新兴媒体的过程中实现新的发展。学术期刊数字化和网络出版是运用数字技术和网络技术，对学术期刊编辑出版流程进行改造，实现数字化出版和网络化运营的过程。网络出版是学术期刊在互联网时代适应科技发展和社会需要的基本途径。研究学术期刊媒介融合的方式、网络出版机制和其他有关问题具有重要的理论意义和实践意义。

理论价值：是对学术期刊出版管理理论的深化发展。在互联网技术广泛应用之前，学术期刊在编辑出版和发行中采取的方式基本上是手工为主，编辑出版效率低，出版周期长，时效性差，而且传播速度低、范围小，严重影响了学术期刊的社会效益和经济效益。计算机技术的应用特别是网络技术的发展与应用，给学术期刊出版经营带来了颠覆性的变革，编辑出版数字化不仅大大提高了学术期刊编辑工作效率，而且学术期刊数字化、网络化极大地方便了读者，扩大了学术期刊的社会影响。学术期刊网络出版是学术期刊在互联网新媒体时代的新现象和新事物，具有自身的规律，研究学术期刊在媒介融合中的方式、网络出版的体制机制和政府规制，丰富和深化了新媒体时代下学术期刊出版与管理理论，能够从理论上分析和指导学术期刊网络化发展。

实际应用价值：给学术期刊网络出版提供指导，给网络期刊制定相应的规范，促进学术期刊实现网络出版发展。我国有数千种学术期刊，在新媒体技术不断发展的形势下，都面临着数字化转型和网络出版的实践问题，急需从理论上和技术上得到相应的指导和规范。学术期刊数字化转型和网络出版是一个利用信息技术、计算机技术和网络技术进行编辑出版和发行的系统工程。在数字化和网络出版中，学术期刊出版者必然面临经费投入、技术嵌入、系统改造、出版流程变革和全面信息服务等一系列问题，也会面临技术标准、法律规范等问题，因此，需要相应的理论加以指导才能解决很多学术期刊网络出版问题。理论上的创新和技术上的突破，必将在学术期刊出版管理工作中带来巨大的社会效益和经济效益。

第三节 研究目标与主要内容

一、研究目标

通过本书研究，达到的目标如下：一是对学术期刊媒介融合的途径和方式进行深入分析，达到对学术期刊媒介融合的模式、方式、途径的清楚认识，为学术期刊在新媒体背景下数字转型提供理论指导。媒介融合的研究，不仅在理论上要取得突破，而且在实践上要获得进展。已有的研究对媒介融合的模式进行了探讨，但是结合我国政策环境的研究不太多。通过研究，使这个问题更加系统化、明确化。二是对学术期刊的网络出版运行机制进行研究，弄清学术期刊网络出版的规律，分析制约因素，对网络出版主体、运作方式、模式和体制环境等方面进行研究，为学术期刊进行网络出版活动提供理论依据。通过学术期刊在新媒体时代的运作机制构建，对于网络期刊的科学发展具有理论指导作用。与运行机制相联系，学术期刊的网络出版管理体制要能够适应其发展需要，进行相应的创新。三是学术期刊网络出版平台的构建。分析网络出版平台的结构和运作原理，研究网络出版平台模式，为学术期刊网络出版提供运行平台。四是研究网络出版学术期刊的质量评价方法和评价制度，为实现网络期刊的质量提供良好的环境。五是研究网络期刊的政府规制。新媒体时代的学术期刊具有新的特征和运行方式，因而需要结合这些新特点采取新的制度，政府是规制的供给者，需要根据这些变化实现规制变革和创新，新的政府规制是保证学术期刊网络出版运行的重要制度保证。

二、研究内容

课题主要对以上五方面进行研究，具体地说有以下内容：

（一）学术期刊在新媒体背景下的媒介融合

新媒体和互联网技术的发展，推动了传媒产业的创新和变革，给传统出版业带来了新的发展机遇。学术期刊适应这个变化趋势，与新媒体和网络技术相结合，进行出版方式和运营机制的变革，实现媒介融合是学术期刊未来发展的必然选择。媒介融合的途径很多，有的是资本上的融合，有的是组织上的融合，有的是技术上的融合。栾庆明和陈一雷（2011）把国内媒介融合分为四种模式：媒介集中、资本融合、技术融合和产业融合。我们根据我国已有的媒介融合研究和实践，把媒介融合分为资本融合、技术融合、组织融合、形态融合等，也可以分为其他形式的融合，并进行深入分析。我国出版业的媒介融合还处于初始阶段，但已经出现了多样化的趋势，各种媒介之间相互渗透，具有多种形态。

（二）学术期刊网络出版机制问题

机制，是事物发展过程中主要因素之间相互作用和制约，并相互促进，最终达到最终目标的系统关系。学术期刊网络出版机制主要是在学术期刊网络出版中内外部主要因素之间的相互作用的关系。其主要内容包括：一是学术期刊网络出版的外部动力和内部动力，即网络出版的动力机制。新媒体和互联网的发展给学术期刊的发展带来威胁和机遇，迫使学术期刊向以高科技和网络新媒体方向转型发展。由此，学术期刊具有了数字化和网络出版的动力和外界竞争压力。二是学术期刊网络出版的运行机制，主要是网络出版中的各个环节如何按照既定方向有计划、有秩序、相互衔接地运行，也就是，学术期刊运用网络获得作者投稿、进行审稿、编辑加工和排版、网络发行，产生社会影响和社会效益，是一个协调有序的运行过程，包括学术期刊的网络审稿、编辑排版和出版发行的流程及过程。在网络出版中，这是一个有机的出版系统。三是学术期刊网络出版的制约机制，即质量管理制度、市场竞争规则、评价制度与评价指标体系和政府规制。网络出版的有序发展离不开制度约束和政府规制。只有完善的监督和约束机制，才能实现网络出版的有序发展。对于网络期刊，需要从内部管理制度、市场竞争规则、质量评价制度和政府管理制度等方面加以规范。四是学术期刊网络出版的网络服务、信息反馈机制。这是学术期刊网络运营的反馈机制。学术期刊的社会影响和效果，只有通过市场和用户的信息反馈，才能获得有效的反馈信息，这是分析学术期刊社会影响的基本途径。因此，网络期刊必须建立畅通的信息渠道，加强与读者用户的联系，收集市场信息。以上四个方面是学术期刊网络出版机制的主要方面，此外还有其他一些因素制约着网络出版。

（三）学术期刊网络出版平台及其运作模式

学术期刊网络出版平台也称作学术期刊数字化出版平台。学术期刊网络出版需要一个技术平台做支撑，也就是网络出版平台。目前，学术期刊出版社建立的网站和投稿系统，具备了网络出版平台的初步形态，为实现网络审稿、编辑加工和信息沟通创造了基本的平台，起到了促进学术期刊网络出版的作用。但是，网络出版平台的构建还没有实现，距离网络期刊出版运营的要求还很远。完善的网络期刊出版平台包括期刊网络出版的一系列要素和更加科学的系统。目前，国外和国内出现了一些大型的期刊网络信息交流平台，例如，国外已经形成了三个著名的大型学术期刊数据库，即爱思唯尔出版集团的 ScienceDirect、斯普林格出版公司的 SpringerLink 和约翰·威利出版集团的 Interscience。在国内，也出现了中国知网、重庆维普、龙源期刊网等一些大型网络出版平台。中国知网通过专业化运作，已经成为最丰富的知识信息资源和最有效的知识传播与数字化学习平台。考虑到我国学术期刊网络出版的发展现状，人们发现学术期刊网络出版平台还处在初级发展阶段，还不能有效地利用出版平台实现应有的社会效益和经济效益。因此，必须完善和发展现有的网络出版平台，使其更加科学地应用于学术期刊的网络出版。由此需要探讨网络平台的构成、运行模式和技术要求。课题通过研究探索网络出版平台的构建方法和运行模式，为学术期刊网络出版提供运行平台。未来网络出版平台将以多个学术期刊联合的形式获得发展，独立的出版平台也会有发展，但可能是少数实力雄厚的学术期刊社的发展方向。

（四）学术性网络期刊的质量评价方法和评价指标体系构建

与传统媒介的学术期刊评价一样，网络学术期刊的出版也要进行质量评价，以此促进网络期刊提高质量,满足社会发展对它的要求。在新媒体时代,学术期刊网络出版的网络期刊具有自身的评价方法和评价指标。与纸质学术期刊的评价方法相似,网络期刊的评价也需要专家评价法和利用影响因子、引用率等指标进行评价,因此以往的评价法具有很大的应用价值,现实中不可缺少。但是,网络期刊还需要与其特点更加适应的网络评价指标和评价方法,这是需要进一步研究的方向。目前的评价方法和评价指标在学术期刊界受到了众多怀疑和诟病,说明还没有实现期刊评价的科学方法,科学评价方法还有待于研究和发现。本课题研究这个评价方法和评价体系,以便得到科学的评价方法和产生正确的评价结果。

(五)学术期刊网络出版的政府规制

政府规制主要是对网络期刊进行法规制度的约束。由于互联网的发展和新媒体技术的应用,网络期刊遇到一系列的法律问题,例如,版权保护制度、出版法律制度等要做修改和完善,以便适应学术期刊网络出版的实际需要。特别是目前网络期刊的待遇还和纸质学术期刊不一样,在网络技术发达的时代,是否应当重新审视已有的期刊认定标准,更好地适应网络期刊的发展,也就是,对于新的论文网络发表途径和方式,怎样给予认可,这是网络期刊未来发展急需解决的问题。

第四节 研究思路和方法

一、研究思路

本课题的主题是研究学术期刊在媒介融合中网络出版的有关问题,包括网络出版机制的内容和运行机理、网络出版平台的构建和运作方式模式、网络期刊的评价方法和标准及网络期刊的政府管理规制等方面,这是一个对学术期刊网络出版问题的系统分析,也是对于学术期刊网络出版在网络时代如何开展媒介融合问题的研究。为了研究上述问题,先从新媒体时代媒介融合问题入手,对作为传统媒体的学术期刊遇到的新媒体的冲击、挑战和机遇进行分析,说明学术期刊网络出版的社会背景,并指出网络出版是学术期刊实现媒介融合的基本途径。在此基础上,研究学术期刊网络出版机制机理,分析网络出版的具体要素和要素之间的关系,建立起学术期刊网络出版的理论基础。学术期刊网络出版要建立在网络出版平台的技术上，网络出版平台采取什么样的模式和如何建立网络出版平台，对学术期刊网络出版具有决定性的作用。为此，比较分析国内外大型的学术期刊网络平台，研究国内学术期刊的分布情况和运行基础，从而寻找适宜我国众多学术期刊网络出版的平台模式。网络期刊的质量是各方面关心的问题，要提高网络期刊的质量，保证网络期刊的质量上乘，需要采取一定的评价方法进行质量评价，因此在研究网络出版学术期刊的运营原理的基础上，研究评价方法和评价制度，构建评价指标体系，为提高网络学术期刊质量提供保障。最后，网络学术期刊的发展还需要政府规制的约束和指导。网络期刊需要怎样规制，这是网络期刊发展中必须面对的问题。研究制定规制的对策措施，是本书的主要工作。

二、研究方法

（一）文献研究法

文献研究法是利用技术手段对现有的研究成果进行收集、整理和分析，从而发现问题和提出对策的方法。在研究本课题时，广泛收集有关学术期刊数字化、媒介融合和网络出版的研究成果和相关材料，对新媒体技术、网络技术和数字出版技术在传统媒体出版中的应用进行综合分析，把握国内外学术期刊数字化、网络化的动向，对现有的研究成果进行归纳总结，为课题的深入研究提供丰富的文献材料，探索有关理论，为研究学术期刊网络出版提供理论和方法论支持。

（二）比较分析法

比较分析法是通过对比分析发现问题和提出解决问题的方法。媒介融合和新媒体的发展，给学术期刊带来了新的出版方式和传播途径，利用网络渠道和网络平台推动学术期刊媒介融合发展，实现新媒体与传统出版方式的融合，是中外学术期刊出版共同面对的问题。西方国家的学术期刊网络出版采取的模式和取得的经验，可以对中国学术期刊的网络出版产生积极的借鉴作用。通过对比分析国内外学术期刊网络出版和数字化平台采用的模式，找出它们的优缺点，分析已有的经验和存在的问题，为学术期刊网络出版平台提供借鉴和参考。

（三）调查研究法

调查研究法是考察和了解客观情况直接获取有关资料时一个常用的有效的方法，是对事物进行调查取得科学认识和解决问题对策的方法。它一般通过抽样调查、问卷调查、访谈等方法了解实际问题并开展研究。通过对我国高校学术期刊发展问题及网络化发展状况的实际调查，研究存在的实际问题，针对网络期刊出版中存在的问题提出具体的对策建议，从理论上和实践上指导学术期刊网络出版和发展。

第五节　创新之处

首先，通过对学术期刊媒介融合实践的考察和逻辑分析，提出了学术期刊应当依托优质的学术资源，将信息技术和网络技术充分运用到出版传播中，利用新兴媒体的技术优势，实现媒介融合发展，进而实现学术期刊在出版方式、存在形态和传播渠道等方面的变革，以电子信息为载体，以互联网为渠道，以数字形态为存在方式，进行网络出版，并借助网络向全媒体出版转变。此为本书的创新点之一。在此观点下，提出了网络出版学术期刊的运行机制机理，系统地研究了网络出版规律，为学术期刊界开展媒体融合、发展网络出版奠定了理论基础。

其次，本书系统地研究了我国现有的学术期刊评价方法和指标体系，对各种体系存在的问题进行了分析。特别是在网络出版环境下，结合互联网的发展对学术期刊出版的影响，把网络出版与传播带来的积极因素充分考虑进学术期刊评价中，提出适合媒介融合背景下期刊网络出版与传播特点的评价指标体系和评价方法，解决学术期刊出版中质量评价与实际价值矛盾冲突的问题，从而有利于规范学术期刊评价和促进学术期刊网络出版。鉴于网络出版与传播中学术思想被关注和使用的途径与手段具有独特性，本书在强调重视 Web 下载率、点击率、网络引用率等作用的同时，提出了进一步提高其在评价指标体系中的权重的思想及具体实现方式。此为本书可能的创新点之二。

最后，本书比较研究了国外网络期刊的规制问题，对我国学术期刊网络出版的规制进行了系统的研究。结合学术期刊网络出版的发展，我们提出了相应的对策，把完善已有的著作权法律法规和制定出学术期刊网络出版管理条例作为重点。此可能为本书的第三个创新点。

第二章

文献梳理与研究综述

媒介融合与网络出版是当前学术期刊出版领域面临的重要课题，不论是学术期刊出版工作者，还是管理者及学者们都十分重视对它的研究。学术界对网络出版的研究可以追溯到 20 世纪末，至今有数十年。对这些问题的研究，主要研究成果分为国内外两个部分。以媒介融合为视角研究学术期刊网络出版的成果较少。从已有的成果看，学术期刊媒介融合的研究正在向深度发展，其研究成果逐步应用到现实中来。已有的研究涉及多方面的内容，本章主要从媒介融合、数字出版和网络出版等方面，对有关研究进行梳理和回顾。研究表明，由于现实问题的复杂性以及我国的特殊国情，对学术期刊媒介融合问题的研究还需要进一步加强。

第一节 媒介融合问题研究综述

一、媒介融合概念界定及思想起源

（一）媒介融合的含义

媒介融合的定义，是学者们争论的问题之一。很多学者都对媒介融合的含义做出了自己的理解和定义。在国外，最早给媒介融合下定义的是美国麻省理工学院的浦尔（Jai Pur）教授，他认为媒介融合是"各种媒介呈现多功能一体化的趋势"[①]，各种媒介是指传统媒介和新媒介，传统媒介是指报纸、杂志、广播、电视和图书等，新媒介是指以网络、手机等为载体的信息传播媒介。传统媒介与新媒介在网络技术和信息技术的支持下，由独立走向融合，由分离走向合作，进而实现多功能一体化。美国新闻学会媒介研究中心主任安德鲁·尼葛

---

① 张乔吉. 新媒体背景下的媒介融合走向 [J]. 新闻爱好者, 2010 (3): 8.

尔森（Andrew Nachison）认为，媒介融合是"印刷的、音频的、视频的、互动的数字媒体组织之间的战略的、操作的、文化的联盟"，他强调媒介融合"更多是指各个媒介之间的合作和联盟"。

在国内，媒介融合问题受到了学者强烈关注。喻国明等（2009）在《传媒经济学教程》① 一书中，对媒介融合的解释是：报纸、电视、互联网在技术上不断趋同，各种信息在同一个平台上整合发展，以技术为中介，以计算机技术、网络通信技术为手段，不同形式的媒介之间互换性和互联性得到加强，一体化趋势日益明显。

王菲（2007）在《媒介融合中广告形态的变化》② 中认为："媒介融合就是在数字技术和网络技术的背景下，以信息消费终端的需求为指向，以内容融合、网络融合和终端融合所构成的媒介形态的演化过程。'任何人'在'任何地点'和'任何时候'获取'任何想要的东西'，这是所有媒介在数字化时代发展的内在驱动力和终极目标，由此带来了传统媒体和新媒体、传统媒体产业和其他产业之间的交融，形成了融合化的'大媒体'产业形态。"她不仅指出了媒介融合的内容和形态，也指出了媒介融合的内在驱动力和目标。

代玉梅（2011）在《媒介融合视阈下出版业的变革与发展》③ 中认为，媒介融合是指报纸、电视等媒体融合在一起，其实质是实现媒体多功能一体化。这表明媒介融合最初的含义是指传统媒体之间的结合，但随着数字化、网络化和互联网的发展，媒介融合产生了新的结合，传媒业和出版业的界限模糊，出现了内容、渠道、网络、平台的多领域相互合作，传媒业内出现"融合"的态势。

蔡雯（2006）在《媒介融合发展与新闻资源开发》④ 中认为，媒介融合就是"在以数字技术、网络技术和信息技术为核心的科学技术的推动下，各产业在经济利益和社会需求的鼓舞下通过合作、并购和整合等手段，实现不同媒介形态的内容融合、渠道融合和终端融合的过程"。她强调了各种媒体在组织、内容、渠道和形态上的融合。

以上学者代表了学术界的主要观点。他们对媒介融合的含义做出了具有重要意义的界定，为人们理解媒介融合的概念提供了可资参考的思想。

---

① 喻国明, 丁汉青, 支庭荣. 传媒经济学教程[M]. 北京：中国人民大学出版社，2009.
② 王菲. 媒介融合中广告形态的变化[J]. 国际新闻界，2007（9）：17-21.
③ 代玉梅. 媒介融合视阈下出版业的变革与发展[J]. 编辑之友，2011（9）：28-31.
④ 蔡雯. 媒介融合发展与新闻资源开发[J]. 今传媒，2006（11）：11.

(二) 媒介融合思想的起源

学术界普遍认为,最早提出媒介融合思想的是美国未来学家尼古拉斯·尼葛洛庞帝(Nicholas Negroponte),他在20世纪70年代出版的著作《数字化生存》[1]中就提出预言,描绘出数字科技对我们的生活、工作、教育和娱乐等带来的各种冲击,认为比特作为"信息的DNA",正成为人类社会的基本要素。我们从实践中可以发现这个预言现在已经变为现实。他提出这个预言,是基于信息技术和互联网的发展这个客观实际。正是在此思想的影响下,西方学者开始了对媒介融合问题的研究。第二次世界大战后,计算机技术获得巨大的发展,随之互联网进入人们的生活。信息技术和互联网技术的发展极大地改变了世界,也给传统媒体带来了颠覆性的冲击。

我国学者关于媒介融合思想的论述最早见于张力奋(1986)的研究,他认为,"政治和媒介融合,这在国外已成为趋势,出现了媒介政治、电视政治等新概念"[2],第一次把媒介融合的概念表达出来。弓慧敏(2010)提出"广播电视业、电脑业和印刷出版业将在数字化浪潮下呈现交叠重合的发展趋势"[3]。陈力丹和董晨宇(2010)认为,"传统的大众媒体,包括报纸、广播、电视等,都不得不在这种冲击之下从媒介形态上进行重新定位,以谋求在媒体格局之中的共存与发展"[4]。报纸、广播、电视、杂志甚至图书,都在新媒体的影响和带动下寻求自身的存在形式,否则,可能就以此为契机或者消失,或者创新发展。其实质是传统媒体与新媒体的结合与交融,进而获得生存机会。

二、媒介融合的必然性与影响

媒介融合是传媒产业发展的必然趋势。科学技术的不断进步为传媒产业发展提供了条件,推动了传统媒体与新媒体的结合和交融。通过传统媒体与新媒体的融合发展,可以为消费者提供更多更好更方便的服务,因而推动了传媒产业的媒介融合。媒介融合的目的是满足消费者的需求,消费者的需求是多样的,在时间、地点、途径、方式上千差万别。满足这种多样化的需求,吸引更多的

---

[1] 尼古拉·尼葛洛庞帝. 数字化生存[M]. 胡泳,等译. 海口:海南出版社,1996.
[2] 张力奋. "魔匣"褒贬说——浅论电视媒体的社会角色[J]. 新闻大学,1986(13):87-89,49.
[3] 弓慧敏. 媒介融合视野中电视媒体的未来发展[J]. 中国广播电视学刊,2010(5):44.
[4] 陈力丹,董晨宇. "媒合"背景下的媒介传播趋势与手段[J]. 新闻传播,2010(8):9-11.

读者，为读者提供多样化的服务，这是媒介融合的基本动力。通过融合，达到传统媒体和新媒体、传统媒体产业和其他产业之间的交互融合，最后形成所谓的全媒体、大媒体。

郑瑜（2007）在《媒介融合：新媒体时代的发展观》[①] 中认为，新媒体技术正给传统报业从新闻流程、出版形态到阅读方式上带来深刻的变革。虽然从理论上讲，新媒体是不可战胜的，传统媒体也不会立即消亡，但一个不争的事实是，报纸如果离开网络和数字服务，就没有未来。以网络为代表的新媒体凭借其超越时空的、超大信息强度的优势，对报纸等传统媒体构成强大的冲击。信息技术的发展已经把报纸等传统媒体推向变革的历史关头，利用新媒体技术，主动实现与互联网、新媒体、移动电话等高技术的对接，尝试推出新产品，吸引更多受众和培养新市场，是迫在眉睫的事情。报纸未来必须建立三个平台：数字平台、网络平台和移动平台。

曹疆（2012）在《走向融合的传统媒体与新媒体》[②] 中，分析了新媒体存在着新闻原创作不足、网络新闻的趋同化和海量信息屏蔽信息价值等问题，指出新媒体必然要与传统媒体融合的规律。他认为，向全媒体发展是新媒体和传统媒体发展的途径。所谓全媒体，是指新媒体和传统报刊结合的结果。新媒体和传统媒体融合不仅改变新闻生产和传播的内容和形式，也必将引起传媒领域的巨大变革。

秦艳（2011）在《新媒体崛起与传统媒体的经营策略》[③] 中认为，新媒体的崛起，带动了互联网、无线通信、移动电视和传统连锁渠道等众多行业的转型、变革与整合。对于我国媒体行业来说，新媒体与传统媒体两种媒体形式进行资源整合，优势互补，是今后媒体发展的趋势。与传统媒体结合，实现双赢，是新媒体可持续发展的基本策略。

黄传武（2013）在《新媒体概论》[④] 中认为，在当今媒介融合趋势下，在充分利用自身既有信息平台和资源优势的前提下，传统媒体介入、整合新兴网络媒体是其必然选择。他分析了网络媒体对传统媒体的强大冲击，特别是研究了传统媒体在新媒体下的受众分流和广告分流，也分析了报网融合的意义，认为报网融合是媒体经济新的增长点。

代玉梅（2011）在《媒介融合视阈下出版业的变革与发展》中认为，在媒

---

① 郑瑜. 媒介融合：新媒体时代的发展观［J］. 当代传播，2007（3）：1.
② 曹疆. 走向融合的传统媒体与新媒体［J］. 科学与管理，2012（2）：66-68.
③ 秦艳. 新媒体崛起与传统媒体的经营策略［J］. 经济研究导刊，2011（17）：287-290.
④ 黄传武. 新媒体概论［M］. 北京：中国传媒大学出版社，2013：205.

介融合的情况下，出版业进行出版转型和数字化改造升级，是未来发展的必由之路。媒介融合对于重塑出版业价值链具有引导作用，引导的方向是从传统发售到网络发售、从传统出版转向数字出版、从纸质阅读到数字阅读。因而，出版业应当实现数字化出版创新，也就是实现集团化经营、数字化出版和定制化服务。

钟丽君（2010）在《传统出版与新媒体嫁接的方式探究》[①] 一文中认为，随着数字化时代的到来，传统出版与新媒体的竞争与合作成为必然，研究传统出版与新媒体嫁接的新形态是这个时代出版人应面对的课题。她认为，对于传统出版业来说，占据优质资源，并将其数字化出版是传统出版的必由之路。同时，传统出版还必须借助网络平台，实现资源共享。

马新莉和张海珍（2011）在《探讨新媒体时代的传统媒体发展之路》[②] 一文中提出，互联网在大事件的报道中越来越承担了主流报道的任务，大众对互联网的信任度正在提高。近年来，不少传统媒体在新媒体领域迈出更大的步伐，新媒体和传统媒体正处于互相推动和拉动的状态，以此拉动媒体产业链条的拓展。新媒体时代的传统媒体有更多的发展机遇，传统媒体通过数字化创新获得更多的发展机遇，新媒体则需要传统媒体的报道经验、专业能力、品牌和其他更多的传统优势。

综上可见，学术界研究发现，媒介融合已经成为传统媒体与新媒体发展的必然趋势。通过媒介融合可以发挥传统媒体与新媒体的各自优势，实现优势互补，促进媒体产业创新发展。引起媒介融合的根本和直接的动力是数字技术的成熟。技术诱因是指数字技术推动了经济形态的变化，数字技术的具体形态即网络化、数字化直接导致了媒介融合。数字技术的成熟是媒介融合的充要条件。其他的还有经济诱因和市场诱因。经济诱因是指媒介产业发展的自身规律的变化，传统产业发展规律和网络经济背景下的产业发展规律，要求在规模经济下实现分工合作。市场诱因则是来自消费者需求的多样化、个性化、特色化、分众化和便捷性要求。三者共同作用，使媒介融合产生必然性和可能性。

三、媒介融合的形式与途径问题

关于媒介融合的形式，即媒介融合的表现方式，学术界普遍认为有报网融

---

① 钟丽君．传统出版与新媒体嫁接的方式探究［J］．出版发行研究，2010（8）：46-47．
② 马新莉，张海珍．探讨新媒体时代的传统媒体发展之路［J］．价值工程，2011（2）：303．

合、台网融合、多媒体平台、终端融合、产业融合、传媒并购、联合采访、新闻采写技能融合、传媒结构融合等。

2003年，美国西北大学教授高登（Rich Gordon）把媒介融合的形式分为五大类：所有权融合、策略性融合、结构性融合、信息采集融合和新闻表达融合。他从技术、媒体组织和新闻生产操作等六个方面，即媒体科技的融合、媒体所有权合并、媒体战术性联合、媒介组织结构性融合、新闻采访技能融合以及新闻叙事形式融合，对媒体融合的形式进行了阐释。

周建青（2012）在《对"媒介融合"的质疑》① 中，在对当前"媒介融合"一词的含义提出疑问和分析的基础上，认为应当把"媒介融合"改称为"媒体融合"，其含义相当于传媒产业中媒体进行的全媒体转型。其主要表现形式有四个方面：媒体报道聚合、不同媒体聚合、发布平台聚合和媒体人员采访聚合。这种观点说明了媒介融合所具有的多样性。

中国传媒大学昝廷全（2006）在《传媒业的产业融合及组织创新趋势》② 中，就媒介现有的四大产业——电信、互联网、多种类出版和广播电视的融合进行了研究，认为传媒产业融合基本上要经历技术融合、业务融合和市场融合三个阶段，并进一步指出，技术革新开发出了替代性或者关联性的技术，上述四大产业各自拥有的分立的信息传输平台逐渐走向统一，信息接收终端也在形式与功能上实现了统一，各产业的技术、业务和市场范围出现了多方位的渗透、融合与交叉，产业间企业由原来无竞争走向竞争，并在竞争中谋求各种各样的合作，以期在新的市场、新的业务领域占有一席之地。

王鸿涛（2007）在《媒介融合现状与前景》③ 中提出，数字技术打破了媒介的介质壁垒，使同一内容多介质实现成为可能。媒介融合的过程就是"一"型媒介向"X"型媒介过渡的过程。在这一过程中，媒介融合将从最简单、最低级的形式开始，如信息采集阶段的合作，逐渐向较复杂、较高级的形式发展，最终达到媒介所有权的融合。

以上是学术界关于媒介融合形式及途径的主要观点。这些观点表明了媒介融合形式和途径的多样性，也体现了媒介融合的基本方向。

---

① 周建青. 对"媒介融合"的质疑［J］. 华南理工大学学报（社会科学版），2012（6）：70-74.
② 崔保国. 2006年：中国传媒产业发展报告［M］. 北京：中国社会科学文献出版社，2006：62-81.
③ 王鸿涛. 媒介融合现状与前景［J］. 中国记者，2007（6）：72-73.

四、媒介融合的利与弊问题

对于当下传媒产业领域正在发生的媒介融合，学术界不仅进行了以上方面的争论，还对其利弊进行了研究。研究表明，大多数学者对媒介融合持肯定态度，但也有学者认真分析了媒介融合可能产生的弊端。

周建青（2012）[①] 把"媒介融合"改称"媒体聚合"，认为媒体聚合在传媒发展中具有重要意义，具体体现为两个方面：一方面，媒体聚合有利于扩大传播范围，拓宽报道面，提高影响力。例如，报纸借助电视、网络、广播等的力量传播得更广泛；网络借助电视、广播、报纸进一步扩大覆盖范围；电视借助网络媒体影响更多人。单一类型的媒体想要突破政策限制更好地发展，走媒体聚合之路是其良策。另一方面，媒体聚合有利于节约成本，提高效率，提高媒体竞争力。媒体通过人员合作，内容共享，既节约了成本，又提高了出版效果。

周志平（2010）[②] 认为，媒介融合的发展将带来传媒产业的变革，其不仅可以实现新闻业务上的资源共享，还能实现优势互补，形成舆论合力。媒介之间的融合，可以促使各媒介之间相互借鉴彼此的优点和经验，可以最大限度地扩大传播效果，进行立体报道，达到舆论的合力。

以上对媒介融合益处的观点表明了研究者对媒介融合的肯定。但是，一些研究者从反面观点提出了值得关注的问题。认为支持者没有看到媒介融合可能带来的弊端，事实上我们不能忽视媒介融合带来的不利影响，因此，这种反面的观点丰富了对媒介融合的研究。

黎泽潮和刘传雷（2013）在《再谈媒介融合》[③] 中认为，媒介融合是一个看上去很美的概念，但在实际运用过程中却未必能得到美的结果。媒介融合还没有权威的定义，不是国内学者不愿意对媒介融合下准确的定义，而是因为媒介融合发展到今天依然没有呈现出稳定的形态。很多传统媒介打着媒介融合的口号进行改革和重组，但就现状来看并不乐观，进行媒介融合改革取得重大成功的案例较少，反而是失败的案例较多。目前最流行的纸媒融媒实践是使纸质内容电子化、网络化，虽然受众范围扩大了，但是传统读者群也在流失，最重

---

① 周建青. 对"媒介融合"的质疑［J］. 华南理工大学学报（社会科学版），2012（6）：70-74.
② 周志平. 媒介融合：媒体未来发展的新趋势［J］. 新闻爱好者，2010（8）：54-55.
③ 黎泽潮，刘传雷. 再谈媒介融合［J］. 河南工业大学学报（社会科学版），2013（1）：83-85.

要的是这些电子版网站至今尚不能实现有效的盈利，反而耗费了大量的人力物力，成为一个沉重的负担。他们认为，媒介融合的误区一是存在概念不清，二是违反媒介共存理论，三是与媒介分化理论相矛盾，并存在实践误区。

普雁（2012）在《论媒介融合的正负效应》[1] 中对媒介融合的正负效应进行了深入探讨，目的是有助于研究者更加客观地全面地分析媒介融合这个现象。他认为，媒介融合既可以产生积极作用，例如，可以优化资源配置，实现不同媒介形态之间的资源共享，减少成本，最大限度地扩大传播的效果等，也会产生一些不利方面，也就是负面效果。这些负面效果有：一是内容趋同，言论多元化受到侵蚀。二是寡头垄断制约公众媒介权利的实现。三是盲目融合，丧失媒介融合个性和竞争力。他认为，在媒介竞争时代，人们可以根据自己的媒介使用习惯进行组合和搭配，对报纸、广播、电视、手机、网络等不同媒介进行取舍。多样化的媒介市场才能满足不同受众的需求。而媒介融合后的传媒集团会在追求"全媒体""媒介融合"的目标下使报纸、网络、电视和广播相加，最后提供的是同质化的媒介。这是媒介融合实践面临的很可怕的问题。

黄金和肖芃（2010）在《解析媒介融合发展中的制约因素》[2] 中也表示存在这样的担忧。他们分析了传媒企业的特点，指出传媒企业是一个特殊的利益集团，作为社会瞭望所和第四监督权力机构，担负着服务于公共利益的使命。传媒企业总是在市场模型与公共领域模型之间摇摆，以寻求平衡点。由于媒介融合只能在同一所有制的媒介集团内展开，因而会导致垄断信息传播的发布权，进而可能会削弱信息多元化。媒介融合有可能导致的结果就是垄断产业带来的信息单一化和集权化。政府为了避免这种情况发生，对于国内放松媒介所有权的管制十分谨慎。此外，媒介融合还被认为限制了新闻自由。因为融合媒介集团往往为了便于管理，从体制上并不鼓励多元声音，因而进一步限制了新闻报道的自由。

这些反面的观点表明了媒介融合存在一定的消极影响和不足。这些观点总体上并不占主流，但是从另一个角度思考了媒介融合带来的负面影响，为全面认识媒介融合提供了视角。综合所有论述，媒介融合是传媒产业发展的必然选择和发展趋势，这是学界总体的看法。

---

[1] 普雁. 论媒介融合的正负效应 [J]. 中国传媒科技, 2012（7）：7-8.
[2] 黄金, 肖芃. 解析媒介融合发展中的制约因素 [J]. 传媒观察, 2010（2）：32-34.

第二节 学术期刊媒介融合问题的研究进展

学术期刊是中国期刊业的一个特殊领域，具有自身的特点和规律，但也和其他期刊面临同样的社会经济环境，其中新媒体的发展和网络技术的应用是其面对的现实。因此，在期刊界普遍面临着媒介融合的大趋势下，学术期刊也必须进行数字出版转型，走媒介融合之路，实现在新媒体时代的创新发展。在网络技术和信息技术快速发展中，怎样进行媒介融合，将传统出版和传播方式与网络出版方式结合起来，更好地为社会经济和文化发展服务，为作者和读者等用户服务，实现学术期刊的新发展，这是期刊业从业者必须思考的问题。围绕这个问题，学者们进行了以下几个相关问题的探索。

一、学术期刊在新媒体时代的发展问题

研究认为，媒介融合因网络技术和信息技术的进步而加速发展。由于计算机信息技术和网络技术在20世纪中后期获得了突飞猛进的提高，在社会经济发展中也得到了广泛的应用，引导了传媒产业的创新发展，也给学术期刊融合发展提供了技术条件。

徐枫和郭沁（2015）[1]认为，"当今社会，移动互联网作为一种技术和工具已经渗透到各行各业，成为现代社会不可或缺的基础设施之一。数字技术和互联网技术已经打通了传统出版、传媒、影视、IT等各行各业的边界，融合多种传统产业的数字内容产业应运而生，给传统出版带来了从内容到消费观念乃至产业形态等方面的新变革"。在此背景和影响下，"科研人员接触信息的范围显著变大，学术期刊的传播方式已经发生了巨大的变化，读者阅读环境及习惯也有了很大改变，数字出版和传播已成为期刊出版和传播的新常态"。他们在这里明确提出了学术期刊数字出版和传播是在数字技术和网络技术发展背景下的一个新常态，不仅说明了学术期刊发展创新的原因，也说明了学术期刊未来发展方向是数字化出版和传播。

邹琳（2010）在《浅谈媒介融合与我国期刊的发展》[2]中认为，媒介融合是基于信息技术的飞速发展，媒体形态所呈现出的一种全新的变化，是数字化

---

[1] 徐枫，郭沁. 数字时代学术期刊的创新形式 [J]. 科技与出版，2015 (7)：4-9.
[2] 邹琳. 浅谈媒介融合与我国期刊的发展 [J]. 社科纵横，2010 (9)：65-66.

时代期刊媒体发展的必然趋势。并进一步提出"传统期刊业可以利用已有的品牌、资金和人才优势，利用自身资源与电信、ISP 等新媒体整合，实现优势互补和战略重组，从而降低成本，通过媒介融合，期刊可以发展为手机版、多媒体版、语音版、网络版、博客版等，延伸期刊生产价值链"。他还提出了传统期刊所面临的挑战：第一，移动媒体和网络媒体等新媒体快速发展，从功能上看，新媒体完全能够代替传统媒体，因为新媒体是一个巨大的信息终端，是完全可以替代其他媒体的，因而对传统媒体的冲击十分巨大。第二，读者阅读习惯已经慢慢地发生了根本性的变化，例如，报社编辑人员看新闻，基本是以手机为终端，看的是最新的新闻，从这点看，新媒体对传统媒体的冲击也是巨大的。

这些研究说明，新媒体背景下的学术期刊在未来发展中必然将充分采用信息技术和网络技术，在数字化、网络化方面实现新的进展。而实现这个新的进展的方式是通过媒介融合，把传统出版方式发展为网络出版方式。由此，学术界提出了学术期刊媒介融合的理论和现实问题。

二、学术期刊媒介融合研究中的形式与途径

学术期刊在数字化出版转型中如何实现与新媒体高度融合，进而实现其在互联网时代的新生与再发展，这是每个高校学术期刊出版人员关心的问题，也受到了管理者高度重视。然而，到目前为止，学术界并没有取得统一的认识。

一种观点是把数字出版当作学术期刊媒介融合的形式。梁赛平（2016）在《媒体融合发展对科技期刊创新的影响与数字营销的应对措施》[①] 中认为，依据国家新闻出版总署在《关于加快我国数字出版产业发展的若干意见》中对数字出版的表述，即"数字出版是指利用数字技术进行内容编辑加工，并通过网络传播数字内容产品的一种新型出版方式，其主要特征为内容生产数字化、管理过程数字化、产品形态数字化和传播渠道网络化"，在这个意义上，可以把数字出版当作学术期刊媒介融合发展的形式。这是对学术期刊媒介融合的一个重要观点。在目前没有统一认识的情况下，这种观点代表了学术界一些研究者的看法。

一种观点是把学术期刊对新媒体技术的应用作为媒介融合的途径。有的学者从学术期刊对信息技术的应用角度提出媒介融合的看法。吉海涛等（2015）[②]

---

① 梁赛平. 媒体融合发展对科技期刊创新的影响与数字营销的应对措施 [J]. 编辑学报, 2016（4）：320-323.
② 吉海涛, 郭雨梅, 郭晓亮. 媒体融合背景下学术期刊发展新模式 [J]. 中国科技期刊研究, 2015（1）：60.

认为,"数字化时代,解决学术期刊的根本问题,还需要学术期刊整合资源,形成行业合力,并结合数字时代新媒体技术,共同结成学术期刊数字出版联盟,实现学术期刊的产业化发展"。他们把学术期刊对新媒体技术的应用和学术期刊资源整合结合起来,作为学术期刊媒介融合的出路。

占莉娟(2014)在《媒介融合背景下学术期刊的新媒体应用》[①]中认为,学术期刊应主动适应时代的要求,大胆尝试新媒体的应用,加快传统媒体与新媒体融合的步伐,逐步推进全媒体运营、多平台发布等新的运行模式,实现学术信息传播效应的最大化。她认为,虽然学术期刊在编辑、出版和传播等方面积极尝试了新媒体技术,但学术期刊应用新媒体的现状很不理想。

她进一步提出,目前,学术期刊主要在三个方面对新媒体进行了应用:一是学术期刊的网络建设,即建立学术期刊网站,供作者和读者网上投稿和阅读。二是采编系统数字化网络化,对网络技术进行一定程度的应用。三是集群化统一出版,也就是加入中国知网、万方数据库和维普数据库,把已经出版的学术期刊内容集中到这些大型数据库供读者查询阅读。这些都是对数字信息技术的具体应用,这些应用也起到了媒介融合的部分作用,但是还存在严重的不足。

董艳华(2009)分析了我国期刊媒介融合的途径和形式。在《媒介融合与我国期刊的发展》[②]中,她提出期刊媒介融合包括媒介形态、媒介功能、传播手段、所有权、组织机构等要素的融合。通过媒介融合,期刊可以发展为手机版、多媒体版、语音版、网络版、博客版等,进而延伸期刊生产价值链。她认为,期刊媒介融合主要有两种形式:一是期刊业和其他媒体之间的整合与并购,形成多种媒介单位组合的大传媒集团。二是期刊和其他媒体之间的交融与活动,期刊通过不同媒介之间传播方式和内容的相互借用,实现媒介功能重新组合和媒介资源的重新配置。最后,她建议构建数字出版商业模式,包括数字化平台、期刊网站、电子商务、电子阅读器、多媒体数字期刊、户外数字媒体、手机报刊、手机二维码和移动采编系统等。

陈永华(2015)分析了学术期刊融合发展的途径。他认为,互联网和大数据极大地改变了人们的阅读方式与交流方式,不同媒体之间的界限变得十分模糊,学术期刊必须摆脱传统出版的路径依赖,树立互联网思维,以用户为导向进行转型。学术期刊要在内容、渠道、平台、经营、管理等方面进行深度融合,

---

① 占莉娟. 媒介融合背景下学术期刊的新媒体应用 [J]. 黄冈职业技术学院学报,2014(6):65-68.

② 董艳华. 媒介融合与我国期刊的发展 [J]. 出版广角,2009(10):192-193.

才能通过媒体融合构建和谐有序的媒介生态，取得媒体融合发展的新突破。他在《学术期刊"媒体融合"路径思考》①中，首先分析了学术期刊进行媒介融合的必要性和存在的困境，然后提出了学术期刊在融合中应把握的关键点。但是，由于学术期刊属于非完全市场运营期刊，在某种程度上来说，学术期刊还难以成为真正的市场主体，缺乏深度融合所需要建立的用户（读者）意识，因此，学术期刊要实现深度融合的路还很漫长。为此，他提出三个要注意的关键点：第一，内容即数据，让数据"活"起来。第二，营销即服务，让服务"立体"起来。第三，"需求"即渠道，让渠道"个性"起来。

学术期刊媒介融合的主要表现形式是对多媒体的运用。因此，运用多媒体技术是学术期刊媒介融合的重要举措和途径。梁玮和曹阮华（2011）在《中国期刊数字化转型探究》②中认为，人类已经处于一个数字化时代，数字媒介在信息承载和传播速度方面具有无与伦比的优势，纸质期刊如果不进行数字化转型或不能迅速完成数字化转型，就可能面临即将凋亡的未来。为此，他们提出了期刊出版业数字化转型的路径，通过"报网融合"，实现期刊数字化。具体措施是：第一，印刷版与网络版整合运营，建立联合编辑部，实现真正意义上的刊网互动，在深挖纸质期刊媒介和受众价值的同时，将印刷版期刊读者引导到数字期刊平台上来。第二，建设多媒体集成传播平台，实现在 Web2.0 平台上的多媒体内容集成，进而克服纸质传播媒介内容形态单一的缺陷。第三，发展纯数字期刊产品，向全媒体数字内容提供商转型，形成数字产品盈利能力，进而将采编、传播、发行等业务延伸到经过市场检验的数字技术和产品。

梁海虹（2008）在《试论数字化期刊对纸质期刊的影响》③中，分析了期刊数字化与数字化期刊的含义，对纸质期刊与数字化期刊的关系进行研究。他认为，数字期刊也称作电子期刊，是一种新兴的媒体形态，它预示着传统期刊的发展方向。数字化期刊比纸质期刊更具有个性特点，可以对纸上内容或者主题进行多方面开发，构成品牌期刊立体传播和直接经营相结合的良好效应，使传统期刊走向数字化道路。

---

① 陈永华. 学术期刊"媒体融合"路径思考［J］. 传播与版权，2015（7）：140-142.
② 梁玮，曹阮华. 中国期刊数字化转型探究［J］. 科技、经济、社会，2011（4）：154-159.
③ 梁海虹. 试论数字化期刊对纸质期刊的影响［J］. 宝鸡文理学院学报（社会科学版），2008（6）：126-128.

占莉娟（2014）在《媒介融合背景下学术期刊的新媒体应用》① 中，分析了学术期刊利用新媒体的必要性，在进行上述问题分析的基础上，提出了学术期刊积极主动适应新媒体传播特点进行媒介融合的途径：第一，开拓学术期刊的传播途径。学术期刊可以通过微信、微博等增加信息传播路径，增强信息的交互性。第二，改变学术信息的传播形式，主动适应新媒体传播，即在利用新媒体传播学术信息时，将科技知识与科研信息运用不同的方法和途径进行传播，例如，利用微信、微博等新媒体平台向读者提供科研信息，使得他们可以在零散的、碎片化的时间里，及时分享到最新的科研信息。第三，尝试搭建多种新媒体平台，整合多种学术信息资源，形成多种载体共同发挥信息传播的格局。占莉娟（2014）结合全媒体的发展，提出学术期刊全媒体转型的观点，也是对高校学术期刊媒介融合途径的一个看法。媒介融合的时代背景下，传统媒体与新媒体出现融合发展的趋势，实现全媒体转型，是大众媒体的现实选择。全媒体打通了印刷、电视和广播的界限，构建了融文字、图片、音频、视频、动漫等多种表现形式为一体的内容平台，实现24小时多媒体滚动内容提供。其核心是打破媒介之间的界限，实现不同媒体内容渠道的融合。学术期刊不同于大众传播，其受众具有小众化特点，但是，也必须实现学术信息的全媒体传播。然而，要实现与新媒体融合和全媒体转型，将面临更为严峻的挑战。

徐枫和郭沁（2015）在《数字时代学术期刊的创新形式》② 中，认为"在数字化再造并融合传统出版的大背景下，科研人员接触信息的范围显著扩大，学术期刊的传播方式已经发生巨大的变化，读者阅读环境和习惯也有了很大改变，数字出版和传播已成为期刊出版和传播的新常态"。为此，他们提出学术期刊在互联网时代的出版创新模式：一是"纸本+网络在线出版"模式——网上全文发表，印本摘要简介，并呈现多元化；二是来稿直发模式——全新基于网络的在线出版平台；三是在线优先出版；四是建立学术期刊出版开放获取系统，实现学术成果免费共享。

柴纯青（2014）在《学术期刊实现媒体转型的逻辑》③ 中，认为在媒体转型的问题上，学术期刊落后于时政类新闻媒体。全媒体运营、多平台发布等，虽然是时政新闻类媒体创新的理念，但也给学术期刊带来了启迪和巨大的压力。

---

① 占莉娟．媒介融合背景下学术期刊的新媒体应用［J］．黄冈职业技术学院学报，2014（6）：65-68．
② 徐枫，郭沁．数字时代学术期刊的创新形式［J］．科技与出版，2015（7）：4-9．
③ 柴纯青．学术期刊实现媒体转型的逻辑［J］．传媒，2014（9）：24-25．

"学术期刊的新媒体转型,本质上是从高品质内容出发,借助各种新媒体手段,改革传统的内容生产方式和传播流程,改革传统的发行与广告服务,开发有深度的、有更大增值空间的新产品,促进新媒体时代的学术发展。"他提出,学术期刊向新媒体转型,要实现内容传播平台整合,增强用户参与和互动,开发新产品和增强服务,满足个性化需要,用户付费方式多样化等。

以上研究更多的是学术期刊在媒介融合中对于新媒体的运用以及与新媒体融合的方式和形式,这些研究为新媒体时代学术期刊媒介融合的深入发展提供了理论上的分析,具有重要的实践价值。但是,由于对学术期刊的媒介融合的方式和机制的研究不够深入和系统,在研究上还存在严重的不足,需要加强媒介融合路径和网络出版方式方面的研究,以期为解决学术期刊媒介融合的实践提供理论指导。今后的研究方向是应当加强对学术期刊网络出版的研究,因为学术期刊网络出版已经成为发展的大趋势。

第三节 学术期刊数字化与网络出版问题研究综述

数字化和网络出版是互联网时代学术期刊媒介融合的基本方式和形态。由于学术期刊的特殊性,如何实现数字化与网络出版,在学术界和期刊出版界受到广泛的关注和研究。虽然这是媒介融合中一个亟待解决的问题,但学术界对学术期刊数字化和网络出版的研究并没有取得一致的认识。对这个问题的争论较多,已有的研究不够系统和深入,很多方面还处于比较茫然的状态。由于数字化是网络出版的基础,因此,通常把数字化与网络出版放在一起进行研究。本节在综述数字化研究的基础上,对网络出版问题研究进行回顾和评述。

一、学术期刊数字化与数字出版的概念之争

学术期刊数字化是近年来学术界讨论的热门话题。学术界近年来关注和研究的主要方向是数字化途径、数字化出版技术与数字化面临的版权保护等问题。

已有的研究认为,学术期刊数字化是媒介融合的主要内容之一,是在学术期刊出版中运用数字信息技术,由纸媒形态向数字形态转化的系统过程,专指学术期刊运用数字技术对出版内容进行数字信息处理的过程和结果。已有的研究主要从广义和狭义上对其加以界定。

在狭义上，学者们的观点与数字出版的定义相近。孙远、朱晓红和喻伟（2009）[①]认为，学术期刊数字化是指学术期刊出版内容、编辑流程、内部管理和出版行为等方面的数字化，不仅包括内容的数字化，还包括出版行为的数字化。

从广义上讲，学者们把学术期刊数字化界定为利用数字技术对学术期刊进行数字化信息处理，使内容的呈现由纸质形态转变为数字信息形态。何红梅（2009）[②]认为，学术期刊数字化是指依托学术期刊的内容资源，运用数字技术进行数字化处理，通过网络技术进行网络传播。这里主要强调了学术期刊内容的数字化和传播网络化。

与学术界对数字化和数字出版的争论相似，在对学术期刊数字化研究中，研究者通常试图把学术期刊数字化和数字出版区分开来。李仲先（2011）[③]认为，期刊数字化也就是期刊出版数字化，是指将已出版的期刊进行数字化处理，例如，把纸质的期刊内容运用数字技术，进行信息化处理，以便在电子设备上使用或者在网络上发行，或者打包成数据库等。而数字出版则是指期刊出版过程和其他有关活动都实现数字化，包括整个稿件投递、审稿、编辑、出版和发行过程，甚至读者阅读也是网络行为。这里包括了数字信息化与网络传播。

学术界对期刊数字出版的看法基本上有三类：第一，传统期刊的采编、审、印、发行都采用数字信息，或者与信息技术紧密结合，实现信息化。第二，将纸质期刊看作传统期刊，将借助电子终端设备阅读的期刊看作数字期刊。这是从出版形态上进行的划分。第三，以数字信息为基础，以数字化形式进行出版活动。2010年10月原国家新闻出版总署发布的《关于加快我国数字出版产业发展的若干意见》中，把数字出版定义为"利用数字技术进行内容编辑加工，并用网络传播数字内容的一种新型出版方式"。这里不仅强调了期刊出版中内容采编上的数字技术应用，而且强调了数字产品形态和产品的数字化运营，即网络出版和发行活动。笔者（2009）提出的观点是采用二进制进行的出版活动，都是数字出版。可见，数字出版的内涵大于期刊数字化的内涵，它是一个比较全面系统的出版数字化过程。

在信息化时代，数字技术成为人类社会生活中离不开的信息技术。"数字

---

① 孙远，朱晓红，喻伟. 网络环境下科技期刊数字化初探［J］. 人民长江，2009（4）：102-104.
② 何红梅. 论期刊数字化的现状及发展趋势［J］. 山东商业职业技术学院学报，2009（4）：106-109.
③ 李仲先. 2006—2010年学术期刊数字化研究综述［J］. 科技与出版，2011（3）：4-6.

化"一词，我国最早见于尼葛洛庞帝的《数字化生存》（Being Digital）一书，作者认为，数字化是用数字信号进行计算机处理有关信息的简称。从已有的研究文献中可以发现"数字化"有两个含义：一是将许多复杂多变的信息，转变为数字、数据，通过把其转换为二进制代码，引入计算机程序，以便进行统一处理，这个过程就是数字化。二是将任何连续的输入变为一串分离的单元，在计算机中用1和0表示。通常用模数转换器进行转换。

从已有的研究可以看出，数字出版和出版数字化也存在一些区别。有的学者认为，数字出版和出版数字化的主要区别是：数字出版强调的是整个出版过程的数字化，其中包括内容出版的数字化、管理环节的数字化、营销环节数字化等全部运作过程的数字信息化。而出版数字化则是强调对已经产生的出版物尤其是纸质出版物的内容进行数字化处理，使其具有数字信息的特征，以便进行网络传播。很多学者也指出，出版数字化是指对已经出版的出版物进行数字化处理，以便可以通过网络渠道进行传播。

许春辉（2009）[1] 认为，出版数字化是指把已经正式出版的纸质期刊等出版物转化成为数字信息，在网络上重新出版，或者打包成数据库出售。数字出版是利用数字信息进行出版物制作的出版行为，包括了出版物的稿件收取、编辑加工、审稿、校对和出版销售等各个环节，都采取了网络运作的形式，是出版与营销各个环节的数字化。

对于数字出版的概念的表述，最权威的还是原国家新闻出版总署2010年8月在《关于加快我国数字出版产业发展的若干意见》（新出政发〔2010〕7号）中提出的界定。其对数字出版做出的定义是"数字出版是指利用数字技术进行内容编辑加工，并通过网络传播数字内容产品的一种新型出版方式，其主要特征为内容出版数字化、管理过程数字化、产品形态数字化和传播渠道网络化"。还指出了目前数字出版产品的形态主要有：电子图书、数字报纸、数字期刊、网络原创文学、网络教育出版物、网络地图、数字音乐、网络动漫、网络游戏、数据库出版物、手机出版物（彩铃、彩信、手机报纸、手机期刊、手机小说、手机游戏）等。

可以说，国家新闻出版总署对数字出版的定义是权威的界定。其界定的数字出版包含四方面的内容：一是内容出版过程的数字化；二是管理过程的数字化；三是出版物形态的数字化；四是传播渠道网络化。国家新闻出版总署对数字出版物的形态的概括，是对数字出版内容和出版物形态的基本分类，具有较

---

[1] 许春辉. 期刊数字化出版的现状与发展趋势[J]. 编辑学刊, 2009 (6): 24-28.

高的权威性。

综合学术界的观点可以看出，出版数字化与数字出版在一定程度上（广泛意义）是相通的，但也有一定的区别（狭义上）。出版数字化是指出版领域利用数字技术，把出版的内容通过数字信息表达，实现数字化载体的过程。一般情况下，学术界通常把网络出版、出版网络化与数字出版等概念混在一起使用，但是它们有一些区别，有自己独特的含义。它们在外延上有相通之处，在内涵上有一定的差异。这些概念在定义出版过程中有关信息和过程数字化时，表达方式不同，通常可以认为是同一个事情的不同表达形式。但是，由于使用场合不同，学术界有时也对它们进行较为详细的分析，力求使其有所区别。我们认为，只有以网络为平台的数字化出版才是网络出版。

可见，实现数字化是数字出版的一个重要内容，但不是数字出版的全部内容。未来出版业的发展趋势是实现数字出版，尤其是以网络为基础的数字期刊的网络出版。通过数字出版和网络出版，使出版业实现与信息技术、网络技术和其他新媒体技术的融合。由于数字化与网络化存在着紧密联系，因此，研究网络出版也是对数字化、数字出版进行研究。

二、关于网络出版问题的研究

在学术界广泛讨论出版数字化的同时，"网络出版"一词也被广泛采用。笔者利用中国知网搜索发现，到 2018 年 8 月底与"网络出版"一词有关的论文有 4752 篇，其中题目中包含"网络出版"字样的论文达 578 篇，可见学术界对网络出版这个概念关注得比较多。

明海和杨小龙（2002）[1] 研究发现，对网络出版的定义，学术界有三种观点：第一种观点，认为只有具有合法出版资格的出版机构以互联网为渠道出版销售或发行的数字出版物，才能称为网络出版。第二种观点，从版权的角度来界定网络出版，认为只有有形的出版物才构成出版，没有具体出版物形态的网络出版不能构成著作权意义下的出版。由此可见，一些网络信息的发表和传播，不能构成网络出版。第三种观点，完全跳出传统出版概念的限制，把网络出版看成网络信息传播，认为只要通过互联网向大众传播信息，就可以看作网络出版。

他们认为，以上三种观点都存在不足，不能作为网络出版的科学定义。第一种观点以合法的出版资格为必要条件，认为没有合法的出版资格，就构不成

---

[1] 明海，杨小龙. 我国网络出版研究现状综述［J］. 情报杂志，2002（10）：13-15.

网络出版,从而把网络公司的网络出版行为排除在网络出版之外。这种观点不顾现实中网络出版的实际,不能全面地概括网络出版的定义。第二种观点从版权的角度定义网络出版,虽然强调了版权在维护网络出版科学发展中的作用,但也失之偏颇,把网络出版公司的无形出版排除在网络出版之外,事实上否定了网络出版。第三种观点与前两种观点不同,完全放弃了与传统出版的联系,把网络出版的含义无限扩大,认为只要是网络传播的内容都被当作网络出版,把网络传播等同于网络出版。事实上,网络传播是一种特殊的信息传播方式,并不能与网络出版完全等同。

对已有的文献进行分析可以发现,学术界对网络出版的研究起步较晚,最早开始于2001年前后,主要是对网络出版的定义、类型、特点、模式等方面进行的一般研究,而对学术期刊网络出版机制的研究较少。

综合已有的研究成果,网络出版研究主要取得的理论成果是:

第一,在网络出版的定义上,网络出版应当从网络传播的角度来界定。明海和杨小龙(2002)研究认为,网络出版"实质是拥有固定域名并与互联网相连的网络实体,以计算机网络(互联网)为介质,定期或不定期地向网络用户提供信息产品和服务的一种信息传递模式"。单独地把网络出版理解为数字化或者单纯地认为网络出版是信息通过互联网向大众传播的过程,都是片面的。

第二,关于网络出版的类型,普遍认为有几种类型:主题讨论型、定期或不定期型、数据库型、综合型。其中,从互联网信息服务角度看,网络出版有互联网Web出版、数据库出版和电子邮件出版。从提供的产品看,网络出版的形式有三种:建立书目数据库,提供全文检索和浏览服务;制作多媒体信息电子文件,以电子邮件等形式发送给订阅用户;在网上出版电子出版物。

第三,关于网络出版模式的研究。研究者认为有五种出版模式:一是个人在线出版;二是出版商出版服务和代理出版,由网络出版商出版电子出版物并销售;三是出版单位自行出版发行电子出版物模式;四是出版单位与大型数据库合作联合出版电子出版物,按需印刷纸质出版物;五是eBook网络出版。

第四,关于网络出版的特点的研究。网络出版具有以下方面特点:第一,主体合法性。研究者普遍认为,只有合法的出版机构才能进行网络出版业务。但是,也有不少研究者认为,出版主体大众化是网络出版的一个重要特点,由于制度限制,多数出版主体可能不具有合法的出版资格,但也在从事网络出版活动,例如,除了专业出版单位和机构外,网络公司、个人、计算机服务公司等也在从事网络出版。第二,出版产品数字化。这是网络出版的本质特征,与纸质出版物的形态显著不同,是以数字信息的形式存在的出版活动。第三,服务网络化。包括网络出版物的流通方式、交易方式和服务方式，都是以网络形式进行的，也是网络出版的本质属性。第四，其他明显特点。如出版发行同步、出版过程简约、传播载体数字化、阅读电子化、超链接、共享、互动等。

对于网络出版的含义，学术界出现多种观点是可以理解的，因为互联网和计算机信息技术的历史很短，期刊网络出版的历史更短。大多数期刊处于探索之中，更多的是刚刚开始网络出版，因此，正如一些人指出的那样：现在对其下定义为时过早（明海和杨小龙，2002）。

三、学术期刊网络出版的研究进展

学术期刊网络出版问题是在新媒体时代学术期刊媒介融合中的一个重要问题。随着媒体融合步伐的加快，学术期刊与新媒体的融合越来越受到重视。研究学术期刊网络出版对于促进学术期刊媒介融合，促进学术期刊网络出版平台的开发利用，以及对于有关部门制定有关政策和法律法规，都具有积极作用。我国学术期刊正处于与新兴媒体融合发展的初始阶段，许多网络出版的问题困扰着学术出版工作者，也困扰着学术研究人员，为了促进学术成果扩大影响和发挥学术起源的作用，必须对学术期刊网络出版的规律和政策进行深入研究。

作为典型的传统出版媒体，学术期刊受到了新媒体的冲击和带动，必须顺应媒体出版与传播技术创新发展的要求，大力开展数字出版和网络传播，实现"互联网+学术期刊"，才能提高学术期刊的影响力和竞争力。为了促进新闻出版向新媒体发展，国家有关部门发布了《关于推动新闻出版业数字化转型升级的指导意见》《关于推动传统媒体和新兴媒体融合发展的指导意见》和《关于进一步加强和改进高校出版工作的意见》，为学术期刊向数字化、网络出版转型提供了政策指导，进一步促进了学术期刊网络出版的发展。

由于国内国外学术期刊网络出版的实践差异，对其的研究也存在巨大的差异。西方国家学术期刊网络出版的实践始于20世纪80年代，发展于90年代，于21世纪初获得迅猛发展，取得了巨大的成功。我国则是在20世纪90年代才开始起步，至今虽然也形成了有中国特色的出版模式，但是，与国外相比差距很大。因此，在研究学术期刊网络出版时，国内研究多局限于本土研究，视野狭窄①。

---

① 周舟，朱栋梁. 学术期刊网络出版国内外研究综述与思考［J］. 情报杂志，2011，30（12）：43-47.

(一) 国外对学术期刊网络出版的研究及其进展

国外对于学术期刊网络出版的研究始于 20 世纪 90 年代。学者最早关注的问题主要有：网络出版数据库的使用率和使用效果的比较分析；数据库建设情况、网络引文分析和 OA 期刊出版模式等。首先，在网络出版数据库建设方面，研究者发现，90 年代末学术期刊出版中电子期刊的数量从 1991 年的 110 种，发展到 1997 年的 3400 种，有日益增加的趋势。而在数据库建设方面存在着页面混乱、数据不全和缺乏规范等问题①。其次，对网络出版期刊使用意向的分析。Angel Borrego 等 (2007) 调查了 The Consortium of Academic Libraries of Catalonia (CBUC) 的电子期刊使用情况，研究发现，人们在可以同时获得纸质期刊和电子版期刊时会更多地选择后者，他们认为电子期刊有较高的应用价值并希望更多地拥有它们②。再次，有人研究网络引文问题。Evans 和 Lariviere 等对网络环境下研究者引用行为的变化进行了研究，发现人们对网络引用的内容在增加。最后，对于开放存取 (OA) 的研究比较热衷。开放存取出版模式始于 20 世纪 90 年代，随后在西方学术出版领域得到推广。Lawrence (2001) 跟踪研究了计算机领域的 119 934 篇 OA 论文和非 OA 论文的被引用情况，发现 OA 论文的被引用率高于非 OA 论文③。Antelman (2004)④ 对 4 个学科——哲学、政治学、电气工程和数学在不同阶段的开放存取论文的引用情况进行研究，发现这些论文的影响力得到扩大，而且不同领域的学者乐意引用开放存取论文并愿意为它付费。他的结论是，OA 期刊的论文提高了引用率。其他人的研究也说明，开放存取论文可以获得更多的读者，因此提高了引用率。

(二) 国内学术期刊网络出版研究的进展

我国学术界对于学术期刊网络出版问题的研究始于 20 世纪 90 年代末。较早的研究文献是 1998 年叶继元从图书情报角度和 2000 年师曾志从编辑出版角度对电子期刊的研究。此后，出现了大量的研究成果。通过中国知网以网络出版、

---

① Roslina Othman, Sahlaw Halim. Retrieval Features for Online Databases: Common Unique, and Expected [J]. *Online Information Review*, 2004, 28 (3): 200-210.

② Angel Borrego, Lius Anglada, Maite Barrios, Nria Comellas. Use and Users of Eletronic Journals at Catalan Universities: The Results of a Survey [J]. *Journal of Academic Librarianship*, 2007, 33 (1): 67-75.

③ Lawrence S. Free Onlin Availability Substantially Increases a Paper's Impact [J]. *Nature*, 2001, 411 (6837): 521.

④ Antelman K. Do Open-access Articles Have a Creater Research Impact [J]. *College &Research Libraries*, 2004, 65 (5): 372-383.

数字化、电子期刊等为关键词进行搜索，截至 2018 年 12 月底，有 3327 篇分别从不同角度进行研究。但是，直接研究学术期刊网络出版、电子期刊的论文很少。概括起来，研究的内容分为几个方面：网络出版的含义、作用，网络出版的环境、困境，网络出版平台和模式，网络出版的版权保护，网络出版人才培养，网络出版效果及影响等。

1. 关于学术期刊网络出版概念的界定

学界对学术期刊网络出版概念的研究，多数是在网络出版定义的基础上进行的，并且很少进行直接的界定。

王炜（2010）[①] 首先分析了网络出版的含义，认为可以从广义上和狭义上对网络出版进行界定。广义上，他把信息通过互联网等向大众传播的过程称作网络出版。狭义上，他认为，网络出版是具有合法出版资格的出版机构，以互联网等为载体和流通渠道，出版并销售数字出版物的行为。然后，对传统出版向网络出版转型的策略进行了研究。他没有给出学术期刊网络出版的含义，只是说明了网络出版的含义。这可以为学术期刊网络出版的界定提供参考。

向飒[②]（2004）在《期刊网络化发展的特征及应关注的问题》中认为，期刊网络化发展包括四个方面：编辑采集资源网络化、期刊形式网络化、信息流通网络化和读者服务网络化。

孟耀（2015）[③] 在《新媒体与数字出版》一书中认为，期刊网络出版是一种依靠网络系统，利用数字信息技术，在固定域名和合法的出版单位及有关规范制约下，把内容和信息服务固定地有规律地提供给读者或用户的出版与传播活动。

这里已经把网络出版与期刊的出版活动结合起来，为界定学术期刊网络出版提供了思路。但是，还不是对学术期刊网络出版的界定。

焦灵芝和杨海平（2011）[④] 研究学术期刊网络出版亟待解决的问题时，提出了学术期刊网络出版的含义。他们认为，学术期刊网络出版是指学术期刊以网络为传播渠道，以数字内容为传播介质，以电子付费为手段的一种出版方式。

综上，我们可以这样定义，学术期刊网络出版是利用互联网技术把学术内容有规律地在互联网上审稿、编校、排版、发布和提供相关服务的活动。

[①] 王炜. 网络出版时代传统出版转型策略研究［J］. 编辑之友，2010，159（2）：36-39.
[②] 向飒. 期刊网络化发展的特征及应关注的问题［J］. 编辑之友，2004（1）：61-63.
[③] 孟耀. 新媒体与数字出版［M］. 大连：东北财经大学出版社，2015.
[④] 焦灵芝，杨海平. 学术期刊网络出版急需解决问题研究［J］. 中国出版，2011（11）：51-52.

2. 学术期刊数字化与网络出版的意义

学术期刊实施数字化和网络出版，主要是期刊社按照数字化、网络化的发展要求，采取数字信息技术、网络技术进行编辑出版和发行学术期刊，这对于学术期刊传统出版向数字出版发展具有关键作用。

周小华（2009）[①] 认为，学术期刊数字化，实现了期刊上网阅读，拓展了期刊内容的传播途径，扩大了期刊的影响。曾建勋和屈海燕[②]在《论数字化期刊的建造方式》中认为，编辑部将期刊的排版数据发送至集中制作上网基地，将印刷版的内容以一定的格式搬到互联网，实现上网传播，这只是期刊数字化进程的第一步。要真正实现数字期刊，还需要业界做出更多的努力。

林国栋（2002）[③] 认为，学术期刊网络出版可以实现信息的快捷传播，可以降低成本，也可以提高检索效率和降低读者经济负担，具有多方面优势。

3. 学术期刊网络出版的形式

陈月婷（2005）[④] 在《科技期刊网络化内涵分析》中认为，科技期刊建立网站和多个期刊建立联合的专门网站，是科技期刊网络化的两种实现方式，这两种方式各有千秋，互相补充。建立独立的期刊网站，向网络提供数字化内容和服务，有利于期刊纵向发展，有利于期刊网络向个性化发展；建立期刊联合网站，是指多个期刊联合建立专门网站，有利于期刊横向发展，实现期刊规模效应。

学术期刊网络出版的模式在探索中。随着互联网技术的应用和发展，更多的网络出版与传播方式将呈现于世。焦灵芝和杨海平（2011）[⑤] 在对学术期刊网络出版概念进行界定的基础上，提出学术期刊有三种主要形式的网络出版：数据库出版、网络平台在线出版和开放存取。

林国栋（2002）认为网络出版使学术期刊出版的内容和形式多样化。网络出版可以建立网上学术论坛，起到促进学术讨论的作用。

柳莎丽（2012）[⑥] 研究发现，学术期刊的网络出版还处于初级阶段，网络

---

① 周小华. 中国学术期刊的数字化问题探讨［J］. 理论学刊，2009，182（4）：108-110.
② 曾建勋，屈海燕. 论数字化期刊的建造方式［J］. 编辑学刊，2003（6）：397-399.
③ 林国栋. 学术期刊网络出版的优势、现状与前瞻［J］. 中国科技期刊研究，2002，13（1）：46-48.
④ 陈月婷. 科技期刊网络化内涵分析［J］. 中国科技期刊研究，2005（5）：609-613.
⑤ 焦灵芝，杨海平. 学术期刊网络出版急需解决的问题研究［J］. 中国出版，2011（11）：50-52.
⑥ 柳莎丽. 学术期刊网络出版的问题及对策探析［J］. 江汉大学学报（自然科学版），2012，40（4）：109-112.

出版平台建设也停留在初级阶段，只靠数据库提供的内容无法满足读者和作者群体的多重需求。一些学术期刊还在坚持传统出版模式下的出版方式，审稿、编辑加工都是在纸上工作，发行方式和渠道单一，不重视网站建设，缺乏交互式传播等。她建议在学术期刊网络出版中，在与数据库运营商合作的同时，建立自己的网络出版平台，提供附加产品和服务，开展增值服务和增值活动。

在出版模式上，焦灵芝和杨海平（2011）研究了学术期刊自建网站的现状和问题，通过对我国一些学术期刊自建网站的运营情况进行分析，认为自建网站的功能定位不明确，网站在期刊的网络出版中处于一种闲置状态，可有可无，浪费了人力和财力。对于开放存取（OA）这种"作者付费出版，读者免费使用"的出版模式，他们认为，国内虽然有一些学术期刊进行开放存取的尝试，但是开放存取模式还不成熟，需要进一步与国际接轨。他们研究发现，开放存取的费用主要来自两方面：一是自我收入；二是内外赞助，主要是学术研究机构、基金会、政府及私人赞助等。自我收入来自收取出版费、广告费和增值服务等。

周舟和朱栋梁（2011）[1] 通过对相关文献的整理和研究认为，我国学术期刊网络出版存在着过于依赖权威期刊数据库、网络版交流空间缺乏、网络版层次感不强和网络版维护不到位等问题。相反，国际性学术期刊出版集团则利用先进的网络平台，掌控着大部分国内最好的学术期刊数字资源。

4. 学术网络出版对学术发展及期刊发展的影响

网络出版对于学术发展的影响以及对期刊的影响，一直成为学术界关注的重要方面。早期的研究，既有肯定的观点，也有怀疑的观点。程维红和任胜利（2007）[2] 对 2006—2007 年的 1608 种期刊中的 OA 期刊和非 OA 期刊的应用情况、影响因子进行分析，认为 OA 期刊所得到的指标都明显高于非 OA 期刊指标。其中，总被引次数、影响因子和即年指标分别提高了 80%、50% 和 59%。这说明开放存取对于期刊的作用是明显的。因此，在扩大学术思想的影响方面也起到了积极促进作用。林国栋（2002）认为，网络出版的发展将促使学术期刊重新优化，可以使内容和形式多样化，并可以给学术期刊出版带来较高的收益。网络出版不仅可以做大规模，实现规模效益，还可以大大降低生产成本。网络出版的便利性可以吸引更多的读者、作者，提高学术期刊的影响力。此外，

---

[1] 周舟，朱栋梁. 学术期刊网络出版国内外研究综述与思考［J］. 情报杂志，2011，30（12）：43-47.

[2] 程维红，任胜利. 中国科技期刊开放存取出版现状［J］. 编辑学报，2007，19（3）：196-198.

网络出版还将促成学术期刊的优化组合，充分发挥各方面的优势，提高学术期刊的出版效率。

但是，也有学者不这样认为，他们认为开放存取对国内学术期刊发展的作用有限①，只是起到了快速发表论文的便利作用②。

多数研究者对学术期刊网络出版的影响和作用给予高度评价。这一点在许多文献中可以找到依据，也在实践中得到证实。因此，可以得出结论：学术期刊网络出版对于促进学术思想出版和传播具有不可小觑的促进作用，它适应了新媒体时代的发展趋势，是传统出版与新媒体结合的必要的基本的途径，这也是网络出版得到认同和推进的根本原因。

5. 学术期刊网络出版发展趋势的研究

网络出版已经大量存在于学术期刊的生产经营中，并取得了显著的社会效益和经济效益。爱思唯尔、威利和斯普林格出版集团，以及亚马逊等网络平台，还有大量的报纸出版机构的网络出版实践，都体现出网络出版的优势。国内的几个大型学术期刊网络出版数据库的经营活动也取得了令人瞩目的业绩，大型数据库出版平台不仅收录了绝大多数的学术期刊，将其以数字形态进行网络出版，而且不断地开发出新的网络出版形态，例如，优先出版、纯网络期刊等。

学术期刊网络出版未来还面临很多问题，解决这些问题需要在实践中不断探索途径和对策。在内容生产上，继续提高质量，实现多元化出版渠道，处理好出版者与数据商的利益分配，成为未来网络出版的重要任务。焦灵芝和杨海平（2011）认为，在未来期刊出版单位必须继续坚持内容为主导，提高期刊质量，增强自身议价能力，实现网络出版多元化渠道，提高期刊在线出版的学术公信力，建立完善的学术期刊网络出版方面的学术评判标准。他们还提出由行业协会牵头，联合多家期刊出版单位，建立合作出版平台，直接向用户提供服务的建议。

在网络出版模式上，研究者普遍认为，应当由政府机构、文献情报机构、学术团体等，协同挖掘学术期刊出版资源，构建统一的网络出版平台，向用户提供服务。程维红和任胜利（2007）提出，由我国科研管理的政府机构、文献机构、社团组织等组建网络出版平台，通过网络编辑、在线预出版和提供英文

---

① 袁满. 关于构建国内学术期刊集成化网络出版平台的思考 [J]. 中国科学院报，2008（1）：50-55.

② 杨琦，赵文义，王磊. 学术期刊的消费方式分析 [J]. 科技与出版，2009（8）：60-63.

版网页，提高国际影响力。李红（2009）①认为建设中国精品学术期刊数字平台非常重要，可以以国家力量整合、挖掘学术期刊出版资源。

学术期刊的发展离不开高质量的内容，在内容为王的出版行业，不论是纸质期刊还是网络期刊，高质量的内容仍然是起主导作用的力量。所以，很多研究者把提高内容质量作为扩大学术期刊网络出版影响和提高竞争力的根本因素。为此，研究者提出，应当加强论文准入管理，出版更高质量的论文。论文的准入机制不严，会大大降低用户对网络"在线"出版期刊的好印象，影响学术水平的提高。②

加强互动性也是网络出版的重要问题。作者、读者和编辑之间的良性互动有利于提高网络出版的质量，也有利于扩大网络出版的社会影响，更好地挖掘内容资源的社会价值。但目前这种良性互动还相当缺乏，很多学术出版机构没有重视起来，丧失了很多市场机会。加强用户之间的互动，这是未来有待改善的方面。

6. 网络期刊评价方面的研究进展

国内外学术界对网络期刊质量评价方法进行了较为广泛的研究，并且取得一定研究成果。国外对网络期刊进行评价，主要是运用有效的定性和定量方法，构建科学合理的评价指标体系，对网络期刊的质量和价值进行评估。对网络期刊评价的研究成果不多，但是研究者十分重视该问题。早期的研究主要是对网络期刊评价体系进行研究，也对评价方法进行研究，或者进行定性研究，或者进行实证研究。国外学者 Quinn（1999）提出评价网络期刊的13项指标，分别是可利用性、全文搜索、可获得性和稳定性、价格、内容可调整和权威性、出版速度、论文长度、多媒体和超链接、标准化、被引用、质量、持久性、索引摘要覆盖率③。我国学者们的研究重点在于提出适合网络期刊的评价指标和研究科学的评价方法。较早的研究见于郭丽芳（1997）的研究，她提出了网络电子期刊的11项指标，分别是权威性、适用性、参考性与研究价值、时效性、易读性、检索性、许可协议、馆藏相关性、他处可得性、完整性和可用性④。阮建

---

① 李红. 中国精品学术期刊数字出版平台刍议［J］. 图书情报工作，2009（16）：145-148，73.

② 焦灵芝，杨海平. 学术期刊网络出版急需解决的问题研究［J］. 中国出版，2011（11）：50-52.

③ Quinn R. Mainstreaming Electronic Journals Through Improved Indexing：Prospects for the Sciences［J］. *Serials Review*，1999，25（2）：23-24.

④ 郭丽芳. 网络电子期刊评估之研究［J］. 大学图书馆，1997，1（3）：56-81.

海和安璐（2004）提出了纯网络期刊质量评价指标，主要包括版式设计、内容结构、编辑标准、内容质量评价标准和传播质量[①]。秦金聚（2007）在郭丽芳提出的11个指标的基础上，把网络期刊的评价指标分为三个方面：基本质量评价、内容质量评价和传播质量评价[②]。谢新州等（2009）从促进期刊网络化发展的角度，提出网络期刊评价的四个方面指标体系：用户效果、学术水平、网络建设和经营管理[③]。综合学术界的研究情况，可以发现，学术界对网络期刊评价的研究存在着四个方面的特点：一是努力设计出符合网络期刊实际的评价指标；二是从定性评价向定量与定性评价结合发展；三是从对期刊评价向对单篇论文评价转变；四是从重视指标设计到更加重视评价方法的科学性。

7. 学术期刊网络出版发展滞后的研究

我国学术期刊网络出版自20世纪90年代出现以来，经历了数十年的发展，已经取得了显著的成果。但是从我国期刊发展阶段看，网络出版还不发达，处于探索的初级阶段。有的学者在分析我国期刊网络化状况时提出，从整体上看，我国学术期刊网络化还处于发展的初始阶段。在这个阶段，一系列的问题必然摆在面前需要解决。和西方国家的网络出版相比，我国还有很大差距，相对来说发展是滞后的。一方面，学术期刊网络出版主要是借助商业化数据库期刊网络出版平台将纸质期刊内容发布在网络上，是纸质内容的搬迁转移，虽然加快了网络传播，也提高了引用率，促进了学术成果的传播，但是，并没有摆脱纸质期刊的窠臼。另一方面，一些学术出版社只是实现了外文类学术期刊的网络出版，中文内容仍然按照传统的出版方式编辑出版，只不过在传播上采用了互联网技术。另外，虽然也开始尝试开放存取，但是，实现开放存取的期刊为数较少，而且产生的影响也不是很大，OA期刊有待进一步发展。

综合已有的研究，学术界普遍认为以下几个方面是导致学术期刊网络出版发展滞后的主要原因。

第一，资金问题。虽然学术期刊出版者和管理者认识到了期刊网络出版的重要性，但是，期刊数字化和网络出版需要物质、技术和人力支持，换句话说，真正实现数字化和网络出版需要加大资金投入，因为建立网络出版管理系统、建立网站等都需要投入相当数量的资金用于基础设施建设和管理维护。但是，

[①] 阮建海，安璐. 基于印刷版与电子版的学术期刊综合评价研究［J］. 情报理论与实践，2004，27（2）：219-222.

[②] 秦金聚. 纯网络电子期刊质量评价研究［J］. 情报探索，2007（8）：13-16.

[③] 谢新州，万猛，柯贤能. 网络期刊的发展及其评价研究［J］. 出版科学，2009（1）：22-28.

期刊特别是学术期刊通常是依靠主办单位资金支持，一般来说是没有财务能力的单位，数字出版所需要资金难以筹集，因而谈不上投入大量资金进行数字化与网络化建设。林国栋（2002）指出，学术期刊规模普遍较小，经济实力和技术力量不足，难以资助网络出版。

第二，缺乏数字技术人才和网络管理人才。除了一些大型的社会化市场化运作的网络公司，一般的期刊单位很难有懂得数字技术的人才和网络管理人才。期刊网络出版需要懂得数字技术、网络技术的人才，也需要懂得期刊出版和数字技术二者兼顾的管理者，但是，这种技术人才和管理人才非常缺乏，严重妨碍了学术期刊网络出版发展。柳莎丽（2012）认为，网络出版既需要数字技术的支持，也需要编辑人员的把关，要求编辑人员既有传统编辑能力，又要具备新媒体编辑技能。学术期刊出版机构要大力培养复合型编辑人才，才能适应网络出版的环境。

第三，缺乏统一的行业标准。现有的大型期刊数据库实行市场分割，行业标准没有统一起来。例如，中国知网、维普、万方数据库等各自都有自己的文件格式标准，用户上网和信息检索，没有实现标准统一，也没有在文件格式上与国际标准统一起来。这些造成了网络出版的格式混乱，给读者造成了许多困难。

第四，管理政策不确定。对于网络期刊，没有从政策上给予支持。现有的数字化期刊内容一般是将具有国内外出版序列号的刊物内容，通过一定的格式进行数字化，复制到网络上便于搜索查找和阅读。至于那些没有出版刊号的网络杂志，则没有明确地被认定为公开发表。在目前管理体制下，传统期刊有公开的刊号、主管部门和主办单位，有一套完整的管理措施和管理办法，而网络期刊则没有明确的和完整的管理措施和管理办法，处于无序发展的状态。这导致了传统期刊和网络期刊在认定问题上的差异和矛盾。因此，政策和管理上的缺失，也导致了数字期刊和网络期刊的发展，妨碍期刊数字化出版。

第五，其他方面的因素制约了网络出版。一是出版领域的专业分工和行业垄断，导致条块分割，各自为政，产业集中度低，分散经营，规模偏小，存在着"小、散、慢"的特征，资源整合的难度大，融合发展缺乏资金、技术和人力资源。二是缺乏资本和网络出版资源的有效结合机制，管理上需要深化改革。[1]

---

[1] 周舟，朱栋梁. 学术期刊网络出版国内外研究综述与思考［J］. 情报杂志，2011，30（12）：43-47.

8. 学术期刊网络版权保护问题的研究

网络出版的版权问题是困扰期刊数字出版业务扩大的主要因素，也是制约数字出版产业快速发展的瓶颈。没有完善的版权管理制度，网络期刊和数字化的内容常常出现版权纠纷，不利于学术期刊数字化出版和网络期刊建设。林国栋（2002）[1]认为，网络出版在使出版者、读者和其他用户获得收益的同时，也潜伏着对作者权益的侵害。这些问题不解决将会阻碍学术期刊的网络出版发展进程。亟待有关部门制定出相关法律，以便规范网络出版。版权保护问题是数字期刊出版中一个无法绕过的难题。由于网络期刊的物理性质与传播方式的特殊性，版权保护是一个非常复杂的问题。研究者普遍认为，期刊数字版权问题成为期刊数字化转型的最大瓶颈，这个问题解决不了，期刊数字化出版就难以尽快发展。柳莎丽（2012）提出，网络出版环境下侵权事件时有发生，对作者的利益造成损害，对网络出版发展极为不利，因此，著作权保护有待加强。她还分析了造成网络侵权事件不断增多的原因，其中一条就是读者可以利用电脑技术随意处置所得到的网络出版物。此外，相关法律法规不够完善也是重要因素。

到目前为止，我国还没有专门的学术期刊网络出版法律规范，许多版权纠纷，如网络期刊的作者、出版者、代理商和用户之间的关系还难以理清，许多利益关系不能得到法律上的保护。网络期刊的内容涉及作者、出版者和使用者等方面，从目前的网络期刊的发展状况看，使用期刊内容的不仅有受众，还有网络运营商，网络运营商与期刊出版者有一定协议关系，但与作者没有签订使用协议，这必然损害了作者的利益。而在利益链上，网络运营商与期刊出版单位也存在着不对等的权利关系，许多研究者认为期刊出版单位沦为网络运营商的"内容加工厂"，利益受到侵害，但又无法受到保护。这些都是版权保护法需要解决的问题。

对于这个问题，一些学者研究和提出了相应的对策。黄伟（2010）[2]认为，学术期刊数字化与网络出版应当做到：一要加快制定系统的完整的互联网立法；二要建立著作权集体管理体系；三要利用技术手段保护学术期刊版权。

（三）学术期刊网络出版研究前瞻

已有的研究文献表明，学术期刊网络出版的研究进入了新的阶段，新的问

---

[1] 林国栋.学术期刊网络出版的优势、现状与前瞻［J］.中国科技期刊研究，2002，13（1）：46-48.

[2] 黄伟.强强联合，破解数字化期刊的版权难题［N］.中国知识产权报，2010-08-25.

题正在被越来越多的人所关注。国外研究以对学术期刊网络出版中开放存取的影响为主要方面，对网络出版的效果进行了定量研究，得出的主要结论是开放存取（OA）期刊促进了学术成果被更多的研究人员引用，有利于提高学术思想影响力。国外学者还对不同的开放存取模式进行对比研究。国内学者则多采用定性研究方法，对网络出版的概念、影响、效果、出版模式进行研究，也对网络出版中的多媒体应用进行了研究，此外，还对网络出版的版权保护问题、评价问题等进行了研究。这些研究对于揭示学术期刊网络出版的本质、途径、模式及规律有很大的意义，但也存在一些不足，未来研究的趋势有待进一步明确。

首先，对于学术期刊的网络出版问题，主要集中在对现有运用数据库集中上网模式进行研究，对数字化网络期刊出版规律研究不够，难以指导学术期刊进行网络出版。国外研究集中在实施开放科学、开放存取中学术引用情况的比较、定量研究，对学术期刊网络出版的规律研究得较少。国内主要集中在对开放存取期刊的评价上，虽然对网络出版的模式进行了分析，但是，并未对网络出版的市场环境、制度环境和方式方法进行深入研究，导致很多学术期刊在网络出版中，固守纸质出版传统模式，在网络出版上思维陈旧，方法落后，措施不得当，不能深入开展网络出版。这些研究落后于实践，也无法为实践提供指导。因此，未来学术期刊网络出版研究应当深化网络出版机制的研究，以此加快出版转型。

其次，在学术期刊网络出版的管理体制问题上研究较少。国外很少对这个问题进行研究，甚至可以说，西方学界没有对这个问题进行研究。在国内，则有许多人关注学术期刊网络出版管理问题，但是对这个问题研究不够深入。究其原因，第一个原因可能在于西方学术期刊出版的管理主要是依靠法律和行业学会制定的法律规范，面向的是市场需求，在市场机制和法律规制的作用下，学术期刊从事新媒体背景下的网络出版，是市场行为。因此，它们的研究是在既定的市场经济环境下进行的，管理问题基本得到解决。国内的学术期刊出版管理是在计划经济体制下形成的，随着市场经济体制改革得到发展，主要是在行政管理下进行，当然也离不开有关法律法规的制约。第二个原因在于网络出版的模式存在差异。国外主要采取开放存取模式，在线出版和自由存取，读者不需要付费或者较少付费，在这个方面发展较早的是英国生物医学中心和美国科学公共图书馆，学术论文实现开放存取。我国目前的网络出版采取的主要途径是以数字出版商及大型数据库为平台，采取网络出版，作者不付费，读者注册缴纳一定的费用可以读取平台上的学术内容。开放存取内容还处于探索阶段和初始阶段，采取开放存取的期刊数量有限。由于网络出版的资源动员机制和出版运行机制不同，面对的问题也有所不同。西方国家主要运用竞争手段完成对学术期刊网络出版的转型发展，我国主要是政府推动和政策引导，加上市场驱动。因此，西方学术期刊网络出版在内容生产和平台传播上是一致的。我国是先由众多的学术出版社生产出学术期刊，再由数据库二次出版传播。尽管也有部分学术期刊社自己建立网络出版平台来传播学术期刊内容，但毕竟是少数。因此，未来随着学术期刊网络出版的普及，对于管理方面存在的问题需要深入研究，找到符合我国实际情况的管理途径和模式。

再次，未来需要加强网络出版中学术质量监管和评价方面的研究。内容质量是期刊发展的生命线。网络期刊的质量决定着其能否被广大用户接受。对于以纸质期刊为基础的网络期刊，由于其在长期的发展中形成了质量信誉，一些被评价机构评为核心期刊、CSSCI期刊或扩展版的期刊，其网络内容质量仍然得到认可；对于很多普通期刊和新创立的网络期刊来说，则面临着提高质量、创造品牌的巨大压力。如何对网络期刊进行质量管理，是学术界和管理者必须思考的问题。因此，网络期刊的规范和评价是学术网络出版研究的重要方面，必须深入研究网络期刊质量的管理和评价方法。

最后，学术网络出版中国际化发展问题也是必须重点研究的内容。目前这个方面的研究很薄弱。国际化发展是实现文化自信、提高国际学术影响力、加强国际交流和促进学术发展的基本途径。我国学术期刊在网络出版中面临着国际学术期刊网络出版的强势渗透，很多优秀的研究成果不是在国内期刊上首先发表，而是在国外学术期刊上首先发表，进一步增强了国外学术期刊对国内学术期刊出版的竞争优势。学术界需要加强对国外学术期刊网络出版的研究，总结和借鉴国外学术期刊网络出版的经验，并积极创新本土网络出版模式，把我国学术期刊网络与国际网络出版的模式对接起来，探索国际化发展途径。因此，进一步深入研究学术期刊国际化问题成为未来我国学术期刊网络出版研究的一个重要课题。

此外，学术期刊网络出版中的全媒体发展途径问题也是一个十分重要的研究方向。未来学术期刊网络出版不只是在网络上定期发表研究成果，使用户能够搜索并阅读论文，而是实现内容资源的多形态展示、多角度开发利用，使读者在一个更加舒适的环境下阅读、使用学术期刊的内容。网络出版使学术期刊更加需要利用多媒体技术，一篇论文在网络出版后，不仅可以阅读，也可以视听，可以与作者互动。网络出版为传统媒体与新兴媒体融合发展提供了途径和契机。全媒体也是学术期刊网络出版中发展的方向。未来学术期刊网络出版研究需要深入研究向全媒体发展的途径。

第三章

学术期刊媒介融合

新媒体技术的发展促进了传媒产业的革命性变革,一个巨大的变化就是出版传媒生产方式的变革和新的传播形态的产生。信息技术、网络技术、新媒体技术被广泛地应用到传媒产业的发展中,传统纸媒融合新媒体,纸媒出版普遍出现衰退,新媒体却绽放光彩。电子出版物和网络出版作为新的出版方式,不仅极大地冲击着传统纸媒出版,而且日益占据了出版领域的主要阵地。在新媒体的影响和作用下,学术期刊在出版方式和传播形态上也迅速地出现了信息化、数字化和网络化,并且不断地运用信息技术和网络技术,实现与新媒体的深度融合。在新媒体时代背景下,媒介融合成为学术期刊发展的战略方向和策略选择。本章在研究新媒体对学术期刊出版影响的基础上,对学术期刊媒介融合问题进行深入探讨,以便发现学术期刊媒介融合的规律和策略。

第一节 学术期刊与新媒体融合发展

一、学术期刊的界定与分类

期刊,简单地说是由具有合法出版资格的出版机构出版的连续出版物。按照有关规定,其明确的定义为"是有固定名称,用卷、期或者年、季、月顺序编号,以印刷方式复制的,以纸质为载体的,成册的连续出版物"。这是我国出版业长期以来使用的期刊定义。它由四个基本要素构成:固定的名称、连续出版、有一定的编号顺序和以纸为载体印刷装订成册。这个定义表明了在以纸媒为主的印刷出版时代期刊的特征和基本要素。随着科技进步和创新,期刊的定义也需要创新发展。特别是人类进入信息化时代后计算机技术和网络技术不断创新发展,为期刊的定义注入了新的要素,其定义也需要发展完善。结合网络期刊的出版现实,可以考虑对"以印刷方式复制""纸质为载体"等方面的规定进行修改，甚至改变更多方面的规定。

以期刊定义为基础，学术界对学术期刊进行了界定。学术期刊是以刊发学术研究成果为主要内容的期刊，用来发表学术思想观点，促进学术交流和传播。学术期刊的特征是：第一，期刊内容以学术研究成果或者调查、实验报告为主。第二，刊发内容经过了同行评审，质量达到了一定的学术研究标准。第三，学术成果通常由学术研究人员或者学术研究机构经过调查研究而成，结论具有一定的学术理论价值和社会实践价值。

对于学术期刊的界定，除了学术界的研究观点外，原国家新闻出版广电总局于2014年4月3日发布了《关于规范学术期刊出版秩序促进学术期刊健康发展的通知》（以下简称《通知》），对学术期刊进行了界定。《通知》指出："学术期刊是指经国家新闻出版行政主管部门批准，持有国内统一连续出版物号，领取期刊出版许可证，以刊载研究发现和创新成果的学术论文、文献为主的定期连续出版物。"可见，学术期刊有明确的界定和特征。

《通知》还规定了学术期刊须由原国家新闻出版广电总局认定，并符合以下条件：有科研教学机构、学术团体或具备学术出版能力的出版社、报刊社主办；经国家新闻出版行政主管部门批准的办刊宗旨及业务范围明确为学术研究与交流等；出版单位拥有相应的符合条件的学术编辑人员和其他必需的办刊条件；刊发的学术论文、文献或在理论上有创新见解，或在实践中有创新应用，或具有很重要的文化积累价值；刊发的学术论文、文献具有演进的格式规范；执行严格规范的组稿、编辑、审稿和同行评议制度。

原国家新闻出版广电总局于2014年11月18日，根据所报期刊的情况，对学术期刊进行认定并发布公示，确定学术期刊5737种。有关资料表明，2017年我国学术期刊有6021种，其中科技期刊4056种。2018年增加了近10种学术期刊。由于有一些期刊没有参加申报评定，原国家新闻出版广电总局于2016年5月再次下发《关于开展第二批学术期刊认定及清理工作的通知》，对学术期刊进行认定。结果是共有6000余种学术期刊进入名录和数据库。

根据学术期刊刊载学术成果的内容性质，可以将其分为自然科学（科技）学术期刊和社会科学学术期刊，以及综合性学术期刊。按照学术期刊的主办单位不同，又可以划分为高校学术期刊、非高校学术期刊。也有人根据内容把学术期刊分为哲学、经济学、语言学、历史学、政治学、文学、社会学、法学等文科学术期刊和生物学、物理学、医学、计算机科学、建筑学等自然科学学术期刊两大类。也有按照出版类别，将学术期刊分为综合性社科期刊、专业性人文社科期刊等。

目前，根据学术期刊的载体形态，有的研究者把学术期刊分为纸质期刊、网络期刊（或电子期刊）、纸质+网络期刊。前两种期刊的数量较少，后一种期刊所占比例较大。

二、新媒体发展推动学术期刊媒介融合

信息技术和网络技术的发展，极大地推动了传媒产业的变革，促进新媒体的产生与发展。在新媒体推动和促进下，学术期刊也产生了出版方式和传播形态创新发展的必要性和紧迫性。学术期刊数字化与网络出版的发展，正是学术期刊传统出版与新媒体融合发展的体现，并进一步深化和加快学术期刊与新媒体融合。

（一）新媒体的产生与发展

新媒体是与传统媒体相比较而言的。它是指以信息技术、计算机网络技术和多媒体技术为基础，从事信息生产和传播的媒体。新媒体的概念有多个视角。新旧媒体的区别主要是终端的区别。传统媒体以报纸、杂志、图书、电视、广播等为代表，在信息表达终端上是信息技术和网络技术之前的形态。而新媒体以网络、手机、微信等为体现形态。因此，新媒体主要是从媒体终端形态上加以界定的。

新媒体是伴随计算机信息技术和网络技术的创新而产生并发展的。在计算机信息技术和网络技术产生并应用的背景下，一些新媒体终端大量产生并被应用到信息生产和传播中，新媒体形态不断创新和发展，主要表现为计算机设备、手机、其他网络信息终端设备以及在这些设备上运用新媒体技术产生的信息表现形式，如微信、多媒体、网络信息传播平台（谷歌、百度、搜狐、新浪、人民网等）。手机新媒体在信息传播和媒体出版中的作用日益增强，并且成为主要的传媒载体，其作用和影响迅速扩大。

以下是 2018 年中国互联网信息中心（CNNIC）发布的《中国互联网络发展状况统计报告》的部分内容，充分体现了当前我国手机用户、网络用户的新媒体应用状况（部分内容摘录）。[①]

截至 2018 年 6 月，我国网民规模为 8.02 亿人，上半年新增网民 2968 万人，较 2017 年年末增加 3.8%，互联网普及率达 57.7%。我国手机网民规模达 7.88 亿人，上半年新增手机网民 3509 万人，较 2017 年年末增加 4.7%，网民

---

① 中国互联网信息中心（CNNIC）. 中国互联网络发展状况统计报告（2018 年 7 月）[DB/OL]. http://cac.gov.cn/wxb_pdf/CNNIC42.pdf.

中使用手机上网人群的占比达 98.3%。

截至 2018 年 6 月，我国农村网民规模为 2.11 亿人，占整体网民的 26.3%，较 2017 年年末增加 204 万人，增幅为 1.0%；城镇网民规模为 5.91 亿人，占比达 73.7%，较 2017 年年末增加 2764 万人，增幅为 4.9%。我国不断推进城镇化进程，使得城镇人口不断增加，农村人口不断减少，城乡网民结构受此影响也发生了细微变化。城镇地区互联网普及率达 73.7%，农村地区互联网普及率达 26.3%。

从网民使用的终端设备看，截至 2018 年 6 月，我国网民使用手机上网的比例达 98.3%，较 2017 年年末提升了 0.8 个百分点；使用台式电脑、笔记本电脑上网的比例分别为 48.9%、34.5%，较 2017 年分别下降 4.1 和 1.3 个百分点；网民使用电视上网的比例达 29.7%，较 2017 年年末提升了 1.5 个百分点。

从网民手机网络新闻用户情况看，截至 2018 年 6 月，我国网络新闻用户规模为 6.63 亿人，半年增长率为 2.5%，网民使用比例为 82.7%。其中，手机网络新闻用户规模达到 6.31 亿人，占手机网民的 80.1%，半年增长率为 1.9%。

从使用手机的用途也可以进行比较分析，如表 3-1 所示。

表 3-1　2017.12—2018.06 中国网民各类手机互联网应用的使用率

应用	2017.12 用户规模（万人）	2017.12 网民使用率（%）	2018.06 用户规模（万人）	2018.06 网民使用率（%）	半年增长率（%）
手机即时通信	69359	92.2	75000	95.2	8.1
手机网络新闻	61959	82.3	63128	80.1	1.9
手机搜索	62398	82.9	63740	80.9	2.2
手机网络音乐	51173	68.0	52323	66.4	2.2

资料来源：中国互联网信息中心（CNNIC）.中国互联网络发展状况统计报告（2018 年 7 月）[R].2018.

使用手机支付成为新媒体的重要用途。截至 2018 年 6 月，我国网络支付用户规模达到 5.69 亿人，较 2017 年年末增加 3783 万人，半年增长率为 7.1%，使用比例由 68.8% 提升至 71.0%。网络支付已成为我国网民使用比例较高的应用之一。其中，手机支付用户规模增长迅速，达到 5.66 亿人，半年增长率为 7.4%，在手机网民中的使用比例由 70.0% 提升至 71.9%。

（二）新媒体对学术期刊出版的影响

新媒体对学术期刊出版的影响是显著的，其影响体现在三个方面：一是对传统纸质期刊出版经营收入的影响;二是对学术期刊出版方式的影响;三是对学术期刊媒介融合的影响。

1. 新媒体对传统学术期刊出版经营收入的影响

传统出版方式下,学术期刊以纸质为出版形态,以邮局订购纸质期刊为发行方式,以传统交易渠道为销售途径。由于学术期刊的特殊性和专业性,其市场需求主体是各类图书馆、资料室、研究机构和部分学术研究者,市场面狭小,学术期刊销售收入少,一般难以盈利。在新媒体介入学术期刊出版后,虽然纸质期刊已经不是唯一的出版形态和传播渠道,但是,纸质期刊仍然占有原来的市场。很多图书馆、资料室和学术研究者仍然习惯于收藏纸质期刊。因此,可以说,新媒体并没有大幅度地降低市场对纸质学术期刊的需求量。但是,人们也发现,纸质印刷期刊的需求量逐年下降,也是不争的事实。因此,从纸质期刊销售收入看,纸质期刊销售收入在逐年下降。与此同时,电子版、网络版学术期刊的需求量大幅度上升。很多图书馆、资料室和研究机构都愿意支出大笔订阅费,使学术期刊电子版进入数字资源库,便于研究者网上查阅使用。很多学术期刊通过打包方式将电子版期刊内容卖给大型数据库后,通过大型数据库支付给期刊社一定的费用,作为使用期刊内容和再次网络出版的条件,这也构成了学术期刊的网络出版经营收入。但是,通常这部分收入极少,不足以弥补期刊出版成本。大多数学术期刊出版社长期受困于市场狭小、收入不足的限制,难以在技术升级方面增加投入。

根据原国家新闻出版广电总局发布的《2016年新闻出版产业分析报告》,2016年全国共出版期刊10 084种,较2015年增长0.7%。总印数270亿册,降低6.3%;总印张1502.0亿印张,降低9.4%;定价总金额232.4亿元,降低4.3%。期刊出版实现营业收入193.0亿元,降低3.6%;利润总额25.7亿元,降低2.2%。与报纸和音像出版物的营业收入、利润总额相比降幅较小。2016年,全国各类期刊零售为0.3亿册,销售11.76亿元。共有10种期刊平均期印数超过100万册,如《求是》《时事报告(大学生版)》《时事(时事报告中学生版)》《读者》《青年文摘》等期刊,其中没有学术期刊。①

2. 新媒体对学术期刊媒介融合发展的影响

新媒体的发展与学术期刊媒介融合之间的关系十分密切。它们是相互联系、相互促进、相互依赖的关系。

---

① 段艳文,王军峰.2016—2017中国期刊出版业发展报告[J].中国期刊年鉴,2017(1):258-262.

首先，新媒体的产生和发展是学术期刊媒介融合的起因，也是媒介融合的发动机。正是新媒体的出现和其在媒体产业的革命性影响，才导致了传统媒体与新媒体的深度融合。新媒体具有一系列的优势，例如，新媒体打破了传统媒体的一统天下，把信息传播变得更加方便和灵活，为用户提供了形态多样、生动活泼和随时随地提取、接收、发送信息的服务，使信息的传播效率更高，满足了用户的实际需求，这些都是传统媒体的传统方式、途径下所不能提供的，因而受到用户青睐。新媒体的特点和优势，使其受到用户真心实意的欢迎，这为新媒体的发展提供了巨大的发展动力，创造了发展机遇。传统媒体只有吸收和融合新媒体技术，采取新媒体的方式，才能够继续生存和发展壮大。这是传统媒体进行媒介融合的基本动力。同时，新媒体也有自身的不足，它向用户提供其所需要的服务时，离开了传统媒体的内容材料和用户群体，也就失去了价值，失去服务的载体，因而新媒体需要传统媒体的内容材料和用户，这些内容材料和用户正是传统媒体长期发展所积累的资源。因此，学术期刊媒介融合是新媒体与传统媒体学术期刊融合发展的必然结果。学术期刊媒介融合是新媒体发展的结果，又是新媒体在学术期刊上的具体运用和创新发展。

其次，学术期刊数字化与网络出版是新媒体技术在学术期刊上的应用和体现，是传统期刊出版与新媒体融合发展的具体途径。同时，媒介融合也进一步丰富了学术期刊数字化的内容和形式，加快了学术期刊数字化和网络出版转型。因此，媒介融合的方式、内容、途径和模式，对于促进学术期刊网络出版具有积极的作用。数字化与网络出版是传统出版与新媒体融合的过程与结果，同时，又实现和促进了媒介融合，而媒介融合也进一步丰富和发展了数字化和网络出版的内容和形式。

第一，新媒体推动了学术期刊数字化与数字出版。传统的学术期刊离不开纸张的使用，借助纸张实现投稿、审稿和编辑校对，最后生产出纸质期刊，借助邮局和快递公司邮递，到达用户手中。这是一个出版与传播效率相对低的方式。在新媒体技术的影响和推动下，由于数字信息技术的创新和应用，学术期刊由单一的纸质出版形态转变为电子期刊、网络期刊与纸质期刊共同存在的形态。数字期刊就是把内容进行数字化，是原有的纸质学术期刊经过信息化、数字化处理，由纸质内容转化为数字信息内容，通过网络等电子信息化途径实现学术期刊的出版发行和传播。向数字期刊转变，就是发展数字出版。数字出版是信息化形式的出版，是通过计算机信息技术、网络技术实现编辑出版流程现代化和传播电子信息化的出版。

第二，新媒体推动学术期刊网络出版。网络出版是学术期刊出版中利用互联网从事编辑出版和传播的方式,它完全实现了学术期刊的数字化和网络传播,是新媒体时代的出版方式。由于借助互联网进行审稿、编辑和传播,出版即为传播,因此,不仅不再依赖纸张的使用,而且可以借助多媒体技术实现学术期刊数字出版,借助网络实现网络出版,在传播渠道、出版形态、互动交流、深度挖掘信息资源等方面,实现了前所未有的发展。

  第三,学术期刊通过新媒体技术实现媒介融合发展。与新媒体充分融合是学术期刊在新媒体成为传媒主流的背景下,获得新的发展并加强传播力、提高影响力的基本途径。新媒体技术是实现新媒体的技术基础,也是传统媒体与新媒体融合的突破口。目前,微信传播学术期刊,可视化和有声阅读,以及在线互动,都成为学术期刊应用新媒体技术的体现。这些都是在互联网中实现的,因此,媒介融合不能脱离互联网,而且只有在互联网中才能充分实现。学术期刊的内容与新媒体传播技术的结合,进一步提高了学术研究的效率,提高了学术思想传播的能力。今后的学术期刊不再是单调的纸质期刊,而是多种传播媒体形态的综合,是全媒体的集体亮相,立体交融。

  形成以上方面的基础动力在于新媒体带来的便利和满足目标用户的能力。首先,新媒体可以实现多媒体传播,从而满足用户对学术期刊多种形式的体验需求。学术研究的成果在人们普遍的印象中是呆板、严肃、枯燥无味的,这是以往纸质期刊表达方式带来的结果。在阅读学习研究学术成果时,人们希望改变这种刻板的模式,借助声像、互动、新闻性,让用户产生焕然一新的感觉。新媒体技术在学术期刊出版传播中的应用能够实现用户这种愿望。因此,新媒体具有适应用户和满足用户需求的功能。其次,新媒体信息传播具有信息碎片化特点,可以满足特定用户对期刊内容碎片信息的需求。由于工作节奏加快,除了深度研读学术期刊的系统知识外,还需要对一些信息进行整理,以便用户利用零散的时间阅读期刊内容,达到提高阅读效率的目的。目前,微信推送已经成为学术期刊向用户提供资料信息的便捷途径。很多学术期刊在微信公众号上发布期刊信息,为用户提供单篇文章的所有信息,包括全文、摘要和数据。最后,使期刊服务具有个性化特点。用户根据自己的爱好兴趣,可以选择自己感兴趣的内容,突出个性化,满足用户独特的服务需求。这种服务是传统出版方式不能实现的,因为传统出版方式下学术期刊的形态是唯一的纸介载体,无法以较低的成本实现内容分割和提供部分内容,只能全面推送整期内容。

第二节　学术期刊媒介融合的理论基础

一、产业融合理论

媒介融合的理论基础是产业融合理论。产业融合是指不同产业或同一产业不同行业之间，由于技术、市场、服务和管理等因素的推动，相互渗透，相互交叉，多层次、多角度进行融合发展，成为一个融合体或者新产业的发展过程。

产业融合的方式分为产业渗透、产业交叉和产业重组。不管哪种方式，都会导致产业边界模糊、产业结构调整和产业形态改变。产业融合的前提和基础在于技术创新和技术进步。由于技术的发展进步，不同产业之间和同一产业内部各行业之间有了渗透和交叉的可能，产业边界因而变得模糊。技术进步和创新引发产业结构调整和产业效率提高，进而引发技术融合，导致产业大融合。这种融合是对传统产业体系的根本性变革，也是产业发展及经济增长的新动力。由此可见，技术进步和技术创新是媒介融合的前提和基础，并推动了媒介融合。

产业融合的动力来自市场竞争。不论是产业之间还是产业内部，通过产业融合，可以获得更大的市场，进而获得更多的市场收益。这是由于产业融合可以带来更多的市场机会和规模经济，可以实现"1+1>2"的效果。

木桶定律告诉我们，木桶对水的容量大小不是取决于最长的那块木板，而是取决于组成木桶最短的那块木板，不论最长木板有多长，如果存在不齐的短木板或者有损坏的木板，那么木桶就不可能盛满水。这个定律说明，只有组成整体的个体部分差距不大，才能取得最大的效果。因此，这个定律也叫木桶效应或者短板效应。这也说明，任何一个组织，构成组织的部分往往是良莠不齐的，而劣势部分往往影响到整个组织的水平。因此，一个组织应当考虑怎样消除自身的"短板"，从而实现整体最优。

产业之间或者产业内部，都存在着这样或那样的"短板"，克服其不足的办法就是取长补短，借鉴和吸收他人之长，弥补自己的短处。具体途径就是产业融合。因为产业融合可以实现资源的优化配置，可以占领更多的市场份额，取得更多的市场收益。

目前，在不同的产业领域已经发生了形式不同、规模不同和方式不同的产业融合，通过产业融合构架出融合型的产业新体系。例如，电信业、金融业、能源业、交通运输业、旅游业、制造业等出现的融合发展，以及信息产业与传统产业的融合发展，极大地促进了产业结构调整和升级改造，甚至产生了新的行业。

"技术革命成果的产业化，是技术转化为社会生产力的结果，也是产业融合的基础条件和产业结构升级的主要动力之一。产业融合，在当今经济全球化、高科技化的环境下，已经成为一种常见的产业现象，是信息化进程中呈现的一种产业新范式，拓宽了产业发展空间，促使产业结构合理化，进而推进产业结构优化与产业发展。"①

信息技术与传媒产业的融合无疑是最容易出现的融合。因为传媒产业是以信息为资源，以信息流动为方式，以各种媒介为载体的产业。信息技术的革命首先引发的就是传媒产业的变革。信息产业与传媒产业有天然的融合动力。

二、学术期刊媒介融合的经济动力

媒介融合主要是由市场力量推动。刘毅（2008）在《媒介融合的传媒经济学理论阐释》中，从经济学的角度分析了媒介融合的动力，也佐证了这个观点。他认为："媒介融合最主要是由市场的力量来推动的，受到市场因素牵制最强。而在我国，由于大众传媒的意识形态性，媒介融合集团最开始是在行政力量的主导下进行的。然而，在经历了一些挫折以及对媒介产业属性认识的深入，越来越多的市场因素被考虑进来，媒介融合过程中的市场力量在逐渐得到强化。"②

从传媒产业经济学的角度分析，媒介融合的经济原因在于获得规模经济和范围经济效应。规模经济是指组织达到某个规模后可以实现成本降低、收益增加的经济状态。它有规模经济递增、规模经济不变和规模经济递减三种。一般情况下，组织的经济规模应当在规模经济递增阶段。范围经济是指组织的经济范围，目的在于通过扩大产品种类实现资源的充分利用。如果一家媒介同时生产两种以上产品比各个媒介各自生产一种产品效率高，成本低，那么，这家媒介就可以达到范围经济。

刘毅（2008）认为，"媒介之间的融合是为了获得规模经济和范围经济"，由于在特定环境下媒介资源总是有限的，通过媒介融合实现媒介资源的有效整

---

① 文蕴蕴.报刊与网络媒介融合中的经营发展对策研究［D］.北京：北京交通大学，2011：4-6.
② 刘毅.媒介融合的传媒经济学理论阐释［J］.现代视听，2008（8）：26-29.

合，进而可以实现规模经济和范围经济。例如，媒体通过发展诸如手机电视、电子杂志等新型媒介产品，扩大媒介组织的经营范围，降低媒介组织的运营成本，更好地实现媒介产品多样化，实现了资源利用效率的提高，获得规模经济和范围经济。

在媒介融合中，学术期刊的出版也在与时俱进，不断地与新媒体进行融合，探寻在新媒体占传媒业主导地位的形势下的发展路径。

学术期刊的媒介融合，其目的是吸取其他媒体尤其是新媒体的优点，其中包括技术优势、形态优势、渠道优势、营销优势和服务优势等，满足期刊业在新媒体时代的多样化社会需求，增强自身的社会服务功能，构建自身的核心竞争力，并且实现规模经济和范围经济。

学术期刊媒介融合可以实现规模经济和范围经济的原因在于：

一是学术期刊与新媒体融合发展，可以在纸质学术期刊的基础上，发展电子期刊、数字期刊、网络期刊，而不需要再增加更多的信息成本和投入，降低了费用，增加了产品类型，并因此扩大学术期刊的影响，方便学术期刊的传播。由于在既有内容的基础上增加了为用户服务的渠道，创新了服务方式，让读者等期刊用户获得更多的效用，扩大了经营范围，因而实现了范围经济。

二是学术期刊媒介融合后，新的媒体可以共用期刊的内容资源、人力资源、用户资源和学术期刊的品牌资源，不仅可以扩大规模，还可以提高资源利用效率。尤其是学术期刊的网络版或者网络期刊，可以借助学术期刊的品牌获得更多的用户。经营规模的扩大降低了信息生产成本，减少了费用，实现了规模经济。

三是学术期刊媒介融合可以满足用户的多元化需求。这是媒介融合后的最大优势。文蕴蕴（2011）认为，网络技术和网络时代的到来，使媒介市场"碎片化"，分散了社会注意力资源，人们获取信息的渠道和方式出现了多元化。受众不再满足于传统报刊所提供的单向的、同质化的、单一介质的信息服务，而是迅速地接受了新媒体带来的互动的、多元化的信息来源，特别是能够方便地通过互联网取得所需信息的手机和其他具有网络功能的电子设备终端。她认为："而今，受众既需要纸质报刊所提供的独特视角、较高较深的信息内容，也需要网络媒体所提供的快速、经济、丰富、互动和多媒体形式的信息服务。各媒体迫切需要使其内容产品通过不同介质平台的关联组合，形成一个适应于人们新的媒介需求的产品链和服务链，从而为受众提供全方位、多介质层面的信息服务。报刊与网络媒介融合，恰恰可以实现受众对不同媒介内容的集合式消费，也可以满足受众对媒介服务的多元化需求。"①

媒介融合给学术期刊带来的价值增值不只是这些,还有新的效用、新的价值等待人们去体验、去挖掘。这是因为媒介融合是一个以信息技术、网络技术为基础的媒介发展过程,所产生的价值空间几乎是无限的,只是人们对媒介融合的利用能力很弱,不足以挖掘其深藏的应用价值。

三、学术期刊媒介融合的趋势

学术期刊媒介融合已是公认的事实。但是,未来是什么样,还存在争论。尽管如此,学术界还是普遍认同这样的观点:传统纸质的学术期刊不会立即消失,学术期刊媒介融合的结果是在保留学术期刊品牌优势的情况下,融合新媒体的特性,实现学术期刊大媒体或者全媒体。

在数字出版背景下,未来学术期刊进行媒介融合并进行出版数字化转型,以及网络出版等,虽然还存在许多争论和理论上、实践上的困惑,但是已经被出版界公认为一种不可逆转的趋势。问题是怎样在出版数字化转型中采取科学的方式进行媒介融合。

在媒介融合中,传统的学术期刊不会立即消失,只是在新的环境下以特殊的方式存在。和其他媒介形态一样,学术期刊的传统形态不会因为新媒介形态的出现立即消亡,这是不争的事实。从理论上讲,这是事物发展规律决定的。媒介作为一种物质形态总是随着物质世界的发展而发展的,不会停留在一个形态上,新的形态必然出现。但旧的形态不会立即消失,而是在新的形态中以新的方式存在。

在科技发展的推动下,媒介形态发展到今天,传统媒介和新兴媒介形成了一种共生共存的复杂状态:新的媒介形态不断涌现,旧的媒介还继续存在,新旧媒介共存,共同完成大众信息传播的作用。这是因为大众的信息需求是多样的、多层次的,获取信息的途径也是多样化的,任何一个媒介在一定时期内存在都是有客观条件的。

期刊媒介融合的方式和途径很多。董艳华(2009)研究了期刊媒介融合的途径,认为期刊媒介融合主要有两种形式:一是期刊业和其他媒体之间的整合与并购,形成具有多种媒介单位组合的大传播集团;二是期刊和其他媒体之间的交融与互动,期刊通过不同媒介之间的传播方式和内容的相互借用,实现媒

---

① 文蕴蕴.报刊与网络媒介融合中的经营发展对策研究[D].北京:北京交通大学,2011:4-6.

介功能重新组合和媒介资源重新配置。①

这表明，期刊媒介融合不是媒介荟萃，而是吸纳其他媒体的长处为我所用，进行资源重新组合与配置，实现优势互补；也不是要取消期刊形态，而是要在媒介融合中更加突出期刊的功能和独特优势，在融合其他媒体优势的基础上，将其作为全媒体运作的核心起点和重要组成部分，谋求发挥更加重要的媒介作用。

因此，作为能够满足和适合一定范围用户需要的学术期刊，虽然要积极进行数字出版转型，进行媒介融合，但也不能放弃自身的优势，主动放弃自己的阵地，盲目地进行媒介融合。

未来学术期刊媒介融合将随着技术突破和实践发展进一步加强，学术期刊的形态将会表现得更加丰富，纸质形态会出现与新媒体进一步结合趋势，数字化程度进一步加强，用户会更加方便和容易获得所需要的内容与服务。因此，媒介融合将使学术期刊在出版流程、表现形态和服务手段与方式上更加高级化。甚至可以大胆地设想，在将来的出版中，学术期刊会因为完成纸媒出版使命退出论文发表，成为出版历史的存在。取而代之的将是以网络为平台、数字信息为载体、网络传播为方式的学术论文网络出版。这是一种不再依托学术期刊的论文出版发表方式，是一种全新的论文电子出版、网络出版、信息出版或者其他名称的出版。

第三节 学术期刊媒介融合机制

媒介融合机制是指由引起、推动和制约各种媒介之间融合发展的所有因素相互作用、相互制约和共同发展的关系，各种因素相互作用，共同构成媒介融合的发展。正是在各种因素的相互作用下，媒介之间相互渗透与融合发展，构成媒介融合的大趋势，进而融合发展成为大媒体。媒介融合机制的重要作用在于它能够主导媒介融合的发展方向，推动媒介融合发生、发展，为媒介融合提供持续的动力。

学术期刊媒介融合机制是学术期刊与新媒体融合发展过程中的各种机制相互作用、相互制约、相互促进的关系及各种因素构成的相互联系的系统。它由动力机制、引发机制、制约机制、互动机制、传播机制等组成，如图3-1所示。

---

① 董艳华. 媒介融合与我国期刊的发展 [J]. 新闻爱好者, 2009 (10): 192-193.

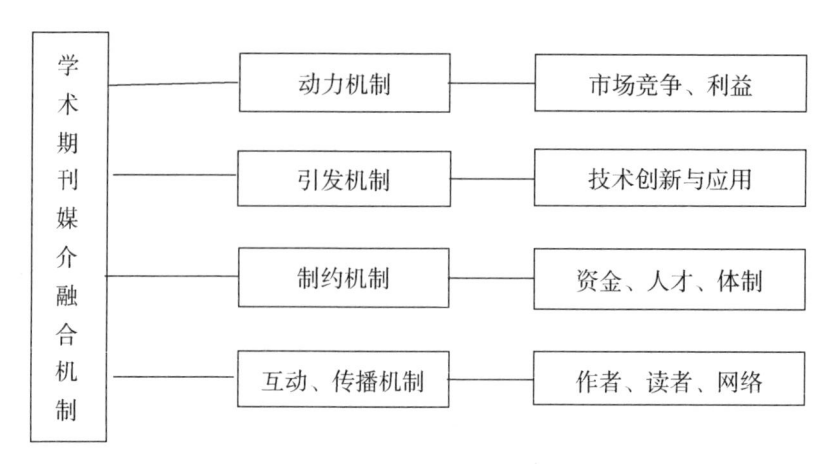

图 3-1 学术期刊媒介融合机制的组成

一、动力机制

学术期刊媒介融合的动力来自学术期刊的自身发展需要及传媒业发展带来的生存压力。每一个学术期刊社都希望其出版的学术期刊具有良好的发展局面，对社会经济和文化具有良好的促进作用，进而获得社会的认可。一些具有良好办刊环境和学术研究资源的期刊，则希望成为一流的学术期刊，引领国内学术期刊的发展，更好地为学术发展和社会经济发展服务。与此同时，新媒体的发展和网络技术的进步，使传统出版业面临着严峻的生存和竞争环境。

（一）内生动力

从媒介融合理论上讲，学术期刊利用自身的内容资源优势与新媒体融合，是其发展的需要。媒介发展需要建立在技术进步的基础上，而且技术进步必然促进传媒技术的发展和提高。作为传媒产业的发展动力来源，技术的发展必然引起产业技术水平的提高和生产方式的改变。通过引用传媒新技术，不仅提高了学术期刊的出版效率，而且提高了学术期刊的社会影响力，让用户获得更加优质的内容和服务。因此，学术期刊在新媒体发展中积极寻找和利用新技术发展和提高自身竞争力。

数字化技术也称为信息技术，是出版技术在数字信息时代的新技术，给出版及信息传媒带来了发展动力，由此，传统期刊出版业也加快了数字出版转型速度。欧美国家在 20 世纪 80 年代已经开始进行期刊数字出版，此后加速发展，形成了数字出版的浪潮。中国期刊的数字化兴起于 20 世纪 90 年代，并在 2005 年和 2006 年获得风险资本投资步入快速发展轨道。

数字出版是期刊进行媒介融合的基本形式。在数字化的基础上，期刊与网络运营结合，发展出手机网络版和其他终端网络版的网络期刊形态。例如，"《读者》集团于2010年5月推出了自主品牌手持终端阅读器，12月其门户网站'读者网'又正式上线运营，'读者网'不仅建成了包括集团旗下所有期刊和其他千余种图书的数据库，还具备了在线阅读、下载、版权贸易等商务功能"①。

在数字出版转型中，学术期刊社与大型数据库合作，将其生产的内容通过数字化在互联网上发布，初步实现了学术期刊数字化。在编辑出版中，利用软件公司编制的编辑出版软件，初步实现了网上收稿、在线审稿和编辑加工。一些学术期刊社建立了自己的网站，为读者提供更加周到的服务。

提高学术期刊的质量和增强学术期刊为作者和读者服务能力，把学术期刊办成有一定社会影响的著名期刊，这是很多办刊者的初衷和学术期刊发展目标。因为只有这样，才能在众多学术期刊中脱颖而出，才能有更多的优质稿件，吸引更多的读者和用户。当前在我国学术期刊界，很多期刊以能够被一些知名的学术期刊评价机构收录，例如，南京大学学术期刊评价机构发布的CSSCI，北京大学学术期刊评价机构发布的核心期刊等作为其发展的方向。由于种种原因，学术期刊办刊单位对其趋之若鹜，以加入其中为目标。似乎只有被这些评价机构收录，才能表明办刊取得了成功。

近年来，国家有关部门加强了对优秀期刊的扶持，给予部分资金进行鼓励，这个做法一方面是对学术期刊中办得出色、社会反响好的期刊给予肯定，另一方面也是对其发展的一种支持。这种做法对于很多学术期刊来说，成为其提高办刊质量、增强期刊竞争力的动力之一，也激励了学术期刊进行数字出版转型和媒介融合发展。

（二）外生动力

用户的需求变化是引起各种商品市场变化的根源。按照经济学理论，商品供给与需求是一对相互依赖的矛盾的两个方面。只有供给的商品符合需求，才能实现供求均衡。否则，供给不符合需求，就会产生供求不均衡，导致需求得不到满足，供给无法实现交易。这就要求商品生产者一定要按照消费者的需要从事生产活动，并随着需求的变化调整生产活动。

传媒产业是提供文化信息产品的产业，提供的产品也是商品，因而也必须遵循市场经济原则和规律。如果传媒产业生产的文化信息产品落后于市场需求，那么必然会导致市场萎缩，用户减少，其发展陷入困境。学术期刊的出版和经

---

① 刘芳.《读者》电纸书在深圳面市［N］.中国青年报，2010-05-18.

营也同样要遵循市场经济的规律,按照社会需求和市场要求从事有关活动。

20世纪90年代以来,新媒体成为传媒产业中的新秀,深受用户欢迎,其市场日益扩大。特别是互联网技术的发展和应用,使网络传播成为信息传播的主要渠道,围绕着网络传播发展出信息产业中的一种新兴传媒领域——网络产业。网络具有多媒体性、传播范围无限性和互动性。网络技术的发展,引起了用户需求的巨大变革,大大改变了传统出版和信息传媒方式,也改变了学术期刊的生存态势。

新媒体时代背景下,期刊媒介用户的需求由单一的阅读转化为多元化需求,由被动接受转化为主动选择,由单向传播转化为互动交流,由单一渠道转化为多渠道,由单一媒体转化为多媒体。个性化、多样化、多方式、多渠道成为受众获取信息的新特点。收入、文化和消费习惯等方面的差异使读者的生活方式、消费理念不再趋同,其需求变得多样化。使用手机上网的用户数量巨大,而且使用者通常是年轻、收入高、工作紧张、生活节奏快和媒体利用率高的消费群体,也是最具活力的消费群体。可以说,受众的需求是学术期刊媒介融合的外在驱动力。①

通过媒介融合,学术期刊传播主体发生了变化,传统期刊传播信息主要在编辑与作者之间,媒介融合之后,传播主体是社会公众、编辑和作者,每个用户都可以成为信息的生产者和传播者,而他们交往的平台则是学术期刊数字信息平台。

二、引发机制

引发学术期刊媒介融合的力量是技术进步。技术进步是媒介融合的决定因素。传媒产业是建立在技术进步基础上的产业领域,报纸、广播、电视和杂志离不开通信技术和信息技术,并且随着技术进步而发展。每次技术革命都带来通信技术的变革。技术的进步也引发了传统期刊的媒介融合。传统期刊产业在手机媒体这个新平台上获得新的发展。手机媒体可以选择更加合适的内容表现形式,加大与读者和用户的互动,期刊可以按照用户需要,为读者量身打造出版内容。

技术进步引起媒介创新,进而引发媒介融合。其主要表现是:

第一,媒介渠道创新。信息技术和网络技术使媒介渠道变得更加流畅。在信息传播渠道上,在广播、电视、报刊的基础上,网络传播已经发展成为媒介

---

① 董艳华. 媒介融合与我国期刊的发展 [J]. 新闻爱好者, 2009 (10): 192-193.

渠道新秀，互联网信息可以迅速抵达世界各个角落，只要存在信息接收终端并在信息网络覆盖的范围中，任何人都可以通过网络系统获得所需信息。学术期刊利用网络平台出版发布内容信息，是信息技术和网络技术在学术期刊出版上的应用，是发布渠道的创新，对于提高出版水平、扩大学术影响具有极大的促进作用。学术期刊与网络的联合也是媒介融合的重要体现，是学术期刊与新媒体融合发展的重要途径。

第二，媒介形态创新。学术期刊利用信息技术和网络技术，把内容发布到网络中，读者通过网络搜索和下载，就可以阅读相关内容，获得阅读体验，摆脱了纸的形态限制，实现了学术期刊形态创新。特别是网络期刊的出现和发展，使学术期刊可以直接在网络上编辑出版和发行，不仅缩短了学术期刊出版发布周期，还可以实现编辑、作者与读者的互动，进一步方便了用户，扩大了影响。同时，电子形态的网络期刊不受纸张页码限制，可以按照需要实现单篇出版发行，提高了学术期刊的内容容量，提高了学术期刊的刊发文章数量。

第三，出版方式创新。传统期刊出版方式是纸质出版和发行，出版周期长，耗费纸张多；媒介融合中的网络学术期刊则是通过网络出版系统处理审稿、编辑、出版和发行等一系列环节，大大提高了学术期刊编辑出版效率。出版方式的转变，对于传媒产业的发展方式转变也产生了巨大影响，传媒产业的媒介融合速度加快，增强了传媒服务功能。

三、制约机制

学术期刊数字出版是数字化的基本途径。按照一般的理解，期刊数字化是指对传统的期刊内容用数字化工具进行数字信息传播，具体地讲就是进行网络化传播。网络技术的发展使越来越多的人习惯于网上阅读。在此形势下，许多期刊建立了自己的网站，发布了网络版期刊内容，这种现象被人们称为期刊数字化。

随着数字化、网络化社会影响的迅速扩大，为了适应期刊数字化趋势，一批以学术期刊数字化或数字化经营为核心的企业，开发出数字化期刊系统软件，建立了以学术期刊内容为对象的期刊数据库和数字化平台，对期刊内容进行网络传播和再利用，并围绕着期刊数字化开展相关信息服务，获得了很好的经营成果。

但是，尽管期刊数字化发展趋势良好，由于多方面因素的制约，期刊媒介融合并不顺利。制约学术期刊媒介融合的因素主要有产业组织和政策、管理体制和技术难题等。

我国媒介组织管理成本较高，原因在于当前我国媒介融合是在行政力量支配下进行的。在行政命令下的媒介融合，媒体之间不能够按照市场规则及要求进行融合，在某种程度上会增加媒介组织的管理成本。媒介融合应当主要由市场力量推动，而不是由行政力量推动。

刘毅（2008）认为："我国的媒介产业是在事业单位性质不变的前提下进行产业化经营，因此，我国的媒体融合形成的媒介融合集团是行政力量推动和主导的，而不是市场力量的作用结果。由于历史的原因，我国媒体形成了'条块分割、以块为主'的格局，存在部门、行业利益以及地方利益的障碍，这种行政联姻方式并不能做到资源的优化配置，不能有效地形成传媒产业的规模经济和范围经济效应。"[①]

我国传媒产业的这种制度安排延缓了媒介融合进程，也导致学术期刊长期处于数字化的初级阶段。虽然有国家产业政策的激励和主管部门的鼓励，但是要突破这种制度上的安排仍有困难，以高校学术期刊为例，高校学术期刊社需要在现有体制下慢慢进行改进，在新媒体冲击下逐步实现媒介融合。

媒介融合自身的规律也制约了媒介融合。从经济学理论上看，媒介融合一方面可以产生规模经济和范围经济效应，另一方面也会加大组织管理成本。如果媒介融合造成了规模不经济，则会增加管理的难度和管理成本。事实上，组织最优边界是实现规模经济和范围经济的最优边界，超过了边界，就会造成组织管理成本大于媒体组织市场交易成本，进而造成规模不经济。

学术期刊媒介融合还受到有关管理制度的制约。在现有的管理制度下，学术期刊存在着一系列的制度要求，例如，学术期刊的页数规定、连续出版、定期出版、版权规定、报送审核要求等，都会对媒介融合产生相应的影响。

学术期刊管理体制是制度的产物，因而受到制度的制约。在现有管理体制下，省市新闻出版局负责具体的管理事务，对学术期刊进行直接领导和监督。只有符合有关政策，学术期刊才能够开展相应的活动。这种做法具有管理直接、集中和高效的优点，但在一定程度上也制约了学术期刊媒介融合。

学术期刊媒介融合后还有一系列问题没有解决，很多方面需要创新改革。媒介融合后的学术期刊，要出版网络期刊、多媒体数字期刊（包括手机版、电子纸刊）、数据库等。传统期刊融合新媒体后，既要满足传统读者的需要，又要满足受众互动参与和接收多媒体信息的个性化需求，这些都需要相应的管理制度创新。

---

① 刘毅. 媒介融合的传媒经济学理论阐释[J]. 现代视听，2008（8）：26-29.

四、互动机制

互动是互联网的一个重要功能和特征。以互联网为媒介的网络出版较传统出版的一个优势就在于互动。传统出版是一维传播，对象是读者，出版主体是出版机构，尽管读者是服务对象和服务主体，但是，并没有改变出版机构向读者输出信息、读者接收信息的单向信息传播方式。读者并不仅是被动的信息接收者，也有自己的思想和表达愿望，只是没有与出版机构互动的渠道。缺乏互动渠道，这就大大限制了读者与出版机构的信息交流。那么，在网络出版中，这种状况得到了彻底改变。借助网络出版的互动机制，可以实现出版机构与读者的及时互动，提高了二者的沟通效率，方便了读者思想和愿望的表达，有利于出版机构改变策略和服务方式，提高服务质量，扩大出版物的影响。

学术期刊在网络出版中，对互动机制的设计和构建，将促进其学术出版的效率，扩大学术期刊的影响力。第一，互动机制是学术期刊出版者与读者和作者互通信息和联系的机制，它形成了一个网络交流平台，借助这个平台，读者可以表达其对学术期刊的诉求，特别是其所需要什么样的内容资料，为学术期刊社的选题及出版内容的选择提供一定的思路；作者则可以及时地发现学术期刊社选题重点和方向，为撰稿和提交论文提供依据。第二，在互动机制作用下，高校学术期刊借助网络交流平台向读者提供期刊内容服务的同时，还向作者提供链接、搜索和反馈服务，使作者与读者可以在平台上进行学术交流，从而拓展了学术期刊的功能，扩大了学术期刊的影响力。

学术期刊网络出版的互动机制由期刊编辑部、作者和读者三个主体构成，其中，编辑部是核心，负责互动机制网络交流平台的运作和维护，作者和读者则是平台的主要参与者。他们之间是相互依赖、互为主体与客体的关系。互动机制的运行主要依赖学术期刊网络出版活动，是网络出版的重要环节，如图3-2所示。

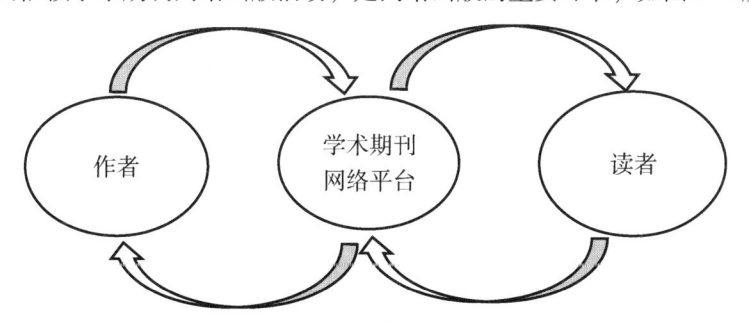

图3-2 学术期刊网络出版互动机制

学术期刊网络出版互动机制的运行，需要期刊社与读者、作者的良性互动。为了确保互动机制正常运行，第一，期刊社要制定相应的制度，保证网络平台有人负责回复读者和作者的提问，及时询问访问者需要什么帮助，回答问题，传递信息。第二，网络平台运行顺畅，设计科学，对读者和作者的留言，及时进行回应。网络平台应当具备查询、搜索、链接功能。第三，网络平台允许读者和作者直接交流，但要符合有关规定，禁止违法行为。对不符合规定的行为进行有效制止。

五、传播机制

学术期刊网络出版的传播机制是实现学术思想和论文公开传播、开展学术交流的机制。一般来说，学术期刊将作者研究成果以论文的形式公开发布在自建的网站，或者交给大型学术期刊数据库经过数据处理，上传到数据库，即被认为是学术期刊的网络传播。在进行网络传播时，需要在《中华人民共和国著作权法》《期刊出版管理条例》《网络出版服务管理规定》等法律法规框架下进行，按照有关要求，确保作者的著作权不受侵害。同时，在法律法规框架下，积极进行诸如开放存取、优先出版等出版活动。

传播机制的主体是学术期刊社，传播途径是网络，传播平台是期刊社的网站或学术期刊数据库，传播内容是学术论文或者其他研究成果，传播对象是读者，传播动力是学术思想和学术资料的交流需要，传播机制的功能在于把具有学术理论价值或应用价值的研究成果传播给社会，实现其对社会经济和文化的促进作用。

第四节 学术期刊媒介融合的政策依据和基本原则

一、学术期刊媒介融合的政策依据

文化产业政策为学术期刊媒介融合指明了方向。文化产业的特征在于，它以文化为资源，向社会提供文化产品和服务，目的是满足人们的精神文化需要。文化产业的主体用产业的方式发展文化事业，并通过其经营活动，实现盈利，发展壮大。文化行业在国家政策的支持下在产业运作上取得了辉煌的业绩和较大的发展，例如，广播电视、文艺演出、音像出版、图书杂志等，在国民经济中占有重要的地位。

文化产业历来受到国家政策的重点关注和支持。2002年11月,党的十六大报告提出:"发展文化产业是市场经济条件下繁荣社会主义文化、满足人民群众精神文化生活需求的主要途径。要完善文化产业政策,支持文化产业发展,增强我国文化产业的整体实力和竞争力。"文化产业的发展与传媒产业密切联系,在新媒体迅速发展的情况下,国家有关部门做出了加快传统媒体与新媒体融合发展的决定,为促进媒介融合提供了政策依据,也加快了学术期刊媒介融合的步伐。2015年3月31日,原国家新闻出版广电总局和财政部联合下发了《关于推动传统出版与新兴出版融合发展的指导意见》(以下简称《意见》),《意见》指出:"推动传统出版与新兴出版融合发展,把传统出版的影响力向网络空间延伸,是出版业巩固壮大宣传思想文化阵地的迫切需要,是履行文化职责的迫切需要,是自身生存发展的迫切需要。"《意见》从指导思想、基本原则、工作方向、重点任务等方面对媒介融合提出了具体要求。这为学术期刊与新媒体融合发展提供了政策依据。

二、学术期刊媒介融合的基本原则

对于学术期刊媒介融合来说,相关政策的引导和体制、技术等因素一样具有十分重要的作用,为学术期刊媒介融合提供了指导原则。根据《关于推动传统出版与新兴出版融合发展的指导意见》的总体要求,笔者认为学术期刊在进行媒介融合时需要遵循的原则如下。

首先,明确指导思想,按照中央精神实现融合发展。《意见》明确指出,在传统出版与新兴出版融合中,必须以邓小平理论、"三个代表"重要思想、科学发展观为指导,深入贯彻落实习近平总书记系列重要讲话精神,贯彻落实中央关于全面深化改革的重大战略部署,坚持以先进技术为支撑、内容建设为根本,充分运用新技术,创新出版方式,提高出版效能,进一步提高学术期刊出版的影响力、传播力和竞争实力,推动学术出版更好地发展。坚持党管学术期刊的出版,把坚持正确政治方向和出版导向贯穿到学术期刊媒介融合的全过程,自觉体现社会主义核心价值观,始终坚持把社会效益放在首位,努力实现社会效益和经济效益有机统一。

其次,坚持正确处理学术期刊传统出版形态和新兴出版形态的关系,以传统出版为基础实现并行并重、优势互补、共同发展。

再次,坚持强化互联网思维,积极推进理念观念、管理体制、经营机制、生产方式创新。

最后,坚持学术期刊传统出版与新兴出版方式一体化发展,推动二者实现出版资源、生产要素的有效整合，坚持内容为本、技术为用、内容为体、技术为翼，运用先进技术出版先进文化。此外，要重点突破和整体推进相结合，因地制宜，积极探索，差异化发展。

第五节　学术期刊媒介融合的目标和基本途径

一、融合目标

根据《意见》中提出的传统出版与新兴出版融合发展的工作目标，高校学术期刊结合自身情况，实现未来媒介融合的目标是：按照积极推进、科学发展、规范管理和确保导向的要求，立足学术期刊传统出版，发挥内容优势，积极运用先进技术，切实推动学术期刊与新兴媒体在内容、渠道、平台、经营、管理等方面深度融合，实现出版内容、技术应用、平台终端、人才队伍的共享融通，形成一体化的组织结构、传播体系和管理机制。

学术期刊是文化产业中出版传媒业的一个组成部分，它的发展受到文化产业政策的影响和制约，和传媒业的发展方向一致，因此，它的媒介融合规律和特征是和传媒业媒介融合的规律与特征相一致的。学术期刊在进行媒介融合时可以借鉴其他传媒业的规律和经验。目前，传媒产业媒介融合已经开始形成自身的规律，具有独有的特征，为学术期刊媒介融合提供了可以借鉴的思路。

二、基本途径

有的学者结合期刊媒介融合的现状，把学术期刊媒介融合分为两种形式：一是期刊业和其他媒体之间的整合与并购，形成具有多种媒介单位组合的大传媒集团。二是期刊和其他媒体之间的交融与互动，也就是期刊通过不同媒介之间出版方式和内容的相互借用，实现媒介功能重新组合和媒介资源重新配置。①

从广度上看，当前学术期刊媒介融合已经从纸质内容数字化这个基本的形式，向更加广泛的内容与形式的融合转变，极大地扩大了学术期刊媒介融合的广度。

---

① 董艳华. 媒介融合与我国期刊的发展 [J]. 新闻爱好者，2009 (10)：192-193.

谢暄、蒋晓和何雨莲等[①]认为，目前学术期刊主要进行了以下四个方面的融合。

一是内容融合。包括内容挖掘与拓展、丰富内容表现形式两个方面。通过内容融合，实现了内容的再利用和再挖掘，并在形式上体现为多种形态，例如，"纸媒与互联网""纸媒与手机终端""纸媒与电子期刊"等。利用新媒体，加强了编辑、作者与读者互动。

二是服务融合。利用互联网平台，促进刊网融合，通过数据挖掘，满足用户对内容、阅读方式等多方面需求；或者利用微信公众号实现与用户的互动。由过去的"内容为王"转型为"服务为王"。

三是采编融合。利用新媒体信息平台加强学术期刊编辑工作，包括使用采编系统进行审稿，利用微信平台进行审稿与互动，利用微信群进行组稿，发布编辑出版进度信息和稿件录用情况等。

四是传播融合。利用微信、公众号、微博等实现学术期刊营销与传播，进而降低传播成本，扩大学术期刊受众群体和内容影响力。在期刊移动媒体端（如微信、微博）建立行业数据库入口，引导访问流量进入数据库期刊内容下载页面，提高期刊显示度。

以上四个方面从广度上体现了学术期刊的媒介融合途径，表明了我国学术期刊实现了一定程度的媒介融合。但是，其在深度上还存在巨大不足，主要体现在：与国外学术期刊相比，我国学术期刊在内容融合上不够深入、形式不够灵活；在服务融合上只是实现了查询服务和在线阅读，没有实现对用户按需服务；在采编融合上还没有完全实现手机APP端、PC（个人电脑）端和新媒体端的采编融合；在传播融合方面，大部分学术期刊还没有充分利用新媒体实现内容传播。

第六节 学术期刊媒介融合的分类和模式

我国学术期刊媒介融合的方式可以划分为以下几类：

[①] 谢暄，蒋晓，何雨莲，等．"融"时代下学术期刊媒体融合发展策略［J］．编辑学报，2017（3）：218-221.

一、学术期刊与其他媒体的组织整合

首先是学术期刊社与图书出版社的合并。一些学术期刊与图书出版机构合作，成为图书出版机构的一项出版业务，实现同业内的组织融合。例如，由于都是平面媒体的出版和传播，很多高校把这两个部门合并到一起，便于管理和发展。这是高校出版机构的组合，在我国有很多高校出版单位都采用这种方式，不仅出版图书，还出版学术期刊，并且以出版图书的收益弥补学术期刊经费的不足。严格地说，这种组合不是我们所说的传统媒体与新媒体的媒介融合，而是出版组织与机构的资源整合。但是也有在新媒体基础上的资源整合，这种整合也是媒介融合的一部分。

其次是学术期刊业与其他非出版业组织的联合并购行为。通过这种跨行业的并购与联合，成立传媒集团，实现范围经济。这种组织上的联合虽然对于学术期刊社的发展具有积极作用，但是很少发生。主要原因是我国学术期刊在行业管理上具有自身的特点和要求，管理者不会放弃对学术期刊的直接管理。同时，学术期刊的专业性强，读者数量相对少，市场盈利能力弱，一般地说，缺乏盈利能力，因此，即使存在着非出版业组织并购学术期刊的现象，也通常是在外部力量的推动下实现的，在我国通常是行政力量推动的，是非市场行为。现实中存在着网络公司与学术期刊合作，实现出版内容资源整合的融合行为，这种现象也是一种学术期刊媒介融合方式。

二、学术期刊业同类期刊基于新媒体技术的联合

这种联合的目的通常有两个：

一是在联合的基础上谋求扩大社会影响，实现更大的社会效益。因为单个学术期刊一般不具备规模效益，社会影响相对小，联合起来会增加该类学术期刊的影响力，因而具有联合的动力。目前一些科技类期刊采用了这种方式，一些高校文科学报也在积极探索联合的途径。

二是便于建立统一的网络出版平台，这是基于数字出版转型目的进行的联合。很多高校学术期刊希望通过整合建立统一的网络出版平台，因为高校学术期刊的管理和运行是统一管理、分开经营，因此，普遍存在规模小、资金不足、发行量小、社会影响小等问题，一家期刊社在进行数字化出版上难以达到规模要求，在技术、资金和人才等方面都存在困难，很难建立起独立的网络出版平台，即使建立了平台，也存在一系列的操作或运营问题。同类学术期刊聚合成一个整体，便于作者投稿和读者搜索阅读。作者通过登录某个期刊所在的网络

平台，不仅可以获得所需的内容，而且还可以同时获得其他相关的内容。这是单个期刊与其他同类期刊联合带来的优势。

三、学术期刊传统出版与网络出版技术结合

学术期刊媒介融合的基本途径是对信息技术和新媒体技术的应用。首先，学术期刊使用办公信息系统从事网上约稿、审稿、编辑加工和排版、信息发布，这是信息技术和网络技术的初步应用，也是学术期刊进行媒介融合的开端。有人把这种信息系统的应用作为数字出版，然而这是非常初级的数字出版，与数字化、网络化出版的整体要求相差甚远。其次，学术期刊社建立网站或者加入学术期刊网，定期发布期刊内容，进行网络传播，并实现网站服务，这是学术期刊实现媒介融合的中级阶段。目前高校学术期刊或者独立建立网站，或者依托所在高校建立网站。然而，大多数高校学术期刊网站都不完善，只是简单地提供一些信息，很少具有链接功能，或者只具备一些简单的链接功能。网站的服务也很少。

目前，学术期刊媒介融合的主要方式是与大型网络运营商合作，利用其数据集成平台，将内容集中发布在网络上。尽管也有一些学术期刊通过自己建立网站定期发布学术期刊的内容信息，但是并没有形成普遍的做法。通常的做法是将内容发布到大型数据库网络运营商提供的数据集成平台上，由大型数据库网络运营商对学术期刊的内容进行再发布，供使用者在网络上搜索阅读。

当前主要的大型网络运营商有清华同方创立的中国知网、万方数据中心的数据化期刊群、重庆维普科技公司建立的维普中文科技期刊网以及龙源期刊网等。这些大型数据库学术期刊出版平台，集中了我国绝大多数的学术期刊。学术期刊与大型网络运营商合作，通过数据集成平台将其内容发布到网上，这种方式实现学术期刊集中上网，为用户提供了网络传播，方便了用户查阅，既可以节省资金，又可以发挥集群效应，对于转型初期来讲是一种不错的选择。但它也存在着不少缺点，例如，网络平台提供的期刊内容模板单一，在操作上局限性大，学术期刊难以运用网站拓展其他独立的服务等。[①]

四、学术期刊借助微信、微博等，实现新媒体传播

除了建设网站，学术期刊还通过手机、平板电脑等移动终端向用户推送有

---

① 陈颖，陈玉霞. 传统期刊的数字化转型路径［J］. 四川师范大学学报（社会科学版），2012（5）：147-151.

关信息服务,例如,导读、介绍、评论及全文下载等。学术期刊借助网络及终端设备进行出版和传播,是与新媒体融合的主要途径也是最佳途径。由于网络技术和通信技术的广泛应用,用户通过手机等移动终端进行阅读的习惯正在形成,学术期刊的编辑和出版要适应这一发展趋势,提供更加适合移动终端平台的内容。

第七节 我国学术期刊媒介融合模式的选择与创新

学术期刊媒介融合没有固定的模式,但是,学术期刊可以根据具体情况制定媒介融合的科学有效的方式,这些方式如果具有普遍实用性,则具备了媒介融合模式的特征,从而为学术期刊媒介融合提供一定的经验指导。这是我们探讨学术期刊媒介融合模式的原因。也就是说,对于我国学术期刊来说,既要遵循传媒产业媒介融合的一般规律,又要结合我国学术期刊发展规律,找到适合我国学术期刊媒介融合的模式,才能促进学术期刊的数字出版转型,推动学术期刊媒介融合发展。

一、学术期刊媒介融合模式的选择

(一)模式的含义及其划分标准

"模式"一词的英文是 pattern,汉语意思是标准样式。《汉语词典》对"模式"一词的解释是"某种事物的标准形式或使人可以照着做的标准样式"。模式与模型相似,但模型也不同于模式,它是指"依照实物的形状和结构按比例制成的物品,多用来展览或实验"。模式的实质是解决某一类问题的方法论,即把解决某一类问题的经验总结归纳到理论高度,或者从不断重复出现的事件中发现和总结规律,形成解决问题的经验总结。通常认为,只要是一再重复出现的事物,就可能存在一定的模式。每个模式都描述一类不断出现的问题,以及解决这类问题的方法。不同的事物和不同的领域,随着事物的不断出现和不断重复,就产生了不同的模式。只要按照模式去解决这类问题,就会少走弯路或者节约成本,更好更快地实现目标。也就是说,模式是一个参照性的指导形式,在一个良好的模式指导下,可以按照既定的路径快速做出方案,高效率地解决问题。

不同的事物及其发展有自身的规律,因而就存在不同的模式。相同的事物在发展中存在不同的环境和不同的路径，经过长期的发展也会形成不同的模式。我们关注对于同一类事物或现象，会出现哪些不同的模式以及不同的模式产生的效果。

(二) 学术期刊媒介融合模式选择的依据

学术期刊数字出版转型要取得良好的效果，需要进行媒介融合并在与新媒体融合发展中达到转型的目标。

按照王菲教授（2007）的定义，媒介融合是指"在数字技术和网络技术的背景下，以信息消费终端的需求为指向，由内容融合、网络融合和终端融合所构成的媒介形态的演化过程"。而任何人在任何时候和任何地点获取任何想要的信息，这是所有媒介在数字化时代发展的内在驱动力和终极目标。由此带来了传统媒体与新媒体、传统产业与其他产业之间的交融，并形成融合化的大媒体产业形态。这个定义为我们分析学术期刊媒介融合模式提供了依据。

学术期刊媒介融合的动力来自自身数字化发展的内在驱动力，也来自新媒体时代信息传播方式和途径的迅速发展带来的强大压力，其目标是实现数字出版转型，或者是网络出版，以便更好地满足社会发展对学术期刊的需要，特别是满足受众的需要，其中包括读者、作者和相关机构的需要。

媒介融合模式选择主要依据该种融合是否有利于学术成果实现数字出版和网络传播，是否有利于发挥传统媒体内容优势，是否有利于形成大媒体形态。

首先，实现数字出版是媒介融合的首要目标。因为数字出版是利用数字技术和网络技术进行的出版，是信息技术在出版中的应用，代表了出版转型的未来发展方向。它有利于更好地使传统出版与新媒体技术相互结合，共同推动传媒产业的发展，也是高校学术期刊增强影响力、提高传播力、促进学术研究的最佳方式。

其次，学术期刊媒介融合中要发挥其内容优势。学术期刊的竞争力和影响力来自其内容，这是其存在发展的基础。正是其内容优势，才吸引着技术开发商将其研发的数字出版技术与系统软件交给学术期刊出版机构，与其进行合作，实现共赢。因此，在媒介融合中，怎样使学术期刊的内容及时、快速、多渠道、多形态地提供给受众，最大限度扩大学术期刊内容的影响范围，提高其影响力，这是媒介融合模式选择中一个重要依据。

最后，媒介融合的组织特征是大媒体形态。大媒体是各种媒介基于数字技术、网络技术建立的联合媒体。包括组织融合、技术融合、信息融合、传播渠道融合等形成的媒体机构。通过形成大媒体，更有利于实现内容的采编和传播。

二、学术期刊媒介融合模式选择与创新的紧迫性

向数字出版转型已经成为学术期刊不可改变的发展趋势和路径。当前,在新媒体技术的作用和影响下,学术期刊的生态环境发生了彻底的改变,作者需要以更加方便的方式向期刊社投稿并获得最快的审稿结果、编辑出版进程、信息交流和信息服务;读者需要在任何时候、任何地点和以方便的途径搜寻并阅读所需要的内容,减少成本和获得各种便利,尤其是网络技术带来的便利,并与学术期刊作者、出版者或传播者进行互动交流。新媒体不断地冲击着传统媒体的发展空间和影响范围,致使传统媒体出现大幅度的衰退,学术期刊出版深受其影响(虽然所受影响远远小于其他传统媒体)。这些无时无刻不提醒着学术期刊出版人和管理者,要使学术期刊继续生存和发展,必须适应这种变化,尽快地进行数字化出版转型,加快媒介融合步伐。学术期刊界也认识到这种转型的紧迫性和必要性,并进行了出版技术、出版方式及传播方式的革新。在国外,学术期刊数字化出版转型的时间较早,效果明显;但是,在国内学术期刊领域媒介融合还没有取得突破性进展。

数字出版是我国学术期刊媒介融合的重点方向,是传统期刊与新媒体融合的最基本方式。数字出版包括以下基本内容:内容采编数字化、出版流程数字化、出版发行数字化、传播方式和渠道数字化、服务方式数字化等。

目前许多学术期刊社均已安装了数字网络采编系统,实现了学术论文网上投稿、网上审稿和网上信息服务,通过数字化网络采编系统的运行,学术期刊编辑部提高了审稿效率,降低了审稿周期,加快了学术期刊的出版。但是,调查数据显示,大部分学术期刊编辑部对于学术期刊网络平台的利用率很低,只是利用它来规范作者投稿、编辑审稿或者专家审稿时的网上传输,最多也就是将已经出版的学术期刊内容全文挂在网上,有的甚至只是公示刊发内容的目录。很多期刊甚至目录也没有挂在网站上,更不用说把网站建成一个多功能、服务型的网络出版平台。

学术期刊媒介融合在数字出版流程上表现为网上投稿、网上审稿、网上出版和发行。许多学术期刊社在数字采编系统的帮助下实现了网上投稿和网上审稿,但没有实现网络出版和传播。所谓网络出版和传播,就是利用网络技术和信息技术,实现学术期刊数字化出版,通过网络实现学术期刊内容的广泛传播。

申轶男等(2013)在《科技期刊数字化出版方式探索》一文中认为:"编辑部并未实现投稿、组稿、审稿、出版全流程的数字化操作,仅仅是借助数字化手段,对编辑出版的局部或者部分环节进行了调整和改进,并且数字化网络采编的功能和优势还没有完全被挖掘出来。在传播载体数字化方面，借助数字化技术，期刊已从最开始的只能通过纸本进行阅读发展到借助光盘存储介质、手持设备、电脑、iPad、数字电视等数字化终端产品进行传播和阅读，这就使得学术资源能够快速、便捷、海量和低成本地在全球范围内传播。但目前科技期刊在信息传播载体数字化开发方面存在很大的不足，仅仅是利用几款软件将文献制成电子版通过互联网传播。"①

学术期刊媒介融合在出版发行和传播上主要是数字化发行与网络传播，有两种方式较为常见：一是将纸本内容上传至学术期刊社的网站，达到学术论文公开发表的目的，作者和读者都可以在其网站上查到其需要的内容，并可以下载打印。二是将纸本期刊数字化后加入已有的大型学术期刊数据库，如中国知网、重庆维普数据库等，从而集中发布所刊载的学术论文。作者和读者可以通过这些大型数据库查阅、下载其所需内容。

上述两种方式是目前高校学术期刊或者其他学术期刊上网发布、数字化发行的基本途径。其优点在于：第一，改变了原有的单一的纸本期刊发行方式和发行途径，实现了纸本期刊与网上存取两种发行方式和途径。第二，加快了学术内容的传播，扩大了学术期刊的社会影响。由于更多的读者会通过网络搜索的途径查找需要的资料和信息，因此，学术期刊上网方便了读者查阅其所刊载的学术论文，进而提高了学术论文的阅读率、引用率和影响力。

但是，上述两种数字化发行方式也存在很多不足，制约着学术期刊媒介融合深入发展。主要有以下几个方面的不足：

（1）数字出版发行方式简单化，没有充分发挥数字出版发行的优势。数字出版发行是学术期刊未来的必然趋势，这是信息化社会的必然结果，因为这种出版发行方式具备了信息化社会所需要的及时、方便、高效、快速和个性化等方面的因素。这些也正是数字出版发行的优势所在。目前高校学术期刊所采取的出版发行方式只是满足了读者或作者部分需要，还不能满足他们在及时性、快捷性和个性化方面的需要。正如申轶男等（2013）在论述科技期刊数字化时所做的评述："出版发行阶段数字化过程中方式单一，许多期刊仍然停留在纸本期刊数字化的单纯形态，缺乏强劲的竞争力，没有真正利用网络化、新媒体的特征和优势，在运营方面还没有找到合适的推广应用模式，没能与纸质出版达到实质性的相互促进及补充，而只有出版、发行等全部在网络上进行的连续出

---

① 申轶男，曹兵，李宁，等.科技期刊数字化出版方式探索［J］.编辑学报（增刊1），2013（12）：48-51.

版物才能真正实现科技期刊向真正意义的数字出版迈进。"

（2）将期刊内容数字化发布到网站上或者加入大型数据库，只能完成数字出版发行的部分过程，而不是全程数字出版。

首先，在学术期刊编辑出版过程中，采用的仍然是传统出版流程，虽然在编辑出版中离不开这个流程，但是，数字出版流程必定是更加科学和高效的出版流程。传统的出版流程是按照每期定时出版，只有在每期内容都完全确定的情况下才开始编辑出版。这个流程使学术论文难以在最短的时间内发表，延长了学术论文的发表时间，其时效性大大降低，导致一些学术成果外流，在国外学术期刊首先发表。其实，借助网络技术和数字技术，学术期刊在刊发优秀论文时，完全可以打破这种以期为周期的时间安排。因为学术论文发表的关键在于发表，在于公示于社会，在于被别人认识和采用。现在，国外的一些学术期刊已经开始实行单篇刊发论文的数字出版模式，取得了良好的影响和效果。

其次，在学术期刊传播与服务上，只是将期刊内容数字化后发布到网站上或者加入大型数据库，没有更多的渠道分享学术期刊的内容，没有与读者的互动，也是目前这种数字化出版与发行的重要缺陷。申轶男等（2013）认为："数字化发行推广力度不够，发行缺乏针对性。大多数科技期刊数字发行平台不够完善，或者根本没有数字发行平台，此外，与读者的互动性弱，对读者缺乏有效的指导，对读者的需求也缺乏针对性，造成读者在众多的数据库及海量的信息中难以找到想要阅读的文章。"

从新媒体的传播特点看，多渠道、分众化、个性化、互动性等是数字媒体的基本特征。在与新媒体融合中，学术期刊数字化出版发行也应当具备上述特征，才能适应新媒体时代受众的多样化需求。

在传统出版发行模式下，和大众传播具有的特点一样，学术期刊按照统一的模式出版发行，所有受众获得的信息是一样的，是一对多的传播，受众是被动的信息接收者，学术期刊提供什么样的内容，读者就接受什么样的内容。这种模式不考虑受众的具体需要。但是数字出版发行模式改变了这一模式，它"可以使受众根据自己的阅读需求和习惯对期刊的某篇文章进行单独和具有针对性的订阅，这种数字出版方式可以对信息进行有效和个性化的传播，已逐渐成为期刊发行业务发展的主流"①。

（3）学术期刊缺乏完善的网络出版平台，导致学术期刊内容资源的利用渠

---

① 申轶男，曹兵，李宁，等.科技期刊数字化出版方式探索［J］.编辑学报（增刊1），2013（12）：48-51.

道少、效率低、影响力和竞争力低。我国多数学术期刊没有建立独立的网络出版平台，是借助软件开发公司的软件系统进行网上收发稿件、发布信息，或者是将学术期刊数字化后交给大型数据库上网集中发布。这种做法虽然省去了各种麻烦和成本，但也造成了学术期刊数字出版发行的一系列缺陷。

传统学术期刊的产品形态是纸质期刊，只能利用纸质形态进行传播和交流，交流和传播的效果很有限。在数字出版与网络发行模式下，学术期刊拥有一个网络出版平台作为一系列活动的平台，利用这个平台，学术期刊编辑部不仅可以通过网络技术完成单一传播平台到多传播平台的转变，使一次编辑出版的内容可以在多种信息终端上传播，比如，电脑、手机、其他移动终端等，使学术资源得到更为有效的传播和利用，而且，可以完成学术期刊出版发行的一对一、一对多和多对多的信息服务。

（4）现有出版方式难以形成学术期刊社独立的盈利模式。在我国，学术期刊旨在传播学术研究成果、促进学术进步、积累知识文化等，实现社会效益的重要性大于经济效益，因而，学术期刊的出版通常不以营利为目的。同时，由于学术期刊刊载的论文具有高端性、理论性，直接应用面较小，因此受众面较小。通常，一般的学术期刊年发行量少于图书或其他出版物的发行量。但是，不可否认，学术期刊的出版发行如果更加适应受众的需求，也将在获得一定的经济效益的同时，进一步扩大其社会效益。可以说，学术期刊的经济效益与社会效益并不是完全对立的。但是，我国学术期刊整体经营水平不高，多数处于亏损状态，如果没有主办单位的资金资助，那么多数学术期刊是难以办下去的，更谈不上持续发展。

我国学术期刊数字出版产业链还没有建立，数字出版发行方式简单，大多数学术期刊只能将其出版的纸本内容数字化后以极低廉的价格卖给数据库经营商，由数据库经营商进行打包或分销，自己获利极少，因而，至今为止，学术期刊社并没有形成一个有效的盈利模式。然而，完善的数字出版发行系统和网络出版平台的建立，将为学术期刊出版发行提供相应的技术支持，从而有助于建立科学的盈利模式。

第四章

学术期刊网络出版理论基础

期刊网络出版是期刊发展的大趋势，也是传统期刊出版的未来方向。随着互联网和网络技术的发展，期刊改变了原来的印刷版形态，用数字信息代替纸质媒介，不仅提高了出版效率，而且改变了人们的阅读习惯，改变了传媒产业的发展模式。网络出版的期刊一般被称作网络期刊。网络期刊是期刊数字化发展的结果，是期刊网络出版的具体表现形态。通过网络出版和传播，期刊的出版技术和传播技术得到升级和改造，极大地促进了学术期刊从传统出版向新型出版方式的转变，也促进了高校学术期刊媒介融合深入发展。网络出版不仅是图书、报纸等媒介发展的主导方向，也是学术期刊（包括高校学术期刊）未来发展方向。本章研究学术期刊媒介融合中网络出版的一般理论和实践，通过界定网络出版概念，分析我国网络出版的实践经验，提出网络出版所面临的问题。

第一节 学术期刊网络出版的界定

一、概念界定

对于什么是学术期刊网络出版，学术界有较大的争论，还没有统一的定义。从现有的资料看，学术界对于网络出版的定义主要有三种观点：

第一种观点，认为只有具备合法出版资格的出版机构，以互联网为载体进行出版和传播数字出版物的行为，被称为网络出版。这是新闻出版界对于网络出版含义的主流观点。在这种观点下，很多网络信息只能是信息传播的一种新形式，不能称为网络出版，因为信息发布主体不具备合法的出版资格，因而即使是系统的知识或者创作，也不能说是网络出版物。

第二种观点，认为不具备出版物形态的网络出版不能构成著作权意义下的出版，只有有形物才构成出版。大多数网络传播的信息不能作为网络出版来定义，只能是大众对于网络传播的习惯性称谓。

第三种观点，认为网络出版是一种全新的信息传播方式，所有信息通过互联网向大众传播的过程都可以被称为网络出版。

以上三种网络出版的观点在一定程度上反映了网络出版的实质和现实，也都存在一定的局限性。如果按照以上三种说法定义网络出版，则必定会产生一些错误的观念。因为网络出版行为还处于探索实践阶段，其特征、模式和规律还有待进一步讨论，因此，任何急于给网络出版做出定义的想法都还不现实。但是，这些探讨对于正确理解和准确定义学术期刊网络出版具有一定的参考价值。

明海和杨小龙（2002）撰文指出，"现在对其下定义为时过早，业界普遍认为目前从'网络传播'的角度讨论问题更为合适"[1]。王锦贵和王京山（2001）认为，网络出版的"实质是拥有固定域名并与互联网相连的网络实体，以计算机网络（互联网）为介质，定期或不定期地向网络用户提供信息产品和服务的一种信息传递模式"[2]。

学术期刊网络出版的界定或者定义需要包含本质性的规定。《出版管理条例》中对出版活动的定义："本条例所称出版活动，包括出版物的出版、印刷或者复制、发行。本条例所称出版物，是指报纸、期刊、图书、音像制品、电子出版物等。"我们可以以此为基础对网络出版进行界定。传统意义上的学术期刊出版活动包含了学术期刊的出版、印刷或者复制、发行三个方面，其中的出版，包含了审稿、编辑、校对、排版。网络出版也包含了这些程序，这是出版活动的共同程序，离开这些程序，就可能难以做到规范化、优质化，达不到出版质量要求。但是，印刷或者复制的环节在这里就不需要了，排除了这个环节，大大简化了出版程序，缩短了出版周期。网络出版离不开发行，但是，网络出版物是经过编辑、校对和排版后传到网络出版平台或者数据库的内容。因此，发行的过程就是传播的过程。

根据已有的研究及现实网络出版实践，笔者认为，学术期刊网络出版是建立在数字化技术基础上，以数字信息为表现形态，以网络出版技术为手段，通过互联网按照一定格式和标准，定期、连续地出版体现学术成果的新型出版方式。根据网络出版的定义，可以认为，学术期刊利用了网络信息技术，借助网

---

[1] 明海，杨小龙．我国网络出版研究现状综述［J］．情报杂志，2002（10）：13-15．
[2] 王锦贵，王京山．网络出版探析［J］．中国出版，2001（5）：37-39．

络途径,以期刊的方式出版和传播学术思想,提供学术内容,供读者阅读和使用,这种行为就是学术期刊网络出版。根据现实中网络出版的方式和途径,我们还认为,学术期刊网络出版存在狭义和广义上两个范畴,并因此有广义上的学术期刊网络出版和狭义上的学术期刊网络出版,其产品形态又称双版型学术期刊和纯网络期刊。从产品形态上讲,前者是指现实中既有纸质版的学术期刊,又有与之对应的电子版或者学术期刊网络版;后者是指专门通过网络平台开展出版和传播的学术期刊。我们把纯粹意义上的学术期刊网络出版作为严格意义上的网络出版,其产品通常被称作网络学术期刊,一般用网络期刊作为其简称。有的研究者认为双版型学术期刊是由数据库营运商推动的,传统出版方被动地参与网络传播,出版方在学术出版与传播上存在着分离,严格意义上讲,学术期刊只是加入了网络传播平台,不能算是实现网络出版。[①] 但我们可以从广义上把这种出版作为学术期刊网络出版的一种形式。

网络期刊是指以数字信息存储于数据库或者存储在光、磁等存贮介质上,通过网络进行传递,借助计算机或者其他电子终端设备可以下载、阅读、复制、传播的学术期刊。网络期刊是没有有形物质形态的电子信息出版物,有时被人们称作电子期刊,准确地讲应当是网络电子期刊,以便与光盘版电子期刊区别开来。

二、网络出版与电子出版的区别与联系

人们经常把电子出版作为网络出版,认为电子出版就是网络出版。其实这是不准确的。电子出版是以电子信息为载体进行的出版活动。电子出版的产品是电子出版物,一般需要通过光盘、磁盘作为其物质载体,需要经过封装才能传输。而网络出版物没有自己的实物形态,需要通过网络进行出版发行,不需要封装和物流传递。在出版过程中,电子出版一般需要把出版的内容刻录到光盘、磁盘上进行保存,以便进行传输使用。网络出版则是需要把出版的内容经过审、校、排,最后在网络上提交给数据库或者网络出版平台。

但是,不可否认,二者具有密切联系。通常,网络出版是电子出版系列的网络分支,是电子出版在网络基础上的高度发展。因此,网络出版基于电子出版,是在电子出版的基础上的创新发展,是特殊的电子出版,它离不开电子出版,又高于一般的电子出版。

一般意义上的电子出版和网络出版可以相互转换。一般意义上的电子出版

---

① 张蕾. 科技期刊网络出版刍议 [J]. 中国编辑, 2013 (6): 74-76.

物的内容经过数字信息转换可以成为网络出版物的内容，例如，清华大学出版的《中国学术期刊（光盘版）》作为一种封装的电子出版物，可以经过转换发布到网络上，成为"中国期刊网"上的内容。中国知网上提供的学术期刊，可以被刻录到光盘、磁盘上面，成为可以封装的电子出版物。因此，在一些西方国家，人们谈到"电子出版"时就是指"网络出版"，在说到"网络出版"时，也往往使用"电子出版"来代替。[1] 这就是人们常常混淆二者的原因。

随着网络出版的发展，以光盘、磁盘为载体的电子出版物，将逐步被以网络为载体的网络出版物取代，这是因为网络出版物可以发挥出光盘、磁盘的存储作用，并可以在网络上传递。光盘和磁盘上的内容需要借助相应的电子设备才能阅读、观看，而网络上的内容仅仅需要相应的软件或程序就可以阅读、观看，因此，在技术上更加先进，在使用上更加方便。

三、网络出版与网上发布

网上发布是不是网络出版呢？这个问题学术界存在着争论。网上发布是指内容信息被网络运营商或网络管理者以网络信息的形式在网上公开传播。学术思想或者学术成果通过网站在网络上发布和传播，这是一种网上发布形式。但只有具备一定的条件和标准，它才能成为网络出版，被认为是符合网络出版的公开发表。

有的学者认为，网上发布从广义上应该属于网络出版范畴。其理由是：出版的目的是将经过筛选整理的信息尽可能快地向用户、读者出版。网上发布一般也是经过网络编辑筛选和加工，通过网络向用户传播。其目的一致。过程也基本一致：都是经过编辑人员的审核、编辑加工、校对排版，然后在网站上发布。这种看法值得借鉴。

我们研究认为，网络编辑所发布的网络内容除了一部分因为发布的渠道和途径特殊，内容存在着随意性、形式不规范等因素，如 BBS、chat、E-mail 等不宜作为网络出版外，多数网络信息和内容可以被称为网络出版，但不是学术期刊网络出版，因为学术期刊网络出版还有具体的规范要求。

因此，可以说，符合规定的网上发布的学术内容，可以被认为是网络出版，是公开发表，应当被人们承认和被有关部门采纳认可。当然，这是一个需要多方面努力才能做到的结果。我们不能总是囿于传统出版方式下的学术成果出版规定，对于不符合传统出版规定的出版方式不加思考和不加辨别地排斥，简单

---

[1] 王锦贵，王京山．网络出版探析［J］．中国出版，2001（5）：37-39．

粗暴地加以否定。正如王锦贵和王京山（2001）分析网络出版时指出的那样，我们不能因为古代图书在出版时，没有现代出版制度规定下的出版机构，没有出版许可，没有印刷和发行，就否定古代的出版行为，只不过是古代的出版行为和当今的出版行为是在不同的环境条件下所采取的不同做法。我们也应当以发展的眼光看待网络出版，用科学的态度加以对待。

四、电子期刊、数字期刊与网络期刊辨析

电子期刊（Electronic Journal）是对通过电子信息技术进行制作和发行的期刊的统称。研究者最早提出这个概念是在1983年，在这一年，Shackel撰文提出，电子期刊是利用电子计算机帮助论文从撰写、评审到出版的全过程而制作的期刊，这种期刊在出版发行中，编辑、评审人、读者和作者本人都可以在自己的终端上阅读到该论文。张怀涛和倪延年（1996）提出的观点是，电子期刊是"利用电子计算机和通信系统撰写、编辑、传送期刊论文的形式"。作者在计算机终端或文字处理设备上撰写论文，通过网络向期刊社或编辑部投稿，编辑可以在线与作者沟通，编辑部可以通过在线向订户发出订阅通知，订户可以在自己的终端上阅读该期刊。[1] 黄晓鹏（2003）提出："广义的电子期刊是指以连续方式出版并通过电子媒体发行的期刊，如光盘、联机数据库、网络资源等；狭义的电子期刊是指学术性的电子期刊以电子形式连续出版有关科研成果。"[2]

综合学者们的观点，可以给电子期刊下这样的定义：以数字信息的方式把文字、数据、图像、音频、动画等信息储存在光盘、磁盘、电脑上，借助计算机或其他终端设备，可以阅读使用的连续出版物。

数字期刊是指以数字信息形式存储于光盘、磁盘、网络等介质上，并可以通过计算机设备或其他电子终端设备在本地或者远程获取、阅读、利用的连续出版物。数字期刊具有许多方面的优势：发行方式简便，读者获取利用迅速，可以显示逼真图像、动态图形、音频等，可以不限时间、不限制数量地储存信息，低成本运行，具有超文本链接功能，可以缩短出版周期。目前，我国主要有三个大型数字期刊数据库，分别是：中国知网、万方数据和维普资讯，它们将各种学术期刊转换成数字化期刊，向读者和其他用户提供与纸质期刊对应的数字期刊。

---

[1] 张怀涛，倪延年. 文献检索课教学研究手册［M］. 北京：海洋出版社，1996.
[2] 黄晓鹏. 我国期刊管理工作研究［M］. 北京：北京图书馆出版社，2003.

网络期刊在国外也称作电子期刊，是指借助互联网编辑、出版发行和传播的连续出版物。广义上的网络期刊是指以电子形式存在的期刊。狭义上的网络期刊是指纯网络期刊，即单独出版发行网络版的期刊。有人认为，网络期刊兼具了平面与互联网两者的优点，融入了文字、图像、声音、视频、游戏等元素，将互动的内容呈现给读者，使读者获得视觉、听觉等多种感官的体验，还有超链接、检索等方面的功能，它嫁接了多媒体功能，动态效果、影像声音的植入，更有利于吸引用户使用和阅读。其较电子期刊又向前推进了一步，使电子期刊更加完善。网络期刊可以跨越时空界限，借助网络出版平台，把作者、编辑、出版者、用户在网络上连接起来，实现直接互动，大大提高了期刊出版效率，也提高了期刊社会影响力。近年来，手机的功能快速增加，通过手机可以直接连接各大门户网站，登录网络平台，催生了手机报、手机微信和掌上期刊（见表4-1）。

表4-1 电子期刊、数字期刊与网络期刊的主要载体与特征

	主要载体（形态）			主要特征（特点）					
	光盘	磁盘	网络	搜索	链接度	跨时空	互动	成本	时滞
电子期刊（狭义上）	√	√	无	无	无	弱	单向	较低	较短
数字期刊	很少	√	√	高	强	强	弱	很低	较短
网络期刊	无	很少	√	高	强	强	双向	更低	无

根据以上分析，可以这样认为，数字期刊包含了电子期刊和网络期刊，外延较大，电子化期刊是数字期刊的表现形式之一，网络期刊是电子期刊和数字期刊的进一步发展，如图4-1所示。

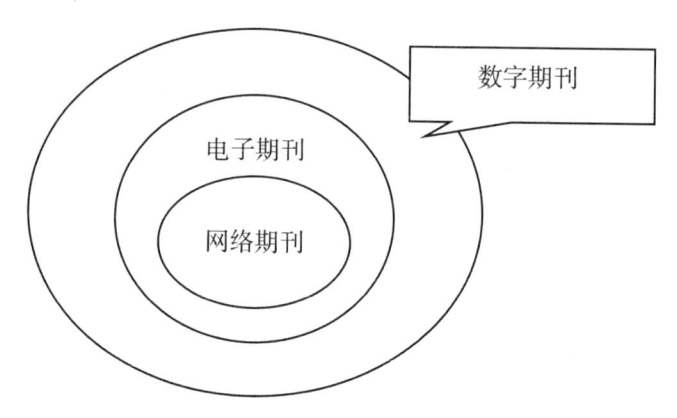

图 4-1　电子期刊、数字期刊与网络期刊

第二节　学术期刊网络出版的分类、功能及特征

一、学术期刊网络出版的分类

学术期刊网络出版已经成为期刊出版的一种重要途径，在学术期刊出版中的影响和作用越来越大，任何忽视学术期刊网络出版的思想和行为都是错误的。因此，应当积极研究和探索这种新媒体时代的学术期刊出版方式，对其特征、形态、方式和规律进行深入的分析，才能指导出版业的发展。

简单地说，网络期刊的出版行为和过程被称为网络出版。对学术期刊网络出版的类型划分，学术界还在探讨研究中。根据网络期刊的类型，以及目前网络出版的实践，可以按照不同的标准把学术期刊网络出版划分为多种类型。

贺德方、蒋勇吉和曾建勋在《期刊网络出版概论》一书[1]中，提出了他们的分类方法和结果。他们的分类方法较为具体详细，在一定程度上提出了较为明确的划分，但是也存在着很多不足，研究者在对学术期刊网络出版进行分类时可以作为参考。

他们所做的学术期刊网络出版的分类如下：

按出版载体分类：双版制网络期刊是指在出版纸质期刊的同时出版在网上发行的电子版期刊。单版制网络期刊是指只有一种电子媒介出版形式，近年来

---

[1] 贺德方，蒋勇吉，曾建勋. 期刊网络出版概论［R］. 北京：中国科学技术信息研究所、万方数据股份有限公司期刊上网组，2006：29-30.

发展较快，尤其是学术期刊。

按出版内容分类：一次文献期刊是指登载所有全文和原始数据，即一次文献。二次文献期刊是指此类期刊只有目录、文摘、索引等二次文献，一次文献需通过另外途径获取。

按支付方式分类：收费注册期刊是指此类期刊需要用户在网络上注册并交纳一定费用后才允许用户阅读和下载原文。有的是在用户订购了某一种印刷期刊后，出版商赠送一个可以访问该刊电子版的账号。

免费共享型期刊，这类期刊纯粹是为了学术交流，而无商业行为，因此允许用户随意阅读和下载原文。目前在国外学术出版领域出现的开放存取期刊（OA期刊），就是这种免费阅读期刊。此外，有一部分是免费为用户提供试用。

网络广告型期刊，这类期刊在出版物的网页或信息中开辟一定的版面作广告版面，并向使用这些版面做广告的厂商收取费用。这类期刊在出版者眼中是商业经营，在用户眼中是免费出版，具有混合的优势和潜在的盈利能力。成功的广告收费出版，应以网络出版物堂堂正正立足，以网络广告出其不意取胜。

按经营方式分类：网站代理出版是互联网公司从期刊编辑部获得制作代理权以后，将出版物放在网站上供下载或读者直接浏览的网络出版方式。

出版商网上出版。现有期刊编辑部自行制作网络出版物，内容以出版纸质期刊的网络版为主，同时还可以利用网络提供信息服务。这种模式实际上就是现有的期刊社增加网络出版业务，作为对传统出版手段的补充。

按需出版，这是一种比较成熟的网络出版类型。按需出版的最终产品不是网络出版物，而是纸质印刷品，但数字内容集中储存在服务器中，并通过网络传输至终端设备，终端设备是一组复杂的激光打印系统和相应的格式化文本内容。这种以数字技术为基础的按需印刷既是网络出版，也是印刷出版，给出版业带来一种全新的出版运作模式。

按发布工具分类：FTP，是一种文件传输协议，采用此形式发布的电子期刊将期刊的目次和内容存储为一个个文件，用户将这些文件下载到本地计算机再打开阅读。Gopher，是一种以菜单形式显示Internet信息资源的系统，在万维网出现以前，它是Internet主要的信息服务方式，有相当一部分电子期刊也是通过这种形式发布的。E-mail，即电子邮件，目前已经成为Internet上进行信息交流的主要手段，具有灵活快速的特点，因此也有一部分电子期刊采用此种方式将期刊内容定期发送给订户。网站，是目前Internet上最流行的信息服务方式，采用此方式发布的电子期刊占绝大多数。微信推送，这是一种借助微信发布和推送期刊内容的形式。目前，微信公众号被广泛用来发布学术期刊的信息和内容，成为人们获取学术期刊内容的有效途径。人们可以利用手机微信不受固定地点的限制获取学术期刊的内容信息。随着手机等通信工具的发展，这种手机版学术期刊应用将更加广泛。

学术期刊网络出版类型没有固定的形式。我们借鉴已有的分类方法，认为可以从不同角度进行划分：

第一，按照表现形式划分，可以分为数据库型、定期型与不定期型。一些数据库学术出版平台不仅进行二次文献出版，还进行学术专题电子期刊出版。一些学术出版机构定期或者不定期地向用户提供电子期刊。

第二，按照产品的类型划分，有学术期刊数据库、多媒体学术期刊、电子邮件学术期刊、网络互动学术期刊等。学术期刊数据库提供下载和浏览服务，提供论文检索和查询服务；多媒体学术期刊把单一的文字型学术期刊整合为集文字内容、图片音像为一体的学术期刊；电子邮件学术期刊是通过电子邮件的形式发送学术期刊内容，为读者提供定制服务；网络互动学术期刊则是在学术期刊出版平台上增加与作者、读者和其他用户的直接网络互动，进而实现动态的学术内容传播和服务，增强了学术期刊对用户的面对面服务能力，这种方式扩大了学术期刊服务用户的业务范围，能够深度挖掘学术期刊内容的价值，具有非常大的发展前景。

第三，按照网络出版的主体划分，可以分为：网络公司出版型，由网络出版公司代理学术出版机构出版学术期刊，学术出版机构提供内容，网络公司负责网络发布；学术出版单位自办网络出版，建立网络出版平台，发布学术期刊内容，自主发行和传播；个人自行出版，由个人独立出版发布学术期刊，这种做法在国外可以通过注册制实现，国内尚不具备相应的政策；按需定制学术期刊出版，根据用户的需要专门定制期刊内容，为用户提供内容和相应的服务。

此外，微信、博客、朋友圈推送等，也日益成为发布学术期刊内容的途径和经常采用的工具。

二、学术期刊网络出版的功能

通过网络出版，借助网络出版平台，学术期刊可以提高对用户的服务水平，为读者提供其所需要的尽可能多的服务项目。其主要服务功能有以下几个方面。

（一）文献服务

提供文献服务是期刊网站的核心功能。文献服务的主要方式是提供阅读内容，就是期刊网站把期刊的内容展现给用户。目前，大多数网络期刊提供的文献服务是免费的，这与网络期刊的发展方式和历史有着密切的联系。因为网络期刊是在印刷版期刊的基础上发展来的，其内容是印刷版期刊内容的复制，没有新的变化，已有的用户一般是印刷版期刊的订阅者，未订阅的用户则可以通过互联网搜索到相应的内容。但文献服务的方式和程度有一定的差别。有些网络期刊提供全文阅读，有些只提供摘要、文献目次；有些是免费服务，有些是收费服务。

从现有学术期刊网络出版服务的方式看，一些权威期刊在网络上提供的免费服务主要有以下类型：

首先，提供全文免费阅读服务。一些期刊的网络版向所有用户免费提供全文文献服务，用户可以自由搜索下载和阅读，不受任何限制。西方国家一些网络期刊出版商或出版机构向世界上低收入及中低收入国家（包括中国）的网络用户免费提供文献全文阅读服务。还有一些只是向世界上低收入国家的网络期刊用户免费提供文献全文。

其次，提供部分文献免费阅读服务。将期刊发表的部分文献提供免费全文服务，其余文献需订购期刊或单篇订购后才能阅读全文。很多期刊将其发表的大部分文献通过其网站向普通用户提供免费全文服务，但需要注册。网站提供该刊发表的编者述评、读者来信和消息等文献的免费全文阅读服务。有些网站将一些重要的论文在正式出版印刷之前在网站上提前发表，并向网络用户免费提供全文阅读。

再次，提供期刊出版一段时间后免费阅读服务。期刊只向其订户提供文献全文网上阅读服务，而普通用户只可免费阅读文献摘要。但这类期刊在出版一段时间后向普通网络用户开放，用户可在网上免费阅读一定时间以前发表的文献全文。通过免费注册后，普通用户只能阅读半年或某段时间以前的原始论文或特色论文类文献全文。

最后，提供期刊订阅或单篇付费服务。用户可以通过网上支付，阅读单篇文献或者期刊全部文献。付费方式可以是按年订阅或者按检索浏览全文内容的篇数计费，也可以采用用户注册，登录次数计费。付费渠道可以通过现金支付，也可以网上支付。

（二）检索服务

检索服务是网站提供给用户的一种搜索服务。通过检索，用户可以获得所需要检索的资料信息。其中包括以下几个方面：

其一，期刊本身发表文献的检索。主要是用来检索本刊发表的文献。系统采用布尔检索的方式对期刊进行精确的查询，可按照刊名、标题、作者姓名、摘要和关键词等进行检索，也可以在指定的时间段进行检索。有的还提供了作者单位、参考文献及栏目名称等特殊的文献检索途径。

其二，文献链接检索。通过网站，可以检索多种同类别、同出版机构出版的或者有合作关系的期刊，帮助读者顺利查找所需的文献资料，提高检索效率。

其三，相关文献检索。通过网站阅读文章的同时，还可以同时链接检索并获得在该刊上发表的相关文章或者相关数据库中收录的与该篇文献相关的所有论文、收录的该文献作者撰写的所有文章等。

（三）链接服务

读者可以从论文参考文献的书目记录快速链接文献摘要或者文献全文。网络版的参考文献可链接到权威数据库的数据记录或文献摘要，也可以链接到权威数据库或直接链接到出版社期刊网站上的文献摘要或全文，还可以通过网站链接到国际学术组织数据库，这样用户在阅读浏览期刊文献的同时，可以通过链接获得更广泛的资料信息。

引文是文献之间相互引证关系的重要索引途径，也是期刊及其全文数据库的重要组成部分。引证关系是文献内容之间相互关系的反映，是文献索引的重要途径。期刊全文上网后，将全文文献用其引证关系链接起来，直接实现基于引文检索的全文查找，在浏览全文文献时从其参考文献目录中查找该参考文献的全文，用户在文献中直接点击该文献的某一篇参考文献即可查找到该参考文献的全文，并且可以沿着文献引证关系的路径，一直向前追溯查询。这对了解前人的研究工作和成果非常有效，也可直接给出引用某文献的所有文献的题录列表，查询该引用文献的全文。这为了解相关研究工作的背景和进展，借鉴和渗透相关学科领域的思想和成果提供了最便捷的手段。

（四）文献推送服务

为用户提供特色服务是网络期刊的一个服务项目，期刊通过微信或电子邮件把最新目录定期地发送给用户，通过文件传输服务，将最新的文件传送给指定用户。用户以主题词预定课题，系统按用户的要求检索每期网上刊发的文献资料，并通过电子邮件发送给用户。用户可以只订阅自己所需要的部分，而不必订阅整个期刊全部内容。同时，如果合作期刊刊发相关文章，系统会通过电子邮件告知用户。按需提供，是期刊为用户服务的重要方式。

（五）阅后评论

期刊网站提供阅读评论服务。读者阅读文献后可以直接发表自己的评论，或者跟帖，这是期刊网站设立的一项特殊服务项目。网站将反馈的意见及时刊登在该论文后面，为读者提供更加完善和更加全面的信息，使用户在阅读论文的同时还能获得其他读者对文献的观点或提供的资料。

（六）统计分析服务

期刊网站为用户提供统计分析服务。网络期刊的服务平台可以为文献提供浏览人数、点击量、引用率、下载频次、影响因子等方面的评价指标，可以进行论文统计、引文分析和科研评价等文献计量分析评价。

（七）其他服务

期刊网站在提供文献服务的基础上，逐步扩展其服务内容。网站既可以向用户提供文献检索服务，还可以开展社会化的信息服务，对信息进行重新编辑加工，从自身的特色和优势出发，针对不同用户群体开发出不同形式、不同层次的信息栏目，重组相关资源，整合社会专业研究成果，输出增值的信息产品，为相关人群与团体提供咨询。还可以组织开展继续教育、学术会议、网上讨论、文献评论等活动。如在阅读全文文献的同时，还可以通过点击将论文全文利用电子邮件发送给朋友；有些学会期刊重视学会的教育职能，网站上专门设立了继续教育栏目，为读者及网络用户提供服务。此外，学会期刊及国际权威期刊的网站上也提供相关的学术活动信息，设立"会议"栏目。用户可通过选择会议召开地区和会议召开的月份来检索学术会议消息。

三、学术期刊网络出版的特征

与以纸为载体的传统出版和电子、音像等电子出版物相比，学术期刊网络出版主要具有如下特征：

第一，内容网络化。在形态上表现为学术成果数字化，即以数字信息来体现学术期刊的内容，而不是借助纸质形态体现内容。这与电子、音像产品相似，但又有不同。电子、音像产品借助有形的物质形态被使用，比如，播放、阅读，网络出版物也需要借助有形的物质载体进行播放、阅读。但是，网络期刊更离不开互联网的媒介作用。电子、音像产品可以在磁盘、光盘上传播和使用。网络出版的学术期刊是以数字形态存储在数据库，传播到网络平台，在电脑、手机等电子设备终端上使用。网络出版可以借助文字表达内容，更多的是运用多媒体技术来表达内容，例如，可以在期刊论文中插入相关的知识链接，可以插入大量的音频图像生动地表现研究内容和研究过程、数据的获得过程，从而使读者和用户获得更加直接和生动的感官体验，增加对知识的理解和运用。

第二，传播网络化。以网络为渠道发行，借助网络流通。这与纸媒出版物、电子音像出版物相比具有明显的不同。学术期刊网络出版必须借助网络传播，在网络上下载、阅读或者使用，通过网络进行流通和交易。网络出版的学术期刊最大的特征就是数字信息化，有人认为可以称为出版物虚拟化，出版者通过网络向读者提供出版物，用户通过网络直接获取出版物内容，出版者和用户之间没有中间商。这种学术期刊的出版形态方便了读者和用户，也方便了科学研究的发布与传播。

第三，出版发行网络化。学术期刊网络出版与发行是同步的，出版过程简约化。学术期刊在网络出版中只有信息流，只在作者、读者、出版者和其他用户之间借助网络实现信息交流，不存在纸质载体加工，也不存在纸质载体发行环节，网络出版即为出版发行或者发布。学术内容的出版与发行在网络上是统一体。出版者经过一定的编辑、排版、校对程序后，直接通过网络上传发布，即实现了学术成果的网络出版发行。相反，纸质学术期刊需要经过印刷和发行环节才能到达用户手中，才能被阅读和使用，尤其是电子音像产品在出版后还需要进行封装，才能够安全流通。因此，网络出版不受时间、地点、地域、气候环境变化的影响，传输及时，传播广泛。

第四，网上互动化。学术期刊网络出版还具有共享、互动等特征。学术期刊网络出版物的信息存储于数据库，存取方便，不受用户数量的限制，具有公共产品的某些特征，可以实现最低成本的共享，因此，在一些学术团体的推动下，西方国家的很多出版机构开始发展开放获取（OA）期刊，以便让学术成果可以被更多的人免费使用。互动性也是学术期刊网络出版的特征之一。由于网络技术的支持，出版者与用户可以实现网络互动，从而打破了二者长期分离的状态，最大限度地满足用户的需求。

第五，编辑网络化。编辑对作者的研究成果直接在网络上开展编辑校对工作，作者在网上投稿，编辑在网上办公，论文的初审、复审和专家审稿都是在网络上进行，编辑面对的是电子文档，不需要集中办公，可以通过网络交流，高度实现电子信息化和网络化。编辑好的文档，只需要提交有关平台，就可以实现出版发表。

第六，服务网络化。在学术期刊网络出版中，借助网络出版平台，作者和编辑、作者和读者之间可以进行信息交流和互动。出版者不仅为用户提供学术内容服务，还可以提供增值服务，例如，向作者提供研究资料链接、选题论证、研究经验交流、论文写作指导、论文查重和学术成果评价等。一个最基本的服务是查阅信息，包括查阅论文的审稿进度、编辑出版进度，高级的信息服务则包括论文指导、选题论证、数据服务等。此外，还包括网上订阅服务、论文推荐服务、期刊推广服务以及为用户提供广告服务等。

以上是学术期刊网络出版的基本特征。明海和杨小龙（2006）研究了网络出版的特征后认为，"无物流和交互性是网络出版的两个主要特征"。这种观点是比较客观的，但还不全面。事实上，学术期刊的网络出版具有多方面的特征，上述两个方面只是其中的基本特征。

第三节 学术期刊网络出版的社会影响

学术期刊网络出版是出版方式的创新，不仅极大地促进了出版业的发展，推动传媒产业进步，还将产生巨大的社会效益。

第一，它创新了期刊出版方式，丰富了期刊出版形态。自学术期刊产生以来，学术期刊出版形成了编辑审稿、编校、排版、印刷和发行的出版模式，每个程序都是不可缺少的，对人力、财力、物力等需求巨大，只有在数字出版技术出现后，特别是网络出版出现后，这些环节和步骤才得到改变。因此，学术期刊网络出版的产生改变了出版业的生态，创新了出版方式，也丰富了学术期刊出版形态。网络期刊就是这种创新的结果。

第二，它促进了生态环境的恢复和保护，使人居环境更加美好。因为不再依赖纸张使用，彻底实现了无纸化出版，所以，学术期刊网络出版符合人类社会对资源节约和生态环境保护的诉求，对社会经济可持续发展具有巨大的推动作用。学术期刊网络出版减少了纸张的使用，降低了人类社会发展中对森林的采伐，减少了油墨的使用，降低了对环境的破坏，节约了用水，保护了水资源，因而，学术期刊网络出版的社会效益是不可估量的。

第三，更好地满足了社会需要，促进了学术期刊出版供给侧改革。供给侧改革是当前社会经济各个领域的重要任务。学术期刊出版业也面临着相应的供给侧改革需要。长期以来形成的学术期刊出版模式难以适应科技进步和市场需求的变化，特别是对学术研究和文化积累的作用还需要进一步加强。当前学术研究领域出现的新变化新情况要求学术期刊出版模式做出调整，要求出版方式改革创新，要求为市场、为用户提供质量更好的产品和服务，例如，互动、便利、快捷的出版服务。网络出版具有这些优势，能够满足用户和社会的需要。在学术期刊网络出版平台上，既有文字内容的服务，也有音像动漫，既有静态的信息发布，也有网上互动，可以深入挖掘网络出版平台的功能。

第四，降低了运营成本，用户可以减少费用支出，扩大了学术期刊的市场和社会影响。在纸媒学术期刊出版模式下，由于出版费用高，成本大，读者购买学术期刊的费用普遍偏高，限制了学术期刊的发行市场。网络出版以网络通信为载体，读者可以支付较少的成本来获取信息内容，从而扩大了学术期刊的市场，提高了学术思想或成果的社会影响力，更大地发挥学术期刊的社会价值。

第五，学术期刊网络出版可以提高其国际影响力。扩大学术思想的国际影响是增强国家软实力的重要途径。党的十九大报告提出了文化自信的概念，通过向国外传播中国文化思想，提升中国文化的影响力，是当前的重要任务。网络出版给学术思想的国际传播创造了良好的环境，使学术期刊向国外发行更加便捷迅速。目前很多国内的学术期刊通过网络出版方式出版外语期刊，例如，浙江大学、上海大学等高校的学术期刊社，已经通过出版外语学术期刊，向国外读者出版发行学术内容，产生了良好的社会影响。随着全球化的进一步发展，越来越多的学术期刊从国内走向国外，在国内国外两个市场发挥学术影响。

第五章

学术期刊网络出版的发展及问题

我国学术期刊网络出版自 20 世纪末期以来进行了广泛的探索,也取得了一定的成绩,特别是大型数据库开展的学术期刊网络出版,在学术出版领域产生了巨大影响,促进了学术期刊的发展和学术思想交流,并在国际上产生了积极影响。但是,存在的问题也是明显的。至今为止,大多数学术期刊实现了上网搜索、下载,但是,并没有摆脱传统的纸质期刊出版模式,网络出版方式还没有真正推广。网络出版的优势还没有充分发挥出来。本章在对国内外学术期刊网络出版发展经验总结的基础上,对我国网络出版存在的问题进行分析,并提出发展建议。

第一节 国外学术期刊网络出版的发展

一、网络出版的发展状况

学术期刊网络出版始于 20 世纪末,至今取得了较快的发展。研究发现,1991 年全世界上网期刊有 110 种,1993 年有 240 种,1996 年有 1000 种,1998 年有 10000 种。[1] 美国 1990 年出版的 1200 种期刊有 20%设立了自己的网站,1998 年增加到 90%,至今已经全部上网发行传播。世界上著名的学术期刊全部上网,实现网络出版传播。SCI 收录了 5600 种网络学术期刊,SSCI 收录了 1700 种网络学术期刊,CI 收录了 1140 种网络学术期刊。

国外学术期刊网络出版发展之初,一些出版商将其出版的多种期刊放到互联网上,并提供全文及统一的检索引擎。美国科学信息研究所与 IBM 联手开发"ISI 数字化图书馆",收录了 3500 种国际核心期刊全文。荷兰爱思唯尔

---

[1] 杨开显. 论发展中的网络期刊 [J]. 重庆交通学院学报,2004(3):140-142.

（Elsevier）出版公司是全球最大的科技与医学文献出版发行商，至今已有180多年的历史。ScienceDirect系统是其核心产品，自1999年开始，提供电子出版物全文在线服务，提供2200多种同行评议期刊和2000多种系列图书，数据库收录文章总数达780万篇。

德国Springer出版公司于1842年创办于柏林，1995年上线了SpringerLink，为读者提供在线浏览期刊，2005年给客户提供一个整合了电子期刊、电子图书、电子参考书等的数据库平台，建立理工、生命科学等10个网上图书馆，收录数百种学术期刊。

英国著名的出版集团BioMed Net建立的数字化图书馆收录了数以千计的生物医学内容数据。

EBSCO数据公司是一个具有60多年历史的大型文献服务专业公司，提供期刊、文献订购及出版服务，总部在美国。其数据库涉及自然科学、社会科学、人文和艺术等多种学术领域。其旗下的数据库，一个是Academic Search Premier，提供近4700种出版物全文，其中包括3600多种同行评议期刊，涉及绝大多数自然科学和社会科学领域。另一个是Business Source Premier，提供2300多种期刊全文，包括1100多种同行评议期刊的全文。其特点是包含了所有商业学科的全文。

开放获取期刊（OAJ）是国外学术期刊网络出版的一个十分重要的内容。其借助互联网，实现网络投稿、审稿、编辑、出版发行，所有工作都在网络上开展，各个环节通过网络进行，以电子数据为载体，以网络为渠道和媒介，实现学术期刊在互联网上出版传播。学术期刊开放获取（OA）在国外获得了巨大的成功。一些学术团体和学会积极推动开放获取期刊（OAJ）的发展，发挥学术期刊的社会作用，对促进学术期刊网络传播和提高论文的社会价值起到了良好的作用。

二、国外学术期刊网络出版模式

从学术期刊网络出版主体看，国外主要有四种模式：一是出版商数据库出版模式。二是学术研究机构或学术团体出版模式。三是以大学出版机构为主体的学术期刊出版模式。四是个人独立出版的出版模式。

（一）出版商数据库网络出版

这种出版模式以出版商为主体，通过网络数据库或者网站，出版和提供与印刷版纸质学术期刊对应的网络版学术期刊。其出版和提供的期刊具体分为联机数据库型期刊和网站型期刊。数据库型期刊是印刷版期刊内容的数字化和网络化，通过数据库平台向用户提供搜索下载服务。例如，国外著名的出版商Elsevier SDOS、Springer-Verlag、Academic Press 等。网站型期刊是通过建立专有网站或依托其他网站，出版发行与纸质期刊对应的电子期刊，如 Nature、Science 等，这些网站大多不以商业盈利为目的，为用户提供可以免费下载的论文，实现网络传播。

这种出版模式的特点是：主要由商业性出版机构或者出版商从事学术期刊网络出版，出版商主要以商业盈利为目的，采取面向市场、利用市场、发展市场的策略促进网络期刊出版。出版商为了保证学术期刊有广大的市场，必须对市场需求及期刊质量严格把关，充分保障学术期刊质量。但是，出版商为了自身的利润，尽可能地提高学术期刊价格，导致了学术期刊价格的不断攀升。这些出版商拥有雄厚的资本和丰富的市场营销经验，经过长期的发展形成了声誉很高的品牌，占据了学术期刊网络出版业的巨大市场。在网络出版中，以Elsevier 出版公司、Springer-Verlag 出版公司、约翰·威利出版公司为代表的西方国家学术出版商，很早就开始研究和实行网络出版计划，取得了巨大的成功。

分析它们的成功经验，主要有以下方面：

第一，集团化市场运作。它们在长期的发展中通过兼并和重组，形成了庞大的出版规模，运用庞大的销售网络，按照市场需要，建立广泛的市场渠道，形成规模效应和品牌效应，为客户提供权威的文献资料。

第二，专业化的内容。三个著名的出版商在其数据库中收录的学术期刊专业性非常强，主要是侧重于自然科学、技术和医学。ScienceDirect 是爱思唯尔出版公司的一个学术期刊网络出版平台，在其学术出版类别中，物理科学与工程、生命科学、健康科学三个学科专业的学术期刊占 84.7%，人文社科类的学术期刊占 15.3%。这种专业化网络出版内容使得出版商可以向相关领域的学术研究者提供精准的信息推送服务。

第三，高质量的内容资源。首先，三个大型出版商学术期刊网络出版的内容回溯时间都较久远。爱思唯尔 ScienceDirect 全文期刊数据库收录的所有期刊，都回溯至学术期刊的第一期，包括了 1830 年出版的《柳叶刀》。SpringerLink 回溯到 1832 年的数据。Wiley InterScience 最早回溯到 1799 年的文献。其次，三个出版商学术期刊数据库收录的很多都是 SCI 的核心期刊。

第四，全球化的发展策略。首先是办刊方式的国际化。国外出版商采取的发展战略，一是走国际化发展道路，与国外出版机构密切合作，实现作者国际化、审稿国际化、发行国际化。据统计，爱思唯尔是发表中国科研成果最多的外国出版公司,占外国出版商发表中国论文总数的29%,被引频次占总数的34%。① 二是服务国际化。爱思唯尔十分重视在中国的发展,它提出的宗旨是"为中国的科技、医学发展提供长期的、可持续的支持",因此,在中国启动了"图书馆文献存取创新""中国作者支持计划"等项目,联合原卫生部、清华大学以及北京大学医学出版社,向中国西部欠发达地区的大学和医学院赠送医学图书,赠送ScienceDirect和Scopus的电子产品使用权限。通过国际化经营战略的实施,三个大型学术出版商不断地深化了其产品品牌的国际影响。

(二)学术研究机构或学会网络出版

美国大约有1/4的学术期刊由学术研究机构和学会出版。和商业性出版机构不同的是,学术研究机构和学会出版学术期刊主要是为了促进学术交流,尤其是研究机构内部和外界之间的学术交流。研究人员在从事学术研究中需要获取和阅读大量的学术文献,了解同行的研究情况和学科发展动态,才能为自身的学术研究提供更多的信息。学者们发表成果不是为了经济报酬,而是为了扩大在学术领域的传播,取得同行的认可和提高自己的学术地位。因此,在西方国家的学术出版领域,以学术交流为目的、读者可以自由获取的网络学术期刊获得了较快的发展,开放获取(OA)成为一个重要的途径。

一些学会通过建立联机数据库进行学术交流。很多学会团体出版网络版学术期刊,加快了学术期刊网络出版进程。美国化学学会于1997年开始提供其出版的26种学术期刊的网络版。英国皇家化学学会提供其全部17种期刊的网络版。美国物理学会将其出版的35种学术期刊上网发布。英国物理学会提供33种其出版的学术期刊网络版。美国数学学会不仅提供印刷版期刊的网络版,而且新出版了几种只有网络版的数学期刊。② 网络出版的学术期刊方便了学术交流,也方便了学术成果的快速传播,受到越来越多学术团体和研究机构的重视,并主动加入网络学术期刊的出版活动中。

(三)大学出版社网络出版

大学出版社主要出版与本校教学和科研有关的学术期刊。随着网络出版的出现,大学出版社积极探索网络出版模式,促进学术研究和教学研究。大学出版社采取基于网络技术的出版战略。例如,牛津大学出版社把出版的170种学术期刊全部上网,免费提供电子期刊目次和摘要,并向纸版期刊订户提供网络

---

① 杨海平,焦灵芝.国外学术期刊数据出版商的运作模式研究[DB/OL].http://www.xzbu.com/2/view-1543856.htm.
② 鄢睿.网络学术期刊传播模式研究[D].武汉:武汉理工大学,2007:18-19.

版全文。美国约翰·霍普金斯大学出版社和艾森豪威尔图书馆合作开展缪斯（Muse）计划，建立起一种网络化电子期刊出版模式，将40多种期刊实现网络联机，那些经过授权的特定域名下一个机构的所有计算机都能够联机访问到所有期刊。但在定价方面，他们根据订购机构的规模大小决定提供项目的价格，从而开创了区别定价的先例。

（四）个人独立网络出版模式

在一些西方国家，个人独立出版学术期刊也颇为时兴。一些学科领域的研究者对网络出版抱有浓厚的兴趣，自己创办学术期刊进行网络出版，提供纯网络电子学术期刊，试图研究纯电子期刊网络出版发展模式，建立起一种全新的学术期刊出版模型。虽然独立出版网络期刊在全部网络出版中占比例较小，但是不失为一个有价值的实践探索。独立出版者网络出版运行模式是在没有任何资助和不收取订购费的情况下志愿出版，例如，纯网络电子期刊 *Electrionic Journal of Cognitive and Brain Science*，是由一位神经学研究生自己独立出版的网络期刊，所有组稿、编辑和网络出版技术工作都由他一人去做。目前，个人独立网络出版学术期刊只有少数有条件的人可以去做。出版质量、系统稳定性和学科差异等，都对独立网络出版模式产生影响，未来发展方向并不确定。

从出版者的视角划分的学术期刊出版模式，有利于站在出版者的立场看待网络出版。不同的出版者从事网络出版的目的有一定的差别，从而产生的影响也不相同。商业性的出版机构在网络出版上已经形成了一套成型的商业操作模式，它们建立起面向最终用户的学术信息资源体系，通过网络平台向图书馆提供虚拟的数字化馆藏及长期保存服务，并直接向最终的读者用户提供基于网络的免费检索和收费检索服务。商业性出版机构提供学术信息服务的出发点和目的是从中获取利润。以大学出版社为主体的网络出版，同样也以盈利为目的，但是，由于实力和运作经费无法与商业性出版机构相抗衡，在很大程度上限制了商业性运作。学术研究机构和独立出版者通常是非营利的，主要是为学术交流提供便利。个人独立出版学术期刊受经费限制，难以持续发展。

第二节 我国学术期刊网络出版的发展

一、我国学术期刊网络出版的概况

我国学术期刊网络出版产生得较晚。1985年《软件学报》加入互联网，成为中文学术期刊网络出版的第一个先行者。1992年，中国科技信息研究所重庆分所推出"中文科技期刊全文数据库"，收录中文科技期刊5600余种。1994年中国期刊全文数据库（CJN）开始建立，清华大学"中国期刊全文数据库"、万方数据网络中心开发的"中国数字化期刊"数据库和中国科技信息研究所重庆维普公司的"中文科技期刊"数据库随之建立。它们收录了中国绝大多数的学术期刊，数量达到10000种以上。数据库采取光学扫描、压缩储存的方式，将论文源期刊经过处理存放在数据库中供用户搜索下载。

以纸质学术期刊内容为基础，大型数据库集中进行学术期刊网络出版，内容几乎囊括了所有社科类、科技类和综合类学术期刊。也就是说，这种既有纸质出版又有网络出版与之对应的期刊，成为目前我国学术期刊网络出版的基本形式。

目前，学术期刊网络出版在我国主要体现为大型数据库对各种纸质学术期刊内容的网络出版传播。也有一些实力雄厚、资金充裕的期刊社、出版社或者行业协会、学术团体等建立起了学术期刊网站，开展独立的网络出版发行和传播。主要的大型数据库中收录了我国绝大多数学术期刊的内容，其中包括创办后已经消失的过去期刊和创办以来至今仍在继续出版发行的学术期刊。据中国知网统计，截至目前，已经收录国内期刊11247种，全文献总量为65625412篇。其中，学术期刊6000余种。

此外，中国社会科学院承建的国家哲学社会科学学术期刊数据库，收录了精品学术期刊600余种，论文近300万篇，是以开放获取模式出版的国家级、开放型、公益性哲学社会科学信息平台。

在学术期刊网络出版中，利用网络技术的优势，积极开展媒介融合，成为网络出版的一大亮点。大量数字出版企业积极推动期刊网络出版，促进媒体融合发展。超星"域出版学术平台"通过"以智带栏"模式，打造包括文献、图片、音频、视频、交互论坛等多媒体功能在内的学术期刊移动互动平台。域出版平台已经形成了在国内7000多种学术期刊基础上构建的1万名社长主编和责任编辑组成的移动出版名家智库。人大数媒科技（北京）有限公司，依托中国人民大学书报资料中心多年积累的品牌效应，打造"刊网互动"学术出版与评价模式，自2014年上线以来，吸引了55万学者用户。可以预见，未来学术期刊网络出版将产生更多的新形态和传播方式。

学术期刊网络出版的形态是网络期刊。由于网络期刊与电子期刊具有很多相似之处，国外也称作电子期刊，常常把电子期刊用作网络期刊。

目前，我国学术期刊网络出版主要有两种模式：

一是加入一个或多个大型期刊数据库网站，通过数据库和互联网，向读者提供学术期刊内容和服务。学术期刊社与大型数据库结成联盟，或者大型数据库购买学术期刊社内容的二次出版权，通过互联网向读者提供收费服务。数据库成为期刊网络出版传播最重要的渠道。学术期刊加入大型的权威数据库，可以使用数据库提供的系统和服务，不但不需要产生较大的投入成本，而且还可以方便地利用数据库提供的网络出版平台，向用户提供期刊全文搜索功能。

二是学术期刊社在自己的网站和网页上刊登近期纸质期刊的目录、摘要和链接每篇论文。有的学术期刊只提供目录，不能提供全文。因此，相比第一种形式的网络期刊，通过网站阅读期刊的读者较少。这种网络出版模式由于期刊编辑部办刊的资金和人力有限，难以承担较高的成本费用，又缺乏相应的技术人才，较少为学术期刊社采用。未来随着网络出版的发展，将可能改变这种状况。

二、我国学术期刊大型数据库集中网络出版

学术期刊网络出版是在网络技术不断创新发展的情况下期刊出版方式的创新，是未来的发展方向。把学术期刊纳入数字图书馆是网络出版的一个重要方式。数字图书馆是一个没有时空限制、便于使用的超大规模的信息中心，具有收藏数字化、操作电脑化、传递网络化和资源共享化等特点。它本身就是一个大型数据库，可以容纳包括图书、期刊、会议记录等各种文献。目前，除了中国知网外，我国比较知名的大型学术期刊网络出版数据库还有万方数据、维普资讯、龙源期刊网等。它们也提供学术期刊网络出版，收录我国正式出版的学术期刊论文，为用户提供学术期刊网络出版、检索、评价和数据库服务。这里以中国知网（CNKI）为例进行分析。

为了顺应数字技术和网络技术的发展，推动信息现代化进程，中国于1997年提出"中国试验型数字式图书馆"项目，2000年启动了"中国数字图书馆（CDL）"工程，建成了超星数字图书馆等数据库。1999年6月，在教育部、中

宣部、科技部、新闻出版总署、国家版权局、国家发改委的大力支持下，清华大学、清华同方发起了 CNKI 工程，将其中心网站命名为"中国国家知识基础设施工程"（中国知网 CNKI 工程）。经过多年努力，采用自主开发研制的具有国际领先水平的数字图书馆技术，建立了世界上全文信息量规模最大的"CNKI 数字图书馆"，并正式启动建设"中国知识资源总库"及 CNKI 网络资源共享平台。

根据中国知网（CNKI）2019 年 4 月网页公布的数据，截至目前，中国知识资源总库收录的期刊全文、学位论文、重要会议论文等，数量非常巨大，如表 5-1 所示。

表 5-1　中国知网收录的主要内容

	篇数	起止时间
中国期刊全文数据库	65 675 814	1915 年至今
中国博士学位论文全文数据库	384 388	1984 年至今
中国优秀硕士学位论文全文数据库	3 720 713	1984 年至今
中国重要会议论文全文数据库	2 369 628	1953 年至今
国际会议论文全文数据库	814 925	1981 年至今
中国重要报纸全文数据库	17 244 859	2000 年至今
中国年鉴网络出版总库	32 928 928	1949 年至今

资料来源：中国知网。

中国期刊全文数据库截至目前共收录国内期刊 11255 种，学术期刊数据库收录了我国正式出版的自然科学、工程技术、人文社科类中文期刊 8135 种，占中国大陆公开出版期刊的 90%以上，其中，含有学术研究内容的期刊 7672 种，占学术期刊总出版数量的 99.6%。并在此基础上开发了中国期刊题录数据库、博硕论文数据库、重要会议论文数据库等。CNKI 目前已经发展成为集期刊、博士论文、硕士论文、会议论文、报纸、工具书、年鉴、专利、标准、国学、外文文献资源为一体的、具有国际领先水平的网络出版平台（见表 5-2）。

表 5-2 中国知网 CNKI "中国学术期刊全文数据库"收录文献统计（2017 年）

类别	专辑	期刊种数	文献量（万篇）	年更新量（万篇）
人文与社会科学	文学、历史、哲学	431	271	45
	政治、军事、法律	540	191	28
	教育与社会学	1 083	185	75
	经济与管理	1 016	599	71
科学与技术	工程技术（冶金、材料和化工）	984	369	36
	工程技术（工业技术和工程）	1 125	314	44
	农业	589	235	25
	医药卫生	1 108	609	50
	电子与信息科学	512	289	33
	基础科学	747	177	28
合计		8 135	3 239	435

资料来源：中国知网。

CNKI 主要提供了四个方面的服务：

一是数据库检索服务，包括 CNKI 源数据库，外文类、工业类、农业类、医药卫生类、经济类和教育类多种数据库。其中，综合类数据库有中国期刊全文数据库、中国博士学位论文数据库、中国优秀硕士学位论文全文数据库、中国重要报纸全文数据库和中国重要会议论文全文数据库。每个数据库都提供论文检索服务。

二是数字出版平台。提供专业数字图书馆和行业图书馆。为个人、机构提供个性化数字图书馆和学习平台服务。

三是文献数据评价服务。CNKI 于 2010 年推出《中国学术期刊影响因子年报》，并在研究学术期刊论文和博硕学位论文等对文献引证规律的基础上，提出了我国第一个公开的期刊评价指标统计标准——《〈中国学术期刊影响因子年报〉数据统计规范》。其"学术期刊评价指标分析数据库"为期刊出版管理部门和主办单位等分析评价学术期刊学科与研究层次分布、期刊内容特点与质量、各类期刊发展走势等管理工作提供决策参考。

四是提供检索服务。包括文献搜索、知识元检索、引文检索等。文献检索分为跨库检索、单库检索。其中，跨库检索可以对学术期刊、博硕论文、会议论文、报纸、年鉴等进行跨数据库检索。

中国知网（CNKI）是我国学术期刊数据库网络出版的代表，反映了以政府为主导、由企业运行，利用网络实现知识生产信息化、网络化的发展成果。

优先数字出版是中国知网推出的旨在缩短论文出版时间、加快论文公开发表的一种学术论文网络出版模式。中国知网优先数字出版的主要出版方式为：第一，为每个优先数字出版期刊设立一个网络出版平台，专门发布该期刊数字出版内容。第二，编入"中国学术期刊网络出版总库"及CNKI系列数据库。第三，按读者要求，自动推送到中国知网国内外数字图书馆、个人图书馆。第四，编入"学术不端文献检测系统"比对资源库，用于检测。第五，在国际网络平台上发布。同时，加入CNKI系列数据库光盘出版，并在手机发布题录、摘要或全文。

优先数字出版发展很快。中国知网与数千种学术期刊签约，开展单篇优先出版和整期优先出版。单篇优先出版没有整期定稿发布这个环节，较整期优先出版更快。国内除了中国知网，维普资讯、万方数据和科技论文在线都提供优先出版服务，包括众多自建网站的期刊，在数字化编辑流程的基础上实现了期刊印刷前的在线出版，以缩短出版时间。[1]

重庆维普资讯有限公司（其前身为中国科技情报研究所重庆分所数据库研究中心）的网站维普资讯网，又称维普网，建立于2000年，目前已经成为全球著名的中文专业信息服务网站，也是中国最大的综合性文献服务网站。网站与百度文库、谷歌学术搜索频道、百度百科等建立战略合作关系。经过多年的发展，该公司已经从信息内容服务提供商，发展成为以提供信息资源产品为主，同时提供信息内容管理及服务一体化解决方案的综合信息服务提供商。其优先出版平台由内容生产和内容出版及营销两个部分组成。其内容生产部分由报刊复合采编系统、学术期刊在线投稿系统、待编稿件管理系统、在线论文检测系统、在线审稿系统、敏感词筛选查询系统组成。其内容出版及营销部分由自动排版及按需印刷系统、网站出版平台及移动互联网出版平台以及针对微信平台、微博平台、微网站、电商平台的内容整合营销所组成。整个平台涵盖了学术期刊从内容生产到最终出版营销的全过程。目前，该出版平台出版了优先出版期

---

[1] 何方，李涛，王昌度. 学术论文网络优先传播主要途径辨析及整合建议[J]. 中国科技期刊研究，2018，29（11）：1109-1113.

刊和纯电子版网络期刊数十种。

第三节　学术期刊网络出版发展存在的问题与发展策略

以大型数据库为平台的联机数据库网络出版已经发展得很成功，在提高学术期刊网络传播力和学术影响力等方面产生了显著的效果。一些大型的学术出版社和专业学术团体建立独立的网络平台和网站，也取得了良好的效果。对于这些出版机构来说，网络出版虽然也存在这样或那样的发展困境，但是总体上是比较顺利的、成功的。而对于许多分散的学术期刊来说，建立网络出版平台和发展网络出版还十分困难。特别是对于纯网络期刊来说，面临着许多需要克服的困难。

一、学术期刊网络出版发展存在的问题

第一，网络学术期刊出版存在着一定的资金、技术门槛，资金和技术欠缺，使很多学术期刊社不知所措，进而延缓网络出版进程。

学术期刊网络出版具有传统出版方式不能相比的优势，例如，缩短论文出版周期、提高编辑出版效率、满足用户多样化和个性需求、互动性、多媒体传播等。但是，尽管有这样多的优势，学术期刊网络出版并没有彻底实现。网络期刊的出版对于许多小型的学术期刊出版社来说，存在着资金、技术、人力等方面的制约，难以在短时间内满足网络出版对这些条件的需要。现实中还存在着多方面的制约，例如，很多机构在评审时要求提供纸质学术期刊，或者对网络期刊质量持不信任态度，都使网络出版的发展受到制约。

这里需要研究的是纯网络期刊发展中的困境和解决途径。研究这个问题的原因是，纯网络期刊是未来学术期刊的发展方向，以纸质学术期刊内容为蓝本的网络期刊在未来也会更多地向纯网络期刊转变，因此，纯网络期刊会成为未来学术期刊的最终形态。

纯网络期刊又称电子期刊或网络期刊，是学术期刊社在网站上编辑出版和发行的期刊。这种以网络为平台编辑、出版和发行的期刊可以不受地域、时空的限制，直接为用户提供其所需要的下载、复制、阅读和链接等方面的服务。由于以网络为载体，所有传统的编辑流程和发行工序都是在网络上完成的，因而真正实现了无纸化出版。这种方式的期刊出版"既减少了污染，降低了成本，又突破了页码的限制，大大缩短了论文出版时间，可以最大限度地发挥网络期刊灵活、高速、高效、经济、信息量大、交互性强的优势"（何方、李涛、王昌度，2018）。但是，由于网络出版对硬件设施和专业人员素质要求较高，投入较大，大部分编辑部无法短期内达到这些条件，因而难以迅速实现网络出版。①

纯网络出版存在着较高的门槛。李海燕（2012）认为，发展起点过高制约了网络期刊的发展。网络期刊需要较大的投入，制约和影响了网络学术期刊的发展。② 技术上的垄断和门槛较高，把规模较小的出版者挤出了网络出版市场，只有少数拥有资金优势和技术条件的数据库和商业出版机构具备条件发展网络出版，小型学术期刊出版机构只能依附于这些数据库或者商业出版机构，缺乏发展网络出版的资金和技术条件。很多学术期刊出版社为了提高社会影响和自身价值，将纸质期刊的电子版权低价出售给权威数据库，由数据库在网络上再次出版，不仅节省了网络出版平台建设的资金、人力，还提高了纸质期刊的利用效率，提高了引用率和社会影响。实力薄弱的学术期刊出版社网络出版传播的发展就通常止于数据库再出版。

第二，网络出版学术期刊的认可度还较低，质量有待提高。除了纸质期刊二次出版的网络期刊外，纯网络期刊的信誉还不高，学术内容质量与现有的印刷版学术期刊相比明显较低。因此，在职称评定时很难获得认可。很多与印刷版纸质期刊对应的网络版期刊可以借助纸质期刊长期形成的质量声誉，被引用转载，进一步提高学术论文的引用率，扩大社会影响。但是，纯网络期刊受到出版机构成立时间较晚的影响，还没有积累足够强的学术影响力，在作者投稿和学术引用上都受到极大的影响。作者投稿一般根据学术期刊是否核心期刊、是否CSSCI期刊、是否SCI期刊和CI期刊等因素，决定自己投稿的期刊，纯网络期刊很难获得高质量的稿源，进而难以刊发高质量的论文。这也是很多职称评审机构没有把纯网络期刊作为其评审依据的重要原因。另外，如果没有质量控制，网络出版下的学术期刊质量可能难以提高。因为在网络条件下，期刊内容的发布更加自由，编辑出版周期大大缩短，因此，合理的期刊质量控制机制是网络期刊编辑出版必须解决的问题。

第三，印刷版的纸质学术期刊与对应的网络版学术期刊存在着功能定位上的冲突。传统纸质学术期刊具有自身的优点，例如，可以以实物形态保存，可

---

① 吕淑珍．网络学术期刊发展研究［J］．情报科学，2005，23（12）：1827-1830．
② 李海燕．网络学术期刊发展中存在的问题及对策研究［J］．内蒙古科技与经济，2012，251（1）：125-126．

以从整体视角翻阅，可以在视觉上取得一定的愉悦感，这些都在一定程度上和一定范围内满足用户的心理需求，这种传统的阅读习惯具有继承性，不会因为网络期刊具有的优势而立即改变，因此具有较大的市场需求。这使传统纸质期刊可以长期保存下去，与网络期刊共同满足用户的需求。网络版学术期刊与纸质学术期刊相比，则具有传播快、容量大等优势。二者的定位应当具有一定的区别，但是，目前作为纸质学术期刊对应的网络版，网络期刊并没有找到自己的社会角色和功能定位，于是导致二者之间存在冲突。在未来的期刊发展中，印刷版纸质期刊的功能更多体现为收藏价值，但现在仍然起到一些传播作用，并主导着出版活动。而必定成为主流形式的网络出版却未能得到充分发展。

第四，网络期刊知识产权保护存在一定的难度。由于网络信息容易获取、便于复制、可以被改动，因此在知识产权安全方面存在很大不确定性。网络系统互通互联，网络之间的界限模糊，网络信息的传播存在着一定程度上的无序性。一些人可以很容易地对作者发表的研究成果进行复制修改、拼凑篡改，化为自己的成果重新交给出版社发表，不需要其再做更多的调查、实验，就能获得有关数据，甚至学术观点，使原创作者的知识产权受到损害。同时，也会使原出版单位的版权受到危害。吕淑珍（2005）认为，学术期刊网络出版有许多版权问题需要解决：如期刊转、摘的稿酬问题；如何既保证作者的著作隐秘，又可以使稿件的有限的内容在网上共享；如何规定用户对网络期刊的使用权限等。虽然许多网络出版机构与编辑部签订了入网协议，但是并不能从根本上保护著作权人的合法权益。[①]

第五，学术期刊网络出版的技术人才和管理人才缺乏。以高校学术期刊为例，学术期刊出版机构通常是规模小、人员少的部门，在高校各种机构中，被认为是教学辅助部门，不仅资金上给得少，而且，在人员配置上较少。由于工资待遇上低于教学科研部门，很多编辑部招不来编辑人员，只能外聘编辑。编辑部的总编辑和编辑人员一般只对专业熟悉，不熟悉网络技术，也不熟悉新媒体技术，因此在开展网络出版时力不从心，甚至根本不感兴趣。习惯于传统出版发行，对新媒体出版传播接受能力低，这就导致了学术期刊网络出版中对新媒体运用得少，对用户的新媒体服务能力低，网络出版的影响受到限制。目前，运用微信推送学术期刊已经成为大多数编辑部采取的新媒体传播途径，取得了较好的效果。但是，由于对微信推送内容重视不够，微信功能开发很少，只限于目次推送、选题信息发布等，微信的作用得不到充分发挥。此外，新媒体技

---

① 吕淑珍. 网络学术期刊发展研究［J］. 情报科学，2005，23（12）：1827-1830.

术在学术期刊网络出版中的应用还远达不到应具有的水平,用户的满意度不高,获得的服务严重不足。例如,定制服务、一对一服务、互动服务、链接等。

第六,学术期刊网络出版缺乏深层次挖掘途径。单个期刊网络出版中,大多数是通过大型数据库和专业网站途径上网的,虽然可以单篇和整期上网,但是编辑部只能按照网站设置好的模板填入对应的内容,自主设置栏目和挖掘资源利用及服务受到限制,多数只是文献标题的罗列,期刊的特色被排除在外,个性化服务的要求难以实现。这些严重限制了学术期刊出版的网络服务功能和服务能力。

以上的问题,涉及技术、资金、政策、法律、编辑出版机制等因素和环节,它们是制约学术期刊网络出版发展的客观条件。对于这些方面的问题,不仅需要借鉴传统印刷版学术期刊的管理经验和编辑技术,还需要从更多方面找到网络期刊发展的解决办法。

二、学术期刊网络出版的发展策略与途径

发展学术期刊在新媒体时代下的网络出版,已经成为期刊出版界的共识,很多出版机构在网络出版方面做出了积极探索。如何加快学术期刊网络出版,一些研究者提出了有益的观点。例如,张蕾(2013)[①]认为,目前科技期刊网络出版主要采用的是建立独立网站和加入权威数据网站两种模式。他提出的发展科技期刊网络出版建议是:第一,组建专业学术期刊集群化网络出版平台。第二,加入国际著名集团。第三,采用开放存取(OA)出版。我们认为,应当从以下方面开展传统出版向网络出版的转变。

(一)学术期刊网络出版集团化发展

在学术期刊社与大型数据库网络出版平台合作的过程中,一方面充分利用数据库平台的资源优势,获得相应的网络出版和传播途径,创新传播方式;另一方面,积极开展集团化发展途径,取得规模优势和实现规模经济效应。通过与专业同类期刊的联合,以及借助协会或者学会的凝聚力,建立网络出版平台,实现内容资源共享、渠道资源共享、技术资源共享。学术期刊出版中集团化发展策略可以打破地区限制,冲破资金、技术和人才瓶颈,形成品牌优势和规模效应。

以科技期刊为例,通过学会主办或者行业期刊联合,建立同行专业化集群网络出版平台,可以实现科技期刊网络出版集约化发展。科技期刊具有自身的

---

① 张蕾. 科技期刊网络出版刍议[J]. 中国编辑, 2013(6): 74-76.

特性，专业性强，读者群体细化，这决定了科技期刊具有共建网络出版平台的先天优势。我国目前已经有部分科技期刊组建了专业网络出版平台，例如，中国科学院推出的中国光学期刊数字化出版平台，有数十家光学期刊加盟，利用群体优势，开展集群化网络出版与营销。① 集约化的网络出版平台可以整合各个期刊的独立资源，为行业内专家学者提供更加有针对性的服务。这种专业化的集群出版平台有效地避免了自建网站投入产出不平衡的矛盾，发挥其在营销、发行等方面的集团优势，最大限度地整合和深度挖掘专业资源，提高社会效益和经济效益，实现科技期刊的共赢。

（二）加强数字网络出版平台建设，实现期刊资源数字化

数字化是学术期刊网络出版的重要前提。目前，许多学术期刊在数字出版方面还很落后，编辑出版流程还依然按照传统出版流程执行，虽然建立了自己的网站，但是，网络内容资源十分薄弱，既不能在网站上点击论文链接，也不能对过刊论文进行查询。对于学术期刊来说，满足用户对网络期刊内容查询的及时性、全文性、便利性、互动性需求，是进一步发展网络出版的前提条件。国外一些著名的学术期刊网络出版商非常重视数字化建设。爱思唯尔在面对数字化挑战中投资4000万美元与荷兰皇家图书馆建立数字化存储系统，为图书馆提供所有期刊的内容。加快数字化出版平台建设，做好资源数字化基础工作，才能为数据库的完善和发展创造条件。

（三）加强学术期刊网络出版品牌建设，着力打造网络期刊品牌

纸质学术期刊在长期的发展中已经逐步建立起许多专业特色明显、质量上乘的优秀期刊，成为学术研究人员学习交流的首选，也在社会经济发展中产生了巨大的影响。很多以纸质期刊为原本的网络出版期刊受到了用户的信任。但是，一些新出版的网络期刊以及单纯以网络期刊为形态的学术期刊，要形成人们公认的品牌期刊还需要很长的路要走，不是一朝一夕能够实现的。因此，应当着力培育网络期刊的品牌，打造出质量上乘、服务水平高、用户信得过的网络学术期刊。首先，提升内容质量。内容为王的传媒产业只有在内容质量上不断提升，不断向用户提供上乘的内容，才能吸引读者关注，才能产生巨大的社会影响。其次，提高学术期刊网络出版的信息服务能力，利用网络技术和网络渠道深度挖掘学术期刊网络出版中的读者互动及传播渠道，创新服务形态，提

---

① 郑继承，段家喜，杨蕾，等．数字出版平台下的光学期刊整合营销［C］//2008年第四届中国科技期刊发展论坛文集．2008．

升现有产品服务能力，进而提升网络媒体在学术期刊出版中的影响力。最后，建立以品牌为中心、以数字技术为引擎的新型传播模式。随着网络技术的发展和新媒体的创新应用，学术期刊内容的传播必须适应用户对新媒体传播方式和传播渠道的需求，在网络上实现快捷、方便、及时、互动和全媒体的搜索、下载、阅读、利用。

（四）加强网站建设，创建学术期刊网站品牌

学术期刊网络出版离不开网站建设和维护。特别是对于学术研究机构、学会和大学出版社、杂志社而言，更需要投入资本和人力加强网站建设。为了向用户提供高质量的网络期刊，更好地为用户提供信息服务，需要按照网络的特性对期刊内容进行深度加工，对网络服务进行高度资源整合，及时地更新网站内容，及时地回应读者的询问，满足其服务需求。通过细致入微的服务和原创内容质量的提升，有效提高学术期刊的社会影响力。学术期刊网站建设还应当搭建电子商务平台，为用户订阅提供便利，为实现盈利创造空间，增加学术期刊网络出版的可持续性。网络期刊的点击量、下载率和访问量，决定着期刊的社会影响。不断扩大学术期刊宣传，提高网站知名度，吸引读者关注网络期刊的内容和动态，使学术期刊网络出版成为受欢迎的出版模式。

（五）充分发挥学术期刊网络出版技术的作用，优化编辑出版流程，提供优质服务

学术期刊编辑出版中，需要强化网络出版流程，通过网站建设提高网络出版技术的应用能力。首先，通过网络宣传期刊，在网络上公布年度选题计划，不断更新网页内容，以便吸引更多的读者和作者关注学术期刊网站。其次，利用网络投稿系统对作者投稿的规范性、创新性、重复率进行处理，帮助编辑对稿件进行质量鉴定。最后，利用网络系统做好初审、复审和专家审稿，并在网络上进行编辑与作者的互动，通过网络实现收、审、编、排、发一体化。此外，还应当充分利用多媒体技术对学术内容资源进行整合，采用声、像等多媒体技术，实现学术论文的立体传播，并实现读者与编辑、作者的网上互动，如学术思想交流、一对一提问等方式。

（六）加快开放存取（OA）出版

由于开放存取（OA）具有出版快捷、周期短、免费检索和使用、网络检索方便等优点，这种不受限制的开放型学术出版方式获得了广大用户的欢迎，拥有着广泛的读者群体，成为当前学术期刊出版的新潮流。许多研究表明，采取开放存取（OA）出版的论文和期刊，其社会影响力得到大幅度提高，显著提高

了期刊论文的被引用率，影响因子较高。目前越来越多的出版机构采取了开放存取（OA）出版。大力发展这种开放存取出版方式成为学术期刊网络出版的大趋势。

以上方面是推动学术期刊网络出版的措施。这些措施需要建立在网络出版机制的基础上，并通过网络出版机制，实现学术期刊更加广泛和有效的网络出版与传播。

第六章

学术期刊网络出版机制及其运行机理

学术期刊网络出版是一个出版系统协调和运行过程，具有其相应的出版机制和运行机制。网络出版机制是一个有机的体系，反映了学术期刊网络出版中各种因素之间的联系和作用方式，对学术期刊网络出版具有协调、促进作用。对于学术期刊网络出版机制进行研究，分析其结构和运行规律，可以找到学术期刊网络出版的影响因素和基本环节，从而为制定相应的促进政策提供依据。本章在分析学术期刊网络出版影响因素的基础上，对其出版机制的构成和运行进行分析，揭示学术期刊网络出版具有的基本规律。

第一节 学术期刊网络出版的影响因素

学术期刊网络出版的发展和有效运行，受到多种因素的制约和影响，既有技术进步的因素，也有政策因素和管理制度方面的因素，还有其他方面的因素，例如，市场需求、产业融合发展等。

一、技术进步

人类历史上每一次重大的科学技术发明和理论突破，都会引起生产方式的巨大变革。信息技术和网络技术是决定学术期刊网络出版的根本因素。正是由于信息技术和网络技术的发展，促进了互联网的发展，也推动了新媒体时代的到来和传媒产业的技术革命，引起了学术期刊等传统出版与新兴媒体的融合发展。信息技术和网络技术使数字信息通过互联网在全球畅通无阻，为学术思想和学术研究成果在全球传播提供了技术支持，也使学术期刊的内容可以以数字信息形式储存和自由阅读。因此，技术的创新和日新月异的进步推动了网络出版发展。在新的技术支持下，学术出版的方式发生了新的变化，学术期刊出现了新的形式，传播手段也得到创新，也推动了管理体制、出版制度方面的变革。

二、管理体制

管理体制对产业的发展具有显著的影响。学术期刊出版需要相应的规范和管理，这是期刊出版等传媒产业有序发展的重要条件。缺乏规范和管理，就可能产生一系列的出版质量问题。我国出版业管理制度的建立和完善为学术期刊的发展创造了良好的环境。同时，适应新媒体和互联网的发展，学术期刊的管理政策也在做出相应的调整。中央有关部门为了推动新闻出版与传媒产业的发展，制定了一系列推动传统媒体与新兴媒体融合发展的政策，有力地促进了学术期刊数字化转型和网络出版发展。但是，由于网络出版还处于探索发展阶段，很多管理制度和体制还不能与网络出版发展的要求相适应，需要随着网络出版实践的发展，做出相应的调整和完善。

三、政府规制

政府规制是由政府制定的有关法律规定。这些法律规定的作用在于为学术期刊的发展提供一个可以遵守的框架，减少盲目性和资源浪费。随着数字出版技术的广泛应用，网络期刊的比例越来越大。但是，网络期刊的发展不仅受到技术因素的制约，还要受到制度因素和管理因素制约。这些制度和规定构成了学术期刊网络出版规制的内容。

（一）质量规制

质量就是生命。对于网络期刊来说，这句话同样具有作用。如果不能保证网络期刊的质量，那么，即使采用了网络技术，也难以继续发展壮大。从当前的情况看，网络期刊多数是在国家新闻出版管理部门注册的纸质期刊的内容在网络上再次复制，本身只是传播途径上发生了改变，方便了用户搜索和下载使用，是与纸质期刊并存的电子形态。我们平常称之为网络期刊，是从传播形态上说的，实质是纸质学术期刊的电子形态，或者数字化形态。与传统学术期刊的编辑出版流程相比，基本流程没有发生变化，这种以纸质期刊内容为基础进行的网络出版，只是传播形态发生了变化，不是纯数字形态的学术网络期刊。

在当前，除了上述期刊的网络版外，一些新创办的网络期刊缺乏严格的审稿制度，出版流程不规范，有些出版者甚至对文稿不加审读和编辑，就在网上发表。不可否认，一些在印刷媒体上难以发表的平庸文章，虽然没有创新，却能在网上迅速刊发。这就导致了网络期刊的质量问题。由于缺乏质量控制，致使网络期刊的质量难以保证，进而导致人们还不能认同网络期刊的质量保障。

一些网络期刊的出版缺乏规范，没有科学的管理制度和办法。由于一些网络期刊没有标准可依，致使一些网络期刊既没有认真审稿，也没有按照期刊出版标准编辑加工。质量问题严重影响了期刊网络化的声誉和生存，特别是学术型的网络期刊刊发的论文得不到印刷版期刊论文的同等待遇，不被用来作为职称评定和学术水平评价的依据。这些都严重影响了网络期刊的发展。网络学术期刊需要政府制定有关出版规定，首先从政治上确保出版质量，再由学术出版协会制定有关技术标准，从编辑出版质量上进行规范。或者，政府管理部门与出版协会共同研究制定有关规定和标准，规范学术期刊网络出版。

（二）出版标准化

纸质期刊的编辑出版和印刷都有统一的标准格式，目前绝大多数的期刊都是按照有关规定的标准对期刊编辑出版，也有少数没有按照标准格式编辑出版。而网络期刊还缺乏统一的标准格式，在文本格式上也不统一。

目前，网络期刊的数据保存格式繁多，给用户造成了一定程度的交流困难。例如，《中国期刊网》中期刊全文的浏览需要下载安装 CAJViewer，而《中文期刊数据库》的文章全文浏览需要下载安装 VIP Browser。网络期刊还缺乏统一的编排格式，各个网站自由决定对期刊的编排方式。众多的文本格式虽然也能够被用户使用，但是毕竟给用户带来了诸多不便。未来在对学术期刊网络出版进行规范时，需要统一文本格式，避免多样化给读者带来的困难。

（三）维护和保存

网络期刊的长期保存需要比印刷版期刊更高的技术，目前这种技术还需要进一步发展和创新。网络期刊的内容保存方式和数据库设计的特点，允许它在发行后还可以对其内容不断更新和修改，这给网络期刊的维护和保存带来一些问题。因为它涉及技术更新和技术淘汰，涉及设备更新，如果在技术上不能很好地衔接，就会出现链接失败甚至失效的问题，进而影响到网络期刊的保管和长期使用。

（四）网络安全

网络安全始终是一个不可绕过的问题。目前，网络面临的威胁主要是黑客攻击、不良信息入侵、内部破坏、泄露秘密信息等，这些都会导致信息系统瘫痪，给社会造成严重的经济损失。对于网络期刊的安全问题，至今还没有非常有效的方法，目前采取的基本策略（如防火墙技术、加密技术和新一代网络通信协议）还存在着许多缺陷，难以完全保证网络安全。安全技术有待进一步创新和提高。因此，需要政府对网络安全进行规范，防止作者的权利受到侵害。

（五）著作权保护

网络期刊的内容在传播方式和途径上不同于传统媒介，在数字环境下信息的获取方式更多，作品更加容易被复制和非法使用。我国还没有制定专门的网络期刊法，也没有制定与期刊等网络媒体相关的著作权保护法，因而存在法律空白，一旦出现了版权问题，也只能按照传统的《著作权法》的规定去解决。许多网络期刊由于缺乏人力和财力，即便是被侵权，也难以通过正当渠道加以追责，不得不放任非法侵害。

（六）市场环境

市场因素是影响学术期刊网络出版的关键因素。随着新媒体的影响日益扩大，人们对新媒体的认同感越来越强，这是新媒体技术的应用带来的便利、迅捷、高效率、互动性和趣味性等体验所产生的结果。在使用新媒体技术和产品时，人们的学习习惯、阅读方式、思考问题的维度甚至生活习惯都发生了巨大变化，这些都要求为人们提供精神产品的传统出版媒体与新媒体融合发展，并在新媒体技术的创新带动下采取新的出版方式，不断进行产品形态创新、服务方式创新等。网络出版就是适应这些变化发生的出版方式创新，网络期刊就是这种变化下的产品形态创新，网络互动和增值服务就是这种市场需求环境下的服务方式创新。

对于多数人来说，阅读习惯还存在着传统惯性，即使通过电子形式获得的资料，很多学者仍然习惯于在纸媒上阅读，据统计，大约75%的人还是愿意在纸质媒介上阅读。据调查，美国生物化学学报的图书馆订户中，订购联机版的仅350家，而订购印刷版的却超过4400家。在中国，大多数期刊都实现了计算机录入排版，有的还建立了自己的网站，但真正实现在网上编辑和出版的期刊并不多，大多数期刊还没有实现网上全文阅读和检索。这一方面是由于阅读习惯使然，另一方面是电子期刊或者网络期刊还有自身的不足，还不能完全代替纸版期刊，未来很长时期将是纸媒与网络期刊共同为读者提供学术信息资源服务的阶段。

市场需求的变化是学术期刊网络出版的外部动力。而生存和发展的迫切要求是学术期刊网络出版的内在动力。面对来势凶猛的新媒体浪潮，学术期刊固守传统纸质期刊出版程序和传播方式，虽然可以在一段时间内过上安稳的日子，但是，如果不及时地运用新媒体技术和网络出版技术从事网络出版，必定会被新媒体时代的人们抛弃。必须在保存纸质期刊生产方式和形态的同时，积极开展数字出版转型，努力发展网络出版，这是新媒体时代保持其社会地位和扩大社会影响的必然选择。

除了以上方面的因素外，还存在诸如传媒产业升级、国外期刊竞争等方面因素的影响。学术期刊网络出版的发展从来不是单一因素影响的结果，是出版业和传媒业大环境中各种因素相互作用的结果。这些因素之间不断地相互影响、相互促进，构成了学术期刊网络的各种机制和机制体系，推动着网络出版向前发展。

第二节　学术期刊网络出版机制及其构成

学术期刊网络出版不是单纯的学术出版行为，而是在互联网中借助网络技术，通过网络渠道和信息载体，实现学术思想和成果的网络出版与网络传播。在学术期刊的网络出版与网络传播中，各个环节都有自身的组织系统和行为规律，并在整体上组成网络出版系统，共同完成学术期刊的网络出版与传播。

一、学术期刊网络出版机制的含义

机制是对事物发展中内外因素相互作用及影响进行协调的复杂运行系统，在机制中，各种因素不是孤立存在的，这些因素在自身发挥作用的同时，又对其他因素产生影响，通过相互协作，共同推动事物的发展。机制的功能很多，基本的功能在于促进事物稳定和发展。各种事物都有自身的发展机制，人们应当发现促进事物发展的机制，并认真把握各种机制的特点和规律，提出相应的对策。

一切事物的产生和发展都源自自身的有机系统。与所有物质运动一样，学术期刊网络出版也具有自身独特的发展机制。学术期刊网络出版机制是指在学术期刊发展中，由促进学术期刊出版运行的各种因素及其相互作用构成的网络出版系统。在该系统中，起着主导作用的因素构成网络出版的基本力量，各个环节之间的联系和相互作用成为一个有机的系统，使学术期刊网络出版能够顺利开展和运行。网络出版机制的核心是主导和推动网络出版的各种因素形成紧密的联系。网络出版机制通常由动力机制、反馈机制、制约机制和服务机制等多种机制构成，各种机制相互制约和相互影响，共同推动学术期刊的网络出版运行。

二、学术期刊网络出版机制的功能

第一，提高学术期刊网络出版的运行效率。动力机制可以保障网络出版的发展动力，使学术期刊网络出版在各种动力的推动下实现技术创新、出版方式创新和服务方式创新，进而实现传统出版与新媒体融合发展，最终实现数字化和网络出版转型。监督机制用来保障网络出版符合法律和出版规范，从而保证网络出版的正确发展方向，确保网络出版内容的质量不断提高。运行机制保障网络出版的各个环节互相配合、有效衔接和良好运行，最后达到网络期刊的出版和传播。此外，反馈机制、制约机制和服务机制等分别发挥各自的作用，使网络出版中的各种流程和服务顺利进行。

第二，促使网络出版与社会经济发展相适应。学术期刊网络出版是社会经济发展中传媒产业的一个组成部分，是文化产业的一个分支。它的发展对于社会经济和文化具有较为重要的意义。学术研究包括基础理论研究和应用研究，对社会的发展具有巨大的促进作用。理论上的创新和突破将为社会经济发展和技术进步带来巨大的动力。学术期刊网络出版在各种机制的促进下，适应社会发展的需要，发挥学术思想传播和学术理论创新的引导与支持作用。

第三，促进学术研究发展，提高学术思想传播力和学术期刊的影响力。完善的网络出版机制可以提高网络出版的运行效率，提高学术期刊的影响力和学术思想的传播力。发挥网络出版机制的作用，把学术思想和学术研究成果有效地推送给社会，为读者和其他用户提供及时、高效和个性化的信息服务，是扩大学术思想社会影响、促进学术发展以及科技进步的有效途径。

三、学术期刊网络出版机制的构成

学术期刊网络出版涉及期刊出版运行的多个主体及环节。分析这些主体和环节，是认识网络出版机制的基础。涉及的主体有论文的发表者（作者）、使用者（读者和应用者）、出版机构、管理者、评价机构及服务中介机构等。

作者通过深入的科学研究为出版机构提供学术思想内容，是学术期刊的内容生产者和提供者，同时在很多时候也是学术期刊的阅读者和使用者，因此，对通过网络平台为社会出版期刊的机构来说，作者就是市场需求方，是出版机构服务的对象。作者有发表论文和发布知识作品的需要，出版机构则通过审稿、编辑加工、公开发布来满足作者对其知识作品的发布需要。因此，对于作者来说，高质量的编辑加工和及时方便的出版发布是其十分关心的问题。对于需要阅读和使用学术信息资源的读者来说，同样关心学术期刊的内容质量和出版时效。正是这种需求和满足需求的相互关系和相互作用，推动学术期刊网络出版的产生和发展。

学术期刊的管理者也对期刊出版的质量和时效有着严格的要求，他们通过制定相应的法律和法规，指导和制约学术期刊的网络出版。对网络出版进行科学的管理是保证学术期刊质量和社会效益的必要措施，任何管理者都希望学术期刊出版机构能够严格执行出版制度，在统一指导和规范下开展有序的网络出版活动。因此，管理者也是网络出版中的一个重要的参与者。

网络出版还涉及期刊评价机构和中介服务机构。为了促进学术期刊更加方便地被读者和用户使用，评价机构利用其制定的评价指标体系和评价方法，对学术期刊的内容质量进行评价，为读者和用户提供服务，提高期刊的社会影响和使用效率。可见，期刊评价机构和中介服务机构也是学术期刊网络出版的重要参与者。

学术期刊网络出版机制以网络技术为基础，在动力机制、反馈机制、制约机制和服务机制等机制的共同作用下，完成对学术期刊的网络出版过程，最终实现学术思想和研究成果的出版、传播与影响。网络出版机制的构成如图6-1所示。

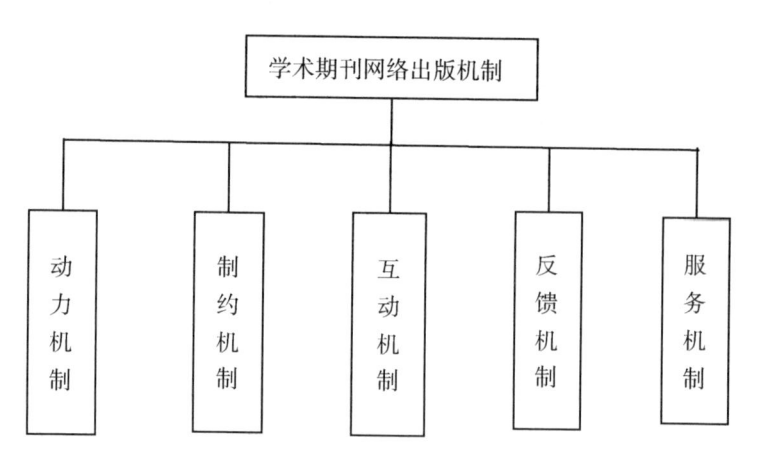

图6-1 学术期刊网络出版机制的构成

（一）动力机制

网络出版的动力主要来自技术进步、产业升级、市场竞争和政策推动。动力机制是指各种动力的构成及其相互作用的关系。从学术期刊网络出版的动力机制看，正是各种动力促进了网络出版，而其途径是通过媒介融合实现传统出版转型和技术进步。

首先，技术进步本身具有强大的促进传媒产业媒介融合的动力，进而推动了学术期刊数字化转型和网络出版。信息技术的创新成果被广泛应用到传媒业和学术出版，使传统的出版方式得到技术改造和提升。数字化出版技术为网络出版提供了技术支持，成为推动网络出版的主要动力。互联网的发展是通信技术创新的结果，同时，为数字信息的全球传播提供了有效的渠道，也为网络出版学术期刊创造了条件。因此，完全可以说，是技术进步从根本上推动了网络出版。

其次，产业升级也是网络出版的动力。社会经济发展和产业升级之间的关系密切，二者互相促进，共同进步。产业升级为社会经济发展提供了物质和技术基础，并进一步推动了社会经济进步。传媒产业的发展历史表明，伴随着技术创新，传媒产业的技术、结构和组织都产生了新的变革。新媒体的出现和发展使传媒产业进入了媒介融合时代，传统媒体要在新媒体时代生存下去，唯一的途径是与新兴媒体融合发展，在技术上、形态上和方式上适应新媒体时代的市场需求和用户需要。否则，其只能被具有强大竞争优势的新媒体所取代。学术期刊在互联网时代与新媒体融合发展的途径主要是利用互联网与信息技术发展网络出版。

再次，市场竞争给学术期刊生存发展造成巨大压力。如果学术期刊出版者不思进步，仍然保持既定的发展模式，不进行创新和技术提升，忽视新媒体的存在和影响，故步自封，那么结果可想而知，只能日趋消亡。事实上，新媒体的发展给学术期刊传统出版带来了巨大的压力，也给其带来了新的发展机遇。学术期刊出版不仅存在国内的激烈竞争，例如，争取优秀作者，扩大读者数量，提高竞争力和影响力等；而且，也存在与国际社会学术期刊的激烈竞争。由于高质量的研究论文需要更好更快地发表，因此，如果学术期刊的刊发与服务落后于作者的期盼，那么作者必将弃之而去，寻找更好的发表途径。当前我国一些优秀论文不在国内发表而选择国外的学术期刊，反映了我国学术期刊在世界的影响力还不大，需要进行技术改进和管理创新。

最后，政策上的推动。国家政策是促进社会经济和文化发展的重要措施，对事物发展具有引导和推动作用，是学术期刊网络出版的重要动力。为了促进学术期刊等传统出版向数字出版转型，中央多次发布有关文件指导和促进数字出版和媒介融合。2014年8月18日，习近平总书记主持召开中央全面深化改革领导小组第四次会议，会议通过了《关于推动媒体和新兴媒体融合发展的指导意见》，为推动传统媒体与新兴媒体融合发展指明方向。

学术期刊网络出版的动力机制如图6-2所示。

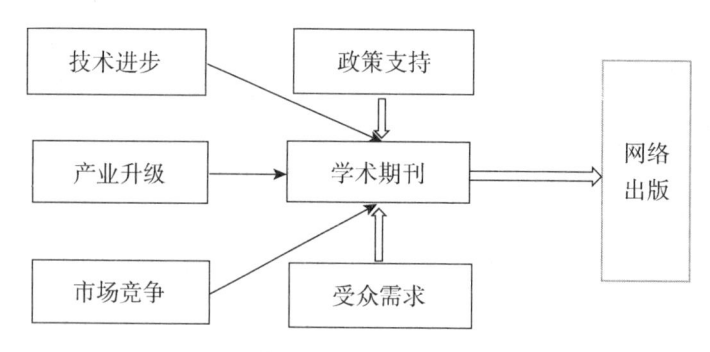

图 6-2　学术期刊网络出版的动力机制

除了以上动力外，受众需求也是十分重要的因素。传统学术期刊出版中，受到纸质出版的限制，作者和读者都以纸质学术期刊为媒介，离开纸质媒介，作者无法看见自己的研究成果被公开发表，读者无法阅读所需要的学术资料，编辑与作者和读者难以及时互动。也就是说，虽然受众的需求是存在的，但由于技术原因无法得到满足。学术期刊通过技术创新能够满足这些需求，因而，学术期刊加快与新媒体融合的速度，在出版方式、管理方式和服务方式上进行创新，网络出版就成为其不二选择。

（二）互动机制与反馈机制

学术期刊网络出版，不仅要通过网络渠道输出信息，即通过网络出版平台出版发布学术思想和学术成果，还需要外界向内输入信息，除了接收作者投稿，还需要接收读者发出的信息，例如，读者的评论、读者的订阅信息、读者的需求信息等，这些信息的传递和接收机制，就是网络出版机制中的反馈机制。在网络出版中，互动需要是一个广泛并急迫的需要，有效的互动机制将提供方便、快捷的互动渠道和平台，向读者提供更加周到的信息服务，从而将学术思想的出版传播推向更加广阔的领域。互动机制和反馈机制，这里我们合称之为互动反馈机制。

互动反馈机制的作用在于：

第一，互动与反馈机制是网络出版机制的重要组成部分，使网络出版机制体系更加完善，更加合理，有利于其顺利运行。一个系统中，输出系统和输入系统构成事物的完整组织，从而有利于系统的信息循环流动，减少因信息流动的停滞造成的破坏。正如一个蓄水池，如果只有水流入，没有水流出，那么，蓄水池就容易储满水并发生外溢现象。如果蓄水池安装了排水口，那么，蓄水池就能保持适当的水位而不至于溢水。并且，由于蓄水池的水是流动的，水不易变质发臭。事物的发展也是同样的道理。对于学术期刊网络出版机制来说，学术期刊在出版中获得读者及其他受众的信息反馈，然后在网络出版系统中得到响应，改进出版方式，提高效率，并促进网络出版质量的提高，实现了学术期刊网络出版机制的输入系统与输出系统的完整循环。

第二，反馈机制对于作者和读者来说，也是参与学术期刊网络出版的渠道和途径。对于作者和读者来说，学术期刊出版机构是一个相对陌生且有点神秘的机构，很想通过互动多了解一些学术期刊是怎样运行的，特别是了解自己的稿件在审、编、排、印、发行上的进度。同时，读者也希望将自己对学术期刊内容的评价和意见通过适当的渠道提供给学术期刊出版机构，以便改进和提高学术期刊质量。反馈机制可以完成这项工作。而且，在大数据工具被使用后，会有更多的对学术期刊质量提高和学术思想影响力扩大的信息被反馈，成为学术期刊网络出版的重要信息资源。互动机制与反馈机制如图6-3所示。

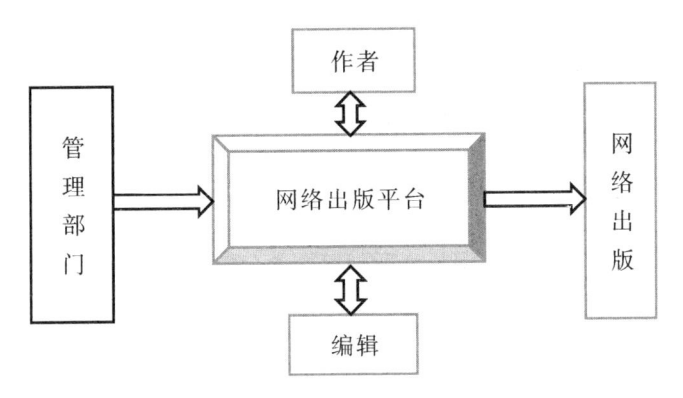

图6-3 学术期刊网络出版互动机制与反馈机制

（三）制约机制

学术期刊网络出版的制约机制是一个由管理制度、监督制度、安全制度组成的保障学术期刊出版质量符合有关规定的制度体系。制约机制也可以称作约束机制，对事物的发展具有规范、引导和制约作用，制约机制的目的是使其按照制度的要求实现规范有序发展。

我国学术期刊网络出版的管理制度由内部管理制度和外部管理制度组成，其中，外部管理制度主要是新闻出版部门制定的有关新闻出版管理制度和规章制度，以及有关主管部门制定的规章制度和指导意见；内部管理制度是由学术期刊出版单位内部制定的出版管理和编辑校对等方面的制度。安全制度是指信息安全制度和版权保护制度等。这些管理制度对于网络出版的质量和安全起到基本的保障作用。

监督制度是指出版管理监督制度，它通过学术期刊网络出版的主办方及上级主管部门监督学术期刊的出版和传播，监督学术期刊网络出版运行，直接或间接地对出版和传播进行监督检查，这也是管理体制的体现。在我国，高校学术期刊的出版直接由上级主管部门和主办方进行监督管理，提高了监管效率，起到了保证出版质量和传播质量的作用。

制约机制是学术期刊网络出版中的重要机制，在约束机制作用下，保证学术期刊网络出版的方向正确，特别是做到与党和中央的政策保持一致，没有政治错误和其他方向性错误，同时，在内部管理制度的协同制约下为提高学术期刊的出版传播质量提供制度保证。

网络出版是基于互联网的数字出版，是一种不同于传统出版的新型出版方式，具有数字化、网络化、成本低、效率高、互动性强等特点。网络渠道的便捷性，极大地提高了学术期刊的传播能力和影响力。但也给网络出版的学术期刊带来更高的质量要求。如果学术期刊的质量低、有误导性，那么产生的消极性社会影响也会迅速扩大。因此，对于学术期刊的规制和制约是极为重要的。制约机制是保证学术期刊正确发展方向和质量的机制，可以为学术期刊的网络出版的质量保驾护航，只要出版机构或单位增强质量意识，严格按照网络出版的法律法规等政府规制以及有关管理制度要求办事，遵循网络出版的规律，就能够避免一系列的问题和错误。

（四）服务机制

可以说，整个学术期刊出版传播都是在服务机制的参与作用下进行的。服务机制是指学术期刊出版机构在以服务学术研究、服务社会经济发展、服务文化创新的宗旨下，如何通过网络出版活动向社会提供人类精神文化产品服务。

在服务机制中，服务的提供者是学术期刊出版机构或出版单位，具体的执行者是编辑和相关工作者，服务的对象总的来说是社会，具体说是作者和读者及其他服务对象，目标是促进学术理论创新和学术思想传播，以便最终实现社会经济和文化进步。

服务机制的运行由学术期刊网络出版者完成。在向受众提供学术信息服务过程中，出版机构通过媒介融合，将传统出版与新兴媒体结合起来，以内容为主体，以互联网为载体，以信息为形态，以网络终端为途径，本着提高服务质量和效率的原则，为读者、作者和其他受众提供及时、多样、个性和方便的学术服务。

第三节　学术期刊网络出版机制运行机理

事物的存在和发展是在各种因素及其相互联系和作用中进行的，为保证事物的运行，各因素之间必须协调发展，最终达到既定目标。按照运行机制的主体、因素、实现的结果等，可以分为多种运行机制，如市场运行机制、投资运行机制、企业运行机制、经济运行机制等。

学术期刊网络出版运行机制是学术期刊网络出版机制在运行中产生的相互关系和作用，是在互联网时代和新媒体时代出版传播机制的总称。网络出版是一项由出版主体借助互联网渠道和平台进行的文化产品生产和传播行为，其主要组成因素是文化创作者、出版者、出版物、运行方式、技术、制度、运行管理等。学术期刊网络出版机制是以上诸因素功能、作用过程和运行方式的综合机制，目标是完成科学研究和学术成果的出版、传播和发挥社会影响作用。网络出版机制只有有效运行才能够推动网络出版的顺利发展。

学术期刊网络出版机制的运行机理如下。

首先，学术期刊出版机构在出版宗旨和目标的指导下，根据期刊出版范围，在主管部门和主管单位的监督下，完成整个出版流程。其运用组织机构内的资源（人力、物力、技术、管理、资金），组织学术成果（研究成果、学术论文），经过审稿、编辑加工、排版、网络发布等程序，使期刊到达读者和其他受众手中，实现学术思想和研究成果的发布、传播和社会影响，最终实现推动社会经济发展目标。学术期刊出版流程体现了这个过程。网络出版基本流程如图 6-4 所示。

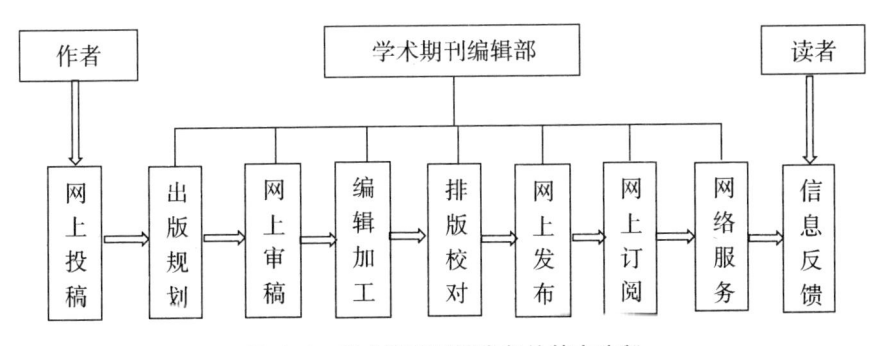

图 6-4　学术期刊网络出版的基本流程

其次，出版机制的各个因素及环节都是必不可少的组成部分，它们之间密切协作、相互影响，确保学术期刊网络出版在高效运行中质量、效益不断提高。作者的学术研究成果经过学术期刊出版机构的审稿、编辑、校对和排版，在各种机制的共同作用下，借助网络出版平台和网络出版技术，实现网络出版，最终实现网络传播。通过各种机制的联合作用和各种机制的推动促进，进而完成网络出版和网络传播的各个环节和过程。

最后，出版机制的顺利运行还需要有关方面的密切配合。动力机制为运行机制提供基本动力；制约机制发挥监督管理和保障安全的作用；服务机制发挥网络信息服务的作用；反馈机制发挥信息反馈和改进运行方式的作用。各种机制既独立发挥自身的作用，又与其他机制互相作用；一种机制的顺利运行需要与其他机制相配合才能发挥出作用。

学术期刊网络出版机制运行的特点在于网络技术和互联网渠道对于学术期刊出版的关键性作用。传统期刊出版方式由于没有使用网络技术和互联网渠道，受到很多制约，比如，离不开纸张的消耗，需要较长的出版周期，很少与用户互动，用户的个性化服务需求得不到满足，学术期刊内容传播速度慢，这些在网络出版运行机制下都不再是难以克服的困难。相反，网络出版机制的运行中这些问题都得到了顺利解决。

学术期刊网络出版机制的运行机理如图 6-5 所示。

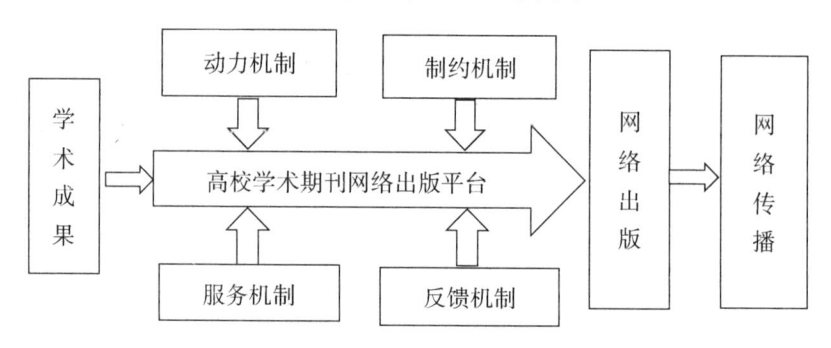

图 6-5 学术期刊网络出版机制的运行机理

在学术期刊网络出版中，各种机制既单独运行，又与其他机制协调合作，共同完成学术期刊媒介融合出版。网络出版的技术基础是信息技术和网络技术，动力来自技术创新和市场竞争，也来自受众在互联网背景下对新媒体的需求体验。在创新驱动和需求拉动下，学术期刊向数字化转型发展，在数字出版不断发展的情况下，实现网络出版。

学术期刊网络出版的一个明显优势是服务机制特别发达，借助服务机制，可以为读者等受众提供多方面的信息服务。在新媒体时代，读者等受众既可以通过学术期刊网络平台阅读各期内容，访问期刊页面，查询期刊动态，甚至由学术期刊提供一对一的个性化服务，比如，向读者集中推送其需要的某类资料信息，同时，还可以与编辑进行互动交流，提出建议，促进学术期刊提高质量，扩大学术影响力。服务机制主要由服务主体（编辑部）、服务渠道（网络）、服务内容（信息）、服务对象（受众）、服务方式（定期或不定期）、服务强度（宽度和深度）等方面组成，通过相应的制度安排，实现服务创新。在互联网和新媒体广泛应用的情况下，手机新媒体逐渐成为学术期刊内容信息传播的新兴媒介，微信公众号的使用提高了学术期刊移动服务的能力，成为读者等用户获得学术期刊服务的新方式，对于学术期刊服务创新产生了巨大影响。

综合以上方面，学术期刊网络出版机制的运行方式是：在动力机制的作用下，以学术期刊社为主体，通过网络渠道进行学术出版和学术信息传播，在制约机制和服务机制的共同作用下，提高网络出版质量和服务质量，并在反馈机制下实现信息反馈，进一步改善出版和服务。

学术期刊网络出版运行模式如图 6-6 所示。

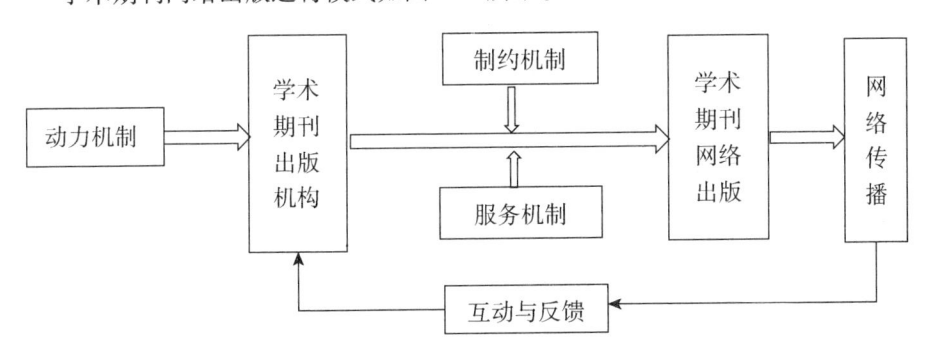

图 6-6 学术期刊网络出版运行模式

第四节 学术期刊网络出版机制的构建路径

在网络出版中，学术期刊社根据市场变化和社会需要，做出为谁出版、出版什么、怎样出版、如何传播等决策。因此，构建学术网络出版机制应当适应用户、市场需求的变化，建立相应的市场环境和机制、管理体系、监督机制、政府规制等，为网络出版的发展提供良好的环境和科学的规章制度。

一、营造良好的市场环境及市场机制

学术期刊网络出版需要什么样的市场环境和市场机制呢？这个问题解决得好，才能够有效促进网络出版。当前，虽然各种各样学术期刊的出版者认识到了数字化和网络出版的大趋势，认识到了数字化转型和网络出版是学术期刊在新媒体时代生存的唯一出路，但是，很多期刊社在网络出版上做得远远不够好。不可否认，中国知网等大型学术期刊数据库在网络出版方面取得的成就，已经把网络出版向前推进了一大步，但是，实质性的网络出版发展缓慢，例如，开放存取期刊的出版和大型期刊数据库自己创办的网络期刊，虽然在社会上产生了明显的影响，但是并没有广泛地推广。很多学术期刊也只是在传统出版方式上加上了网络传播而已。究其原因，主要是学术期刊网络出版的市场环境还处于不完善状态，还需要加大力度加以培育。

网络出版的市场环境是指作者、读者和社会上其他相关者对网络出版的认知、需求、供给的协调与发展状况，以及市场机制的完善程度。在一个发育良好的市场中，参与者是有一定认知和知识水平的理性人，能够认识到其所需要的事物的必要性、合理性和合法性，能够产生对事物的合理需求，同时，市场也能够提供相应的物品或服务，并且在市场交易机制的作用下顺利地完成交易，满足各方的需求，进而推动市场繁荣发展。这是良好的市场具备的一个特征。

学术期刊网络出版（这里指纯网络出版）在当下还缺乏完善的市场。首先，网络出版的学术期刊还不能够得到广泛认同，这是网络出版没有充分发展的市场原因。人们习惯了看得见摸得着的纸质印刷期刊，因其可以保存、供翻阅，有一种心理上的踏实感。而以电子信息存在的网络期刊可能人们觉得没有安全感、踏实感。即使有作者将论文刊发在网络期刊上，但是仍然要求出版者提供纸质期刊以作留存，否则就不放心，不确定什么时候需要拿来复印或者交给评审机构作为论文发表的依据。造成这种担心的原因也是客观的，是可以理解的，但是，有关评审机构刻意要求提供纸质期刊评审材料，也是形成这种心理的外界原因。这种状况在未来以互联网和新媒体为主流媒介的传媒产业发展中，必然日渐式微，没有存在下去的理由。其次，网络出版的学术期刊在学术水平上还不高，质量上还没有达到上乘，很多网络出版的学术期刊降低稿件的研究质量，使刊发的学术论文在社会上影响力小，不被科研机构和评审机构重视，也成为网络出版学术期刊得不到重视的原因。随着网络出版质量的提高，这种状况必然得到改变。最后，对网络期刊的评价方法还不科学，评价体系还存在缺陷。到目前为止，学术期刊评价的对象主要是原来已经存在的或者最近几年以

来批准出版的学术期刊，通常都是印刷版纸质期刊，所给出的级别也被这些期刊所获得，而网络出版的学术期刊几乎没有参加评价的资格，更谈不上获得某种级别和荣誉。因此，评审机构也不把网络出版的学术期刊作为有用、有效的材料对待。

以上是造成网络出版得不到社会广泛认可的主要原因。此外，虽然期刊出版管理者承认这些网络出版的学术期刊符合国家规定，承认是公开出版的网络期刊，但是，管理者对此种网络出版采取的轻视态度，也使网络出版发展滞后。在这些方面的影响下，网络出版的供给增长十分缓慢，这说明现有的市场环境非常不利于网络出版的发展。

因此，政府有关管理部门应当采取有效措施培养网络出版的市场环境，促进学术期刊网络出版。虽然在新媒体时代，网络出版技术已经获得了极大的发展，市场大趋势已经显现，但是，数字化与网络出版转型的市场环境还没有彻底形成。可以说，如果没有政府管理者的积极推进，那么就难以形成发达的高质量的学术期刊网络出版。

怎样营造学术期刊网络出版的良好市场环境？我们认为需要从以下几个方面着手：

第一，提升网络出版的学术质量，采取多种手段和措施，征集优秀学术论文，把内容质量的提升作为首要选择的目标。没有优秀的学术论文，就没有高质量的网络学术期刊。内容为王，质量第一。无论是对高质量的学术论文进行奖励，还是对投稿作者提供优质服务，都是提高学术论文质量的手段。网络出版者需要加大力度开展优秀学术成果的征集工作。只有不断提高内容质量，才能够提高网络期刊的知名度和社会认可度。对于纸质学术期刊的网络出版，可以借助已有的知名度扩大影响。知名度已经很高的纸质学术期刊，在网络出版中重要的是继续保持内容质量。

第二，政府管理部门在促进网络出版的措施上需要进行创新。可以对网络出版的学术期刊给予一定的政策优惠，比如，符合规定的网络出版，由政府提供出版资助，给予一定的奖励。对于从纸质学术期刊转变为网络期刊的，政府要在资金上给予支持，加大力度鼓励学术期刊的网络出版行为。政府管理部门通过对网络学术期刊开展评优，或者促进网络期刊参与社会评价，以此推动学术期刊网络出版事业的发展。

第三，对于作者来说，重要的是其在网络期刊上发表的论文是否得到评价机构的认可，因此，需要确保学术成果评价机构同等对待网络期刊。这就要求我们在网络出版学术期刊的评价方法上进行创新，给予学术期刊网络出版科学的评价。

第四，从社会环境上加以推动，职称评定或者其他评定工作，以电子版材料为依据，附带以纸质材料为参考，把人们的观念从原来的重视纸质材料转到重视电子材料上来，使网络出版的学术期刊成为各种评比和评定工作的依据。

第五，为读者提供更加方便的网络阅读平台。学术思想的传播和学术论文的发表，更加重视网络阅读方式，更加适宜网络阅读。要进一步加快网络平台建设，提供更加周到的网络服务，提高网络服务质量和服务水平，增加网络服务的价值。

二、制约机制的构建

制约的目的是要从网络出版的质量上进行严格管理。结合学术期刊网络出版的特点，制定相应的管理制度，规范学术期刊网络出版，使学术期刊在网络出版中能够按照出版管理规定进行出版。网络出版制约机制的内容以法规条例为主，内容包含网络出版机构的设立、网络出版物的内容范围、网络出版质量规定、网络出版管理制度等方面。

制约机制的构建目的在于保障学术期刊网络出版的政治质量、内容质量和网络出版质量，以及其他方面的质量，这对于学术期刊网络出版的科学发展具有指导意义和决定作用。制约机制中，首先是政治方向的规定，这是最根本的制度；其次是编辑质量规定；最后是对于违反有关规定的惩罚措施。网络出版的规制与传统出版方式下纸质学术期刊的出版规制相似，都是对于学术出版的管理规定，因此，可以在制定相关管理法规制度中借鉴其做法，同时，也要根据网络出版自身的特点制定有关法律法规。

学术期刊网络出版最本质的特征是依赖网络平台出版和互联网传播，由于网络传播的空间广、范围大、时效性强，因此，需要对网络出版的政治质量、学术质量、编辑质量进行更加严格的规定，对于网络出版产生的负面影响进行更加严厉的惩罚。因此，学术期刊网络出版的规定将更加规范和严格。

网络出版中，学术期刊出版者不仅要严格遵守管理部门制定的法律法规，还要制定相应的管理制度，落实有关管理措施，实现外部监督和内部管理密切结合，共同管好网络出版质量，把优秀的学术成果奉献给社会，促进学术发展创新和社会经济文化的进步。

可以从以下方面构建网络出版学术期刊中的制约机制：

第一，期刊出版管理部门制定有关网络出版的法规条例，制定学术期刊网络出版的制度，对网络出版进行规范和指导。有关规范条例应当对网络出版者的从业资格、网络出版申请程序、出版方针、质量要求和监督检查等方面加以规范。

第二，建立网络出版机构的管理制度，包括出版方式、出版程序、质量要求、自查制度、管理体制等。通过制定系统的内部管理制度并加以严格执行，提高学术期刊网络出版质量。

第三，建立社会评价和监督制度。通过学术期刊协会和学术团体对网络出版的学术期刊进行评价和监督。学术期刊协会定期对网络出版学术期刊进行质量检查和评价，学术协会定期对网络出版学术期刊的学术质量进行评价。

三、服务机制的构建

当下学术期刊网络出版已经具备了相应提高服务水平的技术和途径，但是，由于种种原因还没有健全服务机制，对读者、作者和社会的服务水平有待提高，服务功能有待增强。

学术期刊在互联网技术的支持下，不仅可以向用户提供学术论文的文字、图片和音频，还可以为用户提供诸如互动、评价、网络订阅以及一对一的交流服务。因此，网络出版的学术期刊不能只满足于提供学术论文的刊发出版服务，还应当向全媒体、多媒体发展，深度挖掘网络出版带来的商机，从而为用户提供所需要的特制服务，例如，论文写作辅导、资料信息查询、学术思想面对面探讨等。

服务机制的构建要以学术交流、学术研究、学术思想创新和提高学术影响力为核心，以服务学术发展、增强服务社会能力为宗旨，将学术出版机构、学术研究者和读者等用户紧密结合，通过周到贴心的服务，提高学术期刊服务用户和促进社会经济发展的能力。为此，需要从以下方面着手：

第一，提高学术论文网络出版效率，在公平、公正、科学的审稿机制下，缩短学术论文的审稿、编辑和出版发布周期，将作者的优秀成果以最快的速度在网络期刊上发布，提高论文首发的社会影响力。

第二，增强期刊出版社服务意识，设立专门的服务部门，由专人负责为用户提供有关服务，完善服务系统，强化服务功能。例如，网上互动、网上查询、网上订阅、网络辅导和定制服务、与专家学者沟通联系的专线服务等。

第三，完善投稿系统，完善网络出版平台，提供简便、高效和周到的投稿、审稿和查询服务，使用户切实感受到网络出版的便捷、优势。

四、反馈机制的构建

反馈机制的作用在于收到读者、作者和社会的反响、评价和建议等，为学术期刊的发展创造一个信息沟通环境。其本质是社会评价机制。通过反馈机制取得用户的信息反馈，提高网络出版质量和网络服务水平。

构建学术期刊网络出版的反馈机制也就是在网络出版平台上专门设立反馈服务区，无论是作者还是读者，或者是其他人士，都可以登录反馈服务区，在反馈服务区留言，给编辑出版者提建议，提问题，进行评价，甚至请求与在线专家互动。反馈服务区的工作人员负责回答提问，整理信息，负责与互动的专家联系，将有用的信息提交给管理者和负责人。

学术期刊网络出版平台提供反馈服务可以促进出版质量的提高，也可以进一步促进学术成果的交流，增强学术成果的社会影响。这对学术期刊网络出版的发展具有很大的推动作用。因此，学术期刊编辑出版机构应当加强信息反馈服务。

构建学术期刊网络出版的反馈机制，一要完善网络平台建设，把用户的反馈意见反映到网络平台上，使用户能够顺利地及时地把其需要的信息、读者的评价、服务需求传送到平台，网络平台对用户的需求和提出的问题，按照规定的程序及时回复。二要对用户的反馈意见和需求进行分类处理，需要记录的要做好记录，需要答复的及时答复，需要与作者建立互动联系的，及时促成互动联系。在处理反馈意见后，网络出版管理人员还要进行回访，进一步了解用户的需求变化，并有针对性地提供网络出版信息服务。

第七章

学术期刊网络出版平台及其构建

学术期刊网络出版是利用互联网技术和新媒体技术进行学术成果的出版与传播，是在网络出版平台上进行的出版传播。为了促进网络出版发展，需要从平台建构、模式选择和技术支持等方面着手，同时，在制度、规制等方面加以完善和创新。网络出版平台是学术期刊网络出版的技术平台，给学术期刊网络出版提供了技术基础和物质基础。网络出版平台能够给学术期刊的出版与传播提供先进的技术，促进了学术期刊与读者、作者的互动，加强了它们之间的联系，也进一步增强了学术传播能力和影响力。因此，对于网络出版平台的理论、模式和框架的研究，可以为学术期刊网络出版的发展提供理论指导。这一章从平台理论入手，对于学术期刊的网络出版模式、网络出版平台系统的建构进行了研究。

第一节 学术期刊网络出版平台的含义

网络出版平台是网络出版的技术基础，也是学术期刊网络出版机制作用和运行的场所，对于开展网络出版、实现学术期刊数字化和网络化具有十分重要的意义。那么，学术期刊网络出版平台有什么特征和模式，应当怎样构建，这是我们在研究中需要回答的问题。为此，本章从平台理论出发，对平台的作用、模式等问题进行分析，进而探究学术期刊网络平台的构建途径。

一、平台的理论解释

（一）平台的含义

平台，根据《现代汉语词典》的解释，它是指在生产和施工过程中，为了操作方便而设置的工作平台，具有能移动和升降的便利。从广义上讲，是一种现实的或者虚拟的空间或者场所，用来满足人们实现某种或多种活动的需要，以此提高效率和实现既定目标。因此，平台可以分为实物平台和虚拟平台两种。

从实物角度讲，平台是用来完成某项活动的实物，具有提供支撑和帮助主体进行制作达到目标和完成任务的作用。现实中的实物平台多种多样，所产生的作用也各不相同。

从虚拟平台的角度看，存在着各种非物质平台，例如网络平台、交易平台、融资平台、交流平台、传播平台等。现代经济学意义上的平台概念也是由此产生的。

从现实中的各种平台看，实物平台看得见、摸得着，虚拟平台比较抽象，但的的确确存在。通常，虚拟平台也需要一定的实物做依托，离开实物也难以自保和生存。它需要与实物结合起来才能具备生存发展的空间和机会。例如股票交易所就是一个既有虚拟成分又有物质场所和硬件设施的平台，供人们进行股票和证券交易活动。

学术期刊网络出版平台也是虚拟和实物结合的平台。其既有网络信息技术的应用，也有办公设施做基础，又有广大的网络空间传播学术成果。

(二) 平台的特征

广义上的平台一般具有下列特征：

第一，平台是人们根据生产和生活的需要设立或者自然发展而成的空间场所。场所可以是实物，也可以是虚拟空间，也可以是二者结合而成的"实物+虚拟"平台。这是现实世界创设的供人们生产和交易活动的场所。

第二，平台具有便利性。平台的产生是人们生产活动的需要，是其追逐便利条件的结果。网络平台是人们在互联网中利用计算机技术建立的信息交流和相互联系的平台，可以为人们提供信息沟通和生产活动的便利。高效率和互动性是网络平台的特色优势。

第三，平台具有多样性。根据平台的性质可以把平台分为实物平台、技术平台、网络平台、业务平台等。

实物平台又称平板平台。在互联网上搜索平板平台这个概念，可以找到这样的解释："生产和施工过程中，为操作方便而设置的工作台，有的能移动和升降。"实物平台主支点、辅助支点的设置是影响平板准确度保持的重要因素。主支点是指平板平台在加工、检定和使用中与安装基面或专用支架接触时，用作主要支承的部分。此时的支承力是静止状态。辅助支点是指平板平台在使用时，为了防止因负载重心的偏移而发生倾覆或因负载过大而产生有害的变形所增设的支点。辅助支点上的支反力应小于主支点上的支反力。

技术平台是一套完整的、严密的服务于研制应用软件产品的软件及相关文件。真正的技术平台应该是选择合适的技术体系（如J2EE、NET等）、技术架构（一组设计模式如MVC的集合），充分发挥技术体系及技术架构的优势，能够大大提高应用软件开发速度，指导并规范应用软件分析、设计、编码、测试、部署各阶段工作，提炼用户真正需求，提高代码正确性、可读性、可维护性、可扩展性、伸缩性等的软件工具。优秀的技术平台还包括一套高效的底层通用的代码，甚至还包括代码生成器、代码安全漏洞检查工具等。技术平台有效降低了软件公司的开发成本，技术平台的优劣，直接体现了一个软件公司核心竞争力的优劣。没有自己的技术平台或技术平台不够先进的软件公司就像没有核心竞争力的公司那样，最终会被淘汰出局，因为客户永远追求物美价廉的产品。

业务平台是指快速生成业务逻辑组件，并组织、调度业务逻辑组件应用的软件工具和众多行业经验积累的、成熟的业务组件库。业务平台封装行业知识积累和行业解决方案，能够最大限度地实现知识的复用。业务平台可以自我完善、不断地丰富和发展，随着业务平台的多次客户化应用，平台有机会构筑出一些行业软件产品。

软件平台是基于软件程序建立的平台，例如操作系统、视频游戏、个人数字助理等。软件平台一般会涉及"多边"市场，例如硬件、应用软件和用户等各方。

广义的平台由平台的管理者、平台的客户和信息平台系统三方共同组成。平台客户通常具有不同的目的，这个目的是指一方是提供产品方，另一方是利用产品方。设立者是主办方、管理者，为不同的客户提供服务。例如，商场为卖方和买方提供了商品出售的平台，供买方挑选商品，而商场的所有者则从中收取租金或提取利润。信息平台系统则是提供信息给需要信息的一方，并收取服务费，而信息内容被接收、被关注并产生影响，则是发出信息的一方所希望达到的结果。平台系统需要技术支持和管理体系支持。从这个意义上讲，电视台、报社、杂志社、出版社都是平台的提供方、管理者，用户、读者和作者则是平台的客户和受众。

二、学术期刊网络出版平台界定与功能

（一）学术期刊网络平台界定

学术期刊网络出版平台（以下简称"网络平台"）是学术期刊数字化和网

络出版依赖的平台系统的统称，是由网络投稿系统、网络编辑系统、网络服务系统和网络管理系统等共同组成的平台，是期刊实现数字化和网络出版的空间，它为学术期刊网络出版提供技术支撑和网络渠道。网络平台由学术期刊编辑、管理者构建而成，由作者、读者和其他使用者共同参与，实现学术思想的交流、传播和产生社会影响。

学术期刊网络平台建设有利于促进学术期刊数字化转型。网络平台为高校学术期刊数字化出版提供了技术支持和网络支撑，使投稿和编辑更加方便，为高校学术期刊实现数字化和网络出版创造了条件。之前研究表明，数字化是学术期刊在互联网时代运用数字技术和网络技术，对传统期刊出版的数字信息化改造，是实现信息化和网络化运作的过程。要实现数字化，尤其是要实现网络出版与传播，只有依托网络平台才能实现。

在数字化和互联网技术广泛应用之前，学术期刊在编辑、出版和发行中采用的方式基本上是手工操作，编辑效率低，出版周期长，实效性差，严重影响了学术期刊的社会效益和经济效益。数字化与网络出版使学术期刊编辑出版出现了颠覆性的变革，极大地提高了编辑效率，缩短了出版周期，减轻了编辑工作压力，扩大了学术影响。网络平台有利于为作者和读者提供更加全面和先进的服务。

网络期刊提供的信息及服务项目已经远远超过了印刷版期刊本身所具有的科技服务功能，不仅可以使用户阅读网络期刊的刊载内容，而且可以给读者提供个性化服务，不仅可以提供文字内容，还可以让读者、作者与编辑面对面互动交流。用户可以通过网络期刊的链接享受包括查询、检索、统计分析等全方位的服务。通过网站，用户可以查阅各期刊的介绍、编辑出版信息，可以进行期刊订阅、论文投稿、文献检索、交流沟通等。

（二）平台的服务类型和功能

提供全面的信息服务是网络期刊一个重要功能，也使网络期刊有别于传统印刷版期刊。其服务类型有文献服务、检索服务、信息发布服务、互动交流服务等。

1. 文献服务

提供文献服务是期刊网站的最主要功能。文献服务的主要方式是提供阅读内容，就是期刊网站把期刊的内容展现给用户。目前，大多数网络期刊提供的文献服务是免费的，这与网络期刊的发展方式和历史有着密切的联系。因为网络期刊是在印刷版期刊的基础上发展而来的，其内容大多数是印刷版期刊内容的复制，没有新的变化，已有的用户一般是印刷版期刊的订阅者，未订阅的用户则可以通过互联网搜索到相应的内容。但文献服务的方式和程度有一定的差别。有些网络期刊提供全文阅读，有些只提供摘要、文献目次；有些是免费服务，有些是收费服务。一些权威期刊在网络上提供免费全文服务。

2. 检索服务

检索服务是网站提供给用户的一种搜索服务。通过检索，用户可以获得所需要检索的资料信息。检索服务包括：期刊本身发表文献的检索；文献链接检索；相关文献检索；期刊链接；文献推送服务；引文链接；统计分析服务和其他服务。学术期刊数字化与网络出版需要一个科学的数字出版网络平台，便于学术期刊编辑在网络平台上实现数字编辑和内容发布。

3. 信息发布

利用网络平台，学术期刊出版者将其开展的工作活动发布在平台上，将其做的年度选题规划发布在平台上，也把审稿进度、审稿结果和出版发布的学术期刊目录、内容等发布到平台上，供作者、读者和其他相关者使用。

4. 互动交流服务

平台不仅提供学术期刊出版活动的有关信息，还向用户提供互动交流服务，读者或者用户可以在平台上提问题，由编辑部专门人员回答问题；也可以在平台上向其选择的作者提出问题，获得更多的关于论文的信息，或得到作者的在线指导等。这是学术期刊在网络时代媒介融合的新方向，正在得到推广和发展。

从参与者的视角看，学术期刊网络平台还具有以下几个方面的功能：

第一，从编辑的角度看，网络平台为编辑人员提供了一个可供利用的数字编辑系统。通过数字出版网络平台，编辑在网上审稿、编辑校对和排版，并通过网络实现与作者、专家的直接交流，可以大大提高编辑工作效率，提高审稿质量和编辑校对质量，缩短编辑出版时间。网络平台提供编辑出版流程，提供排版系统，实现编辑、审稿专家、编辑室主任和主编审稿的一体化，提供相应的编辑排版软件，可以大大方便编辑人员的办公活动。

第二，从作者的角度看，由于网络平台具有网上投稿系统，作者可以按照一定的程序投稿，在投稿前按照学术期刊社的投稿要求，填写相应的内容，任何一项要求没有填写，都会被告知继续填写，从而实现稿件的规范化和信息的规范化。这对提高编辑出版效率具有积极的影响。作者还可以通过网上投稿系统查询所投稿件的进度，及时获得信息。一些学术期刊社的网络平台管理较好，因此作者比较容易投稿和查询稿件进度。但也有一些学术期刊社的管理工作滞后，作者在查询时遇到种种困难。

第三，从读者的角度看，网络平台为读者提供了解学术期刊社情况、查询所需文章和信息的平台。数字出版网络平台是学术期刊社活动的平台，是发表作者论文的平台，是信息链接的平台。它不仅给学术期刊社的编辑工作、管理工作提供便利，还为作者、读者提供便利，特别是读者，因为学术期刊的内容是供读者阅读的，只有提供优秀的内容和良好的服务，学术期刊才能实现良好的社会效益，才能不断地吸引读者，扩大市场。

因此，在网络平台提供优秀的论文内容是学术期刊社首要的任务。在实现数字化、网络化后，作者或者用户可以获得更多发表文章的机会，获取更周到的服务。而网络平台则是实现这个目标的基础，从目前已有的大型数据库信息平台看，读者或用户较以前更加容易获取所需信息，获得的服务也更加多样化。中国知网向读者提供了全文查阅，内容链接，影响因子查阅等。2010年10月中国知网还正式启动中国学术期刊优先数字出版，把学术期刊社准备发表的论文优先在中国知网上发布，更早地实现论文发表。

第二节　国内外学术期刊网络出版平台比较

从国内外已经存在的出版方式看，学术期刊网络出版存在多种出版模式和出版途径。目前，在我国学术期刊网络出版主要有两种出版模式：一是以纸质期刊为母本期刊上网，即将纸质期刊的内容数字化后发布至网上，从而实现期刊网络化；二是纯粹的网络学术期刊，完全以计算机、网络技术为依托，有固定网址，完全以网络为载体，出版纯网络版学术期刊。前者多数建立在大型数据库基础上，通过数据库信息平台实现学术期刊网络出版；后者则主要表现为网络期刊和优先出版平台开展的优先出版与开放存取期刊等。

大型数据库学术期刊网络平台是在出版社和数据公司合作的基础上建立的学术期刊出版网络平台，其主要方式是把学术期刊的内容从纸质形式转化为数字信息，供用户下载使用。有的大型数据库网络平台转向直接出版学术成果，并获得学术界认可，进而成为纯粹意义上的网络出版。

一、国外大型学术期刊数据库网络出版平台

国外大型学术期刊数据库建设较早，始于20世纪90年代，是由大型学术出版集团和学术期刊检测平台联合建立的网络出版平台。到目前为止，国外已经形成了以三个著名的大型学术期刊数据库为主的网络出版平台。这三个大型学术期刊数据库,即爱思唯尔出版集团的 ScienceDirect、斯普林格出版公司的 SpringerLink 和约翰·威利出版集团的 InterScience 是实施数字化网络出版的平台,成为学术期刊网络出版的主要平台。

(一) ScienceDirect

ScienceDirect 是全球最大的科学文献出版商 Elsevier 建立的全球最大的科学文献全文数据库,内容包含科学、技术和医学等 24 个学科领域,提供 2500 多种电子期刊的检索和全文下载,拥有经同行评议的世界科技与医学领域 1/4 的电子版文献。在 ScienceDirect 数据库中,用户可以通过互联网全文下载、阅读和打印所需要的期刊论文电子文档。该数据库通过一个简单的界面,收录了 SCI 论文 1393 种,EI 论文 515 种,检索到索引数据库中 6000 多万篇文章文摘。

(二) SpringerLink

SpringerLink 是世界科技出版社斯普林格(Springer-Verlag)推出的数字出版全文数据库,收录 1500 多种学术期刊,是科研人员的重要信息来源。其中大部分论文被 SCI、SSCI、EI 收录。目前,SpringerLink 已经从以卷期为单位的传统出版标准过渡到以单篇文章为单位的网络标准,这是它在网络出版中的新发展,已经有 200 多种期刊以电子方式优先出版。

(三) InterScience

InterScience 是约翰·威利父子出版公司科技、技术、医学和学术方面的专业出版在线平台。约翰·威利父子出版公司(简称威利公司)成立于 1807 年,是美国最大的出版公司,在从传统出版走向数字出版的变革中,威利公司走在了行业的最前列,所取得的成就十分显著。目前,公司大约有 70% 的期刊收入来自在线期刊,大约 10% 的图书收入来自在线图书。

公司在线平台上有 450 种期刊、33 种回溯文档集、3200 种在线图书、83 种参考工具书、13 种数据库和 15 种实验室指南。2006 年,威利公司进行了重大的数字化转型,在收购了布莱克威尔出版公司后,大大增强了学术出版部分的实力,通过把威利公司的 InterScience 和布莱克威尔的 Synergy 整合,使其成为一个统一的在线平台,在这个在线平台上提供 1300 种期刊和 5000 多种图书以及各种参考工具书、数据库和实验指南。

王志刚[1]在《约翰威利父子出版公司数字出版发展研究》中认为,威利公

---

[1] 王志刚. 约翰威利父子出版公司数字出版发展研究 [DB/OL] . http: //www.bookdao.com/article/21321/

司数字出版业务的成功，主要得益于其出版理念、内容资源、商业模式和技术支持四个方面。

二、国内大型数据库学术期刊数字化网络出版平台

我国大型数据库学术期刊数字化网络出版平台的建立始于20世纪80年代末，经过多年的发展，形成了中国知网、万方数据、维普资讯和龙源期刊网四个大型数据库，此外，还有一些小型的数据库。四个大型数据库几乎包含了我国期刊数据的全部资源，并拥有其他更多的信息数据资源，从事学术期刊网络出版传播。

（一）中国知网

中国知网，即CNKI，是1999年6月由清华大学同方股份有限公司发起成立，旨在实现全社会知识共享和传播与增值利用的信息化建设项目。中国知网的内容由中国学术期刊（光盘版）电子杂志社承担，技术与服务由清华同方知网技术有限公司提供。

经过多年的努力，CNKI运用自主开发的具有国际先进技术水平的数字图书馆技术，建成全文信息量最大的"CNKI数字图书馆"，在此基础上建成了"中国知识资源总库"和CNKI网络资源共享平台。目前，中国知网通过专业化运作，已成为最丰富的知识信息资源和最有效的知识传播与数字化学习平台。

中国知网通过与期刊界、图书出版界及其他内容提供商合作，发展成为集学术期刊、博士论文、硕士论文、会议论文、报纸、工具书、年鉴、专利、标准、法规、国学及海外文献为一体的大型网络出版平台。内容涉及政治、经济、文化、法律、农业、医学、科技、教育、历史等全部学科，此外，还有丰富的特色信息资源，如中国年鉴网络出版总库、中国经济社会发展统计数据库、中国经济信息统计数据库、中国科技项目创新成果鉴定意见数据库（知网版）等。可以说，它是一个中国知识信息总库。

中国知网提供的服务主要有中国知识资源总库、数字出版平台、文献数据评价和知识查询四个方面。

首先，从提供数据资源库方面看，中国知网提供CNKI源数据库、外文类、工业类、农业类、医学医药卫生类、经济类和教育类多种数据库。中国知网期刊全文数据库是目前世界上最大的连续更新的中国期刊全文数据库，汇集了800多万篇全文文献，1500万条题录，9大专辑和126个专题文献数据库，收录了1994年至今6100余种核心期刊与专业特色期刊的全部文献，数据完整性达98%。

其次，中国知网提供数字出版平台服务，优先出版一些优秀论文。在国家新闻出版总署的支持下，中国知网于2010年10月正式启动中国学术期刊优先数字出版，从而开启了中国期刊数字出版新纪元。

学术期刊优先数字出版，也称On-Line First，是指以互联网、手机等数字出版方式提前出版印刷版期刊内容。这种方式对于解决学术期刊内容出版滞后的问题是一个有效的途径。长期以来，学术期刊内容出版时滞问题一直是一个难以解决的问题，由于印刷版学术期刊的出版需要经过一个比较长的时间，一篇文章的发表需要等待较长时间，多则半年，少则几个月，这种状况不但使作者的研究成果丧失其首创性、前沿性，而且影响了作者评定职称和评奖，还妨碍了读者及时获得最新研究资料、掌握科研进展，不利于学术事业的发展。

中国知网在借鉴国外学术期刊数字出版经验的基础上，及时推出学术期刊优先数字出版，开启了学术期刊数字出版的新途径，对于提高期刊出版能力和学术质量，促进学术期刊数字出版转型，具有重要的意义。

学术期刊优先数字出版采取的方式是，由中国知网与学术期刊签订协议，学术期刊加入中国知网为其设立的优先数字出版平台，该平台专门出版和发表该期刊的数字出版内容。既可以单篇定稿，也可以整期定稿。排版格式可以不同于印刷版期刊，可以根据数字媒体的形式灵活排版。但是有一点需要强调，数字优先出版的学术期刊内容必须与印刷版期刊内容一致。

这种出版方式与以往的数字出版方式相比，就是在期刊印刷之前就上网出版发布。学术期刊编辑部可以在中国知网优先数字出版平台自主编辑论文并即时发布。

最后，中国知网还提供期刊数据评价和信息查询服务。读者或用户可以通过中国知网查询论文的引用率、期刊的影响因子、转载率等方面的信息。

（二）万方数据

万方数据是与中国知网齐名的数字信息平台，是由万方数据有限公司开发的，涵盖期刊、论文、重要会议纪要、学术成果、学术会议论文的大型数据库。它收录了理、工、农、医、人文五大类70多个类目7600多种期刊全文。

万方数据在信息资源库建设上，主要有中国数字化期刊全文数据库（1998）、中国学位论文全文数据库（1980）、中国科技论文统计分析数据库（1985）、中国科技论文引文分析数据库、外文资源NSTL（1985）、中国国家标准库、国际标准库等标准库，此外，还有中国专利全文数据库、中国重大科技成果库、新方志（1949）和专家库等资源。

万方数据的中国学术会议论文全文数据库是国内唯一的学术会议文献全文数据库，收录了国家级会议、协会、研究会组织的全国学术会议论文，内容覆盖了自然科学、工程技术、农林、医学等领域。

万方数据具有的特色是：第一，产品具有类型优势，向多元化发展。万方数据库按照信息资源的类别，将数据信息分门别类，单独成库，这种做法符合未来数据库发展方向，能够满足用户快速查询和分类订购。目前，万方数据的中外专利、中外标准、科技成果、新方志等是具有优势的专门信息库。第二，具有众多服务企业的数据产品，如中国企业、公司和产品数据库、国家新产品数据库等，可以为企业提供数据信息服务。

（三）维普资讯

维普资讯简称维普网，建立于2000年，是重庆维普资讯有限公司建立的网站，该公司成立于1993年，是中文期刊数据库建设事业的奠基人，从1989年起，一直努力对海量的报刊数据进行分析、采集、加工等深层次开发和利用，目前是中国最大的综合文献数据库。维普网所依据建立的中文科技期刊数据库是中国最大的数字期刊数据库，是我国网络数字图书馆建设的核心资源之一，是高校图书馆文献保障系统的重要组成部分，被高校图书馆、科研机构所广泛采用。迄今为止，维普网已经收录了中文报纸400多种、中文期刊12000多种和外文期刊6000多种，文献总量约3000万篇。

维普期刊资源整合服务平台是维普网提供的中文期刊全文数据库，提供文献检索、科学指标分析、文献引证追踪和期刊引证报告等方面的服务。

（四）龙源期刊网

龙源期刊网自1998年开通以来，先后与3000多家期刊社合作，其中包括学术期刊6000余种，其以3000多种期刊的内容为基础经过数据处理而成的知识数据库，既有针对传统阅读群体的原貌版，又有针对不同客户的语音版、文本版等多媒体版。在网络出版方面，推出手机版、iPad、iPhone等手持终端阅读服务。个人或机构等用户可以借助电脑、手机、其他移动终端电子设备直接访问，不用下载任何浏览器，读者可以直接地进行阅读体验。

这四个数据库数字平台已经收录了几乎我国全部中文期刊全文，包括高校学术期刊，而且高校学术期刊是四大信息数据库学术期刊全文的主要来源之一。高校学术期刊利用中国知网、万方数据、维普资讯和龙源期刊网，将其出版的期刊全文传输到网络上，用户可以在网络上下载论文全文或者摘要，获取所需要的信息。这是当前国内大多数学术期刊数字化网络传播时采取的模式。

但是，由于四大信息数据库都是在学术期刊社出版期刊后才取得期刊内容的，因此，在网络上下载期刊全文还需要等待一段时间，通常滞后1—2个月，有的时间可能更长，这就导致网络传播时间滞后的问题。一些重要的时间性较为紧迫的学术论文会因为纸质期刊出版的周期比较长而导致数据老化，或者一些有创新性观点的学术论文会因为纸质期刊出版周期过长，出现学术理论的发表落后于其他途径的问题。

综上所述，可以得到以下结论：

首先，从国内外大型数字出版信息平台的资源看，大多数平台都力图囊括期刊全文、书报内容、重要会议、企业资料、法律法规等方面的信息，为用户提供所需要的资料信息。这些信息资源具有同质化、分类化和全面化的特点。虽然各个大型数据库在信息资源上有一定的差异，但是都充分利用了各个出版单位的信息资源。国外的三个大型数据库具有更加先进的技术支持，在数字出版方面更加具有创新性，它们所出版的网络版期刊都是自有学术期刊，不是对他人的学术期刊进行复制，也就是说是原创版期刊。国内的四个大型数据库则是对他人的学术期刊内容进行再出版，是对原有纸版期刊进行复制后在网络上出版传播。国内大型数据库力争在现有的制度安排下，获得政策支持，进行服务创新。例如，中国知网在期刊优先数字出版方面的探索，就是对期刊数字出版与网络出版的最新发展。

其次，从学术期刊数字出版方面看，大部分数字出版平台还停留在对已有的纸质期刊内容的加工和复制阶段。国内外的数字出版信息库，主要的信息资源来源于公开出版的期刊，此外还有一些重要的会议论文和文件等。这些大型数字信息库把纸质期刊的全文经过数字处理，分类集中，进行网络发布，从而构成数字期刊内容。

再次，从提供的信息资源服务来看，国内外大型信息数据库都为用户提供了查询、链接、评价和提供专门的定制服务。通过为用户提供各种服务，这些大型信息数据库获得了优厚的利润。服务的对象不仅有个人用户，还有高校图书馆、研究机构、行业协会、政府部门和企业等。

最后，国外大型数据库数字化网络出版平台在学术期刊数字化方面已经开始了新的出版模式，非常值得国内大型数据库网络出版平台借鉴。但由于这种模式需要的各种条件还不完善，发展遇到一定的制约，因此还处于初始阶段。这种新的模式就是打破传统期刊按期出版、整期发表的做法，采取按篇出版，单独发表的网络期刊出版模式。

第三节 学术期刊数字化网络出版模式

学术期刊数字化网络平台是指学术期刊以网络为渠道，以数字信息内容为载体，以电子支付为付费方式的新型学术期刊出版平台。网络出版平台与网络出版模式密切相关。从国内外学术期刊数字化网络出版的发展看，主要存在两种网络出版模式：学术期刊纸质出版与网络传播共存的联合型网络化出版和单一型网络期刊的网络出版。

一、学术期刊"纸介+网络传播"的联合型网络出版

"纸介+网络传播"，这是目前学术期刊普遍采取的网络出版模式，我们称其为联合型学术期刊网络出版。即以纸质学术期刊为蓝本，把已经公开出版的学术期刊内容从纸质版转化为网络版。根据学术期刊出版的平台类型，这种联合型出版模式有以下两种方式：

(一) 集中型数字化网络出版

将纸质期刊的内容通过数字信息化转换，实现期刊内容网络传播与阅读，这种模式主要是一些大型数据信息库与期刊出版商或者出版单位合作，以公开出版发表的学术期刊为基础，通过内容复制和再加工，构成可以在网络上传播的期刊内容，实现网络下载和阅读，为用户提供所需要的各种服务。

这种网络期刊出版模式以纸质学术期刊为基础，以大型数据库为依托，由二者合作建立起网络出版平台，一个提供内容，一个提供技术平台，通过合作取得各自的利益。这种模式中，起主导作用的是大型信息数据库，但也离不开学术期刊出版机构的通力协助。这种网络平台模式的出现，主要原因是网络技术起到了主导作用，只有大型信息数据库具有这种技术实力和经济实力，一般的学术期刊出版机构不具备相应的经济实力和技术实力，难以承担网络平台建设所需要的资本投入。所以，单个学术期刊出版机构难以构建自身拥有自主权的数字化网络出版平台，只有与大型信息数据库联合才能实现期刊上网和网络出版。

大型信息数据库的主办者拥有网络出版技术，拥有雄厚的资本，但是缺乏内容资源，自己不能提供相应的内容材料，只有与学术期刊出版机构联合才能为用户提供相应的期刊内容。而与众多的学术期刊出版机构合作可以用较低的成本获取大量的学术内容，从而有利于期刊网络平台的建设。

（二）独立型数字化网络出版模式

一些大型出版社具有自己的技术力量，也具备相应的资本规模，并且在社会上存在较大影响，能够创办独立的网络平台，因而可以独立实现学术期刊网络出版。这种由出版单位独立创设网络平台并从事期刊网络出版的做法就是独立型数字化网络出版模式。

当前能够独立设立网站并建立数字化网络出版平台的大型出版社还比较少，甚至没有比较成熟的经验。但是，随着数字化网络出版的发展，技术条件和经济实力较强的出版单位，必定向独立型数字化网络出版发展。因为在集中型数字化网络出版模式中，期刊出版单位处于被动的地位，在知识产权上和收益分配上都受到较多的限制和困境。

与集中型数字化网络出版模式相比，独立型数字化网络出版模式具有的优势为：

第一，建立独立型数字化网络出版平台的学术期刊，可以按照自己的情况设立有特色的网络平台界面，发挥自身的特长，形成独特的风格，从而实现有特色的数字化网络平台。在独立的网络平台上，学术期刊出版单位具有独立性和自主性，不受过多的外界限制，能取得独立的发展空间，形成自身的品牌和发展自身的品牌。这是在集中型数字化网络出版中难以做到的。因为集中型数字化网络出版要面对所有的学术期刊，为所有的学术期刊提供服务，更多地考虑共性，为单个的学术期刊预留的空间十分有限。

第二，在收益权上具有自主性，因而可以获得更多收益。在集中型数字化网络出版情况下，用户为学术期刊提供的服务付费，通常是先向大型信息数据库平台付费，然后再由大型信息数据库向学术期刊社付费，而学术期刊社获得的收益是其中很小的一部分。因而，在利益的分配上存在着不利于学术期刊社的问题。但是，在独立设立网络平台的学术期刊社那里就不存在这个问题。因为独立设立网络平台的学术期刊社可以通过自身的网络出版学术期刊内容并实现收费自主性。

第三，在知识产权上更容易实现产权保护。在集中型数字化网络出版平台模式下，学术期刊社出版的期刊内容必须向大型信息数据库提交，大型信息数据库通过签订合同使用其出版的学术内容，实现学术内容的再加工和利用，这种情况往往导致学术期刊社的知识产权得不到充分保护，引起一些纠纷并且难以解决。学术期刊社作为一个经营文化产品的机构，具有自身的利益，但是由于技术水平和经济实力限制，无法实现对自身利益的有效保护。这也是众多学术期刊社安于现状的主要原因。

建立独立型数字化网络出版平台遇到的困境是众多学术期刊社不愿意创新网络出版模式的根源。其主要的困境如下：

一是技术困境。学术期刊数字化网络出版平台的建立离不开相关技术的支持，这是建立学术期刊网络出版平台首先具备的技术条件。目前这些技术一般是网络信息技术公司拥有的。学术期刊社的功能与性质决定了其不具备开发网络信息技术的基础和条件，只能通过采用网络信息技术公司已经开发好的软件，实现建立网络平台的目标。但是，技术难题随着技术进步将被克服，只要市场有需要，一些技术在成熟后就会逐步扩散，并被运用到实际中。因此，网络平台技术也会逐步地被大多数学术期刊社掌握和利用。

二是资金困境。这是学术期刊社在创立数字化网络出版平台时遇到的最大难题。通常，由于学术期刊社特别是高校学术期刊社规模小，势单力薄，受财力限制，不可能拥有足够的资金去实现数字化网络出版平台的构建，因此，众多的高校学术期刊社没有实力去做这方面的努力。只有那些种类多、影响大、资金实力充足的高校学术期刊社，才会试图创办独立的数字化网络出版平台。

三是人力困境。很多学术期刊社人力匮乏，尤其缺乏网络技术人员。以高校学术期刊为例，高校学术期刊社一般是高校的一个部门组织，负责一种期刊或者几种期刊的编辑出版工作，而且期刊的出版是分期出版，人员编制少，因此，在很多环节都是一个人去做，没有专门的技术人员、营销队伍和网络服务人员。这是当前高校学术期刊的一个普遍的现象。因此，对于缺乏技术人员和网络服务人员的高校学术期刊社来说，不去建立独立的数字化网络平台是一个理性的选择。

概括地说，在技术困境、资金困境和人力困境的制约下，除了个别高校学术期刊社具备独立建立网络平台的条件，多数高校学术期刊社很难建立自身独立的数字化网络平台，也不适宜建立独立的网络平台。但是，学术期刊向数字化网络期刊转变是互联网时代学术期刊发展的必然选择，怎样更加科学地发展学术期刊数字出版，是业界共同面对的问题。目前，一些学术期刊社或者行业协会正在探索建立联合网络平台，推进数字化网络期刊的发展，这种做法值得研究。

二、单一型网络学术期刊出版

（一）单一型网络学术期刊的含义

单一型网络学术期刊是指单纯以网络形态出版或者以数字化形式在网络上出版发行的学术期刊，也称作纯网络期刊，这是在互联网时代逐步形成的主导期刊，它以数字信息的形态存在，以网络传播为主要渠道，通过网络实现期刊内容的编辑出版和发布，并在网络上实现更多的链接服务。

（二）单一型网络学术期刊出版的特点和优势

在单一型网络学术期刊出版模式下，学术期刊的编辑出版和发布具有一系列特点，和纸质学术期刊出版相比，出版周期大大缩短，学术思想传播更加迅速，编辑效率得到了提高，对读者可以提供更多的服务，同时也节约了更多的资源。其主要特点和优势有：

第一，加快了编辑出版过程，提高了编辑出版效率。在数字化出版环境下，编辑办公可以实现无纸化，从编辑审稿到编辑加工和排版定版，再到出版发布，都是在网络环境下进行的，省去了打印和邮寄等环节，从而提高了效率，节约了时间，缩短了流程，提高了出版效率。

第二，学术期刊内容出版发布方式更加灵活，因而可以更好地为作者刊发优秀作品。在数字化网络出版模式下，可以对作者的优秀作品实行优先发表，单篇发布。和纸质学术期刊相比，数字化网络期刊可以摆脱固有的版面限制，只要在质量上符合要求，就可以在数字化网络期刊平台上发布，只要在该网络平台上发布了，就被视作公开发表，可以被检索和引用，成为与纸质学术期刊内容一样具有合法效力的发表行为。

第三，读者或用户可以用较低的成本、较短的时间取得学术期刊的内容资料。学术期刊的作用在于传播先进的思想理论，提供最新的观点和材料，促进学术思想理论的发展。因此，学术期刊出版者应当为读者和用户提供高效率的阅读平台，使读者和用户更加方便地取得所需要的内容材料。在数字化网络出版模式下，由于网络的便利性，读者可以用较低的成本、较短的时间在网络上搜索到所需要的学术资料，供其研究使用。同时，由于网络链接的广泛使用，读者还可以通过网络链接搜寻更多的内容资料。

（三）单一型网络学术期刊出版的途径

纯数字期刊有人也称作网络期刊或者电子期刊，不管用哪种称呼都反映了数字期刊的数字信息特征。对于其出版途径，国内外进行了一些探索，归纳起来主要有三种途径：

1. 集中出版

由于独立出版面临着建立独立网络出版平台的难题，缺乏成熟的单独建立网络出版平台的经验，学术期刊社对建立独立网络出版平台的做法存在异议，缺乏积极性，因此，数字期刊的出版主要途径是在大型信息数据库或者大型网络平台上实现合作出版，也就是说，大型信息数据库或者网络平台与学术期刊社建立合作关系，邀请学术期刊社加入其网络平台，为其设立独立空间，提供学术论文优先出版平台。例如，中国知网推广的优先出版。

2. 独立出版

一些有实力的规模较大的学术期刊社，有能力建立自身独立的网络出版平台，在符合国家有关规定的前提下，实现学术期刊网络出版，取消纸质学术期刊，只生产电子版网络期刊，甚至在出版方式上不断创新，不再以整期为形式，而是单篇发布，独立出版。这种不依靠大型信息数据库或者大型网络平台的出版途径是大型学术期刊社采取的模式，有利于发挥自身的优势，建立风格独特的网络出版平台。例如浙江大学学术期刊社建立的网络期刊平台，上海大学学术期刊社建立的网络出版平台，都开始出版一些网络期刊，尤其是外文类的学术期刊，不再同时出版纸质版本。

3. 联合出版

这是由一些学术期刊社联合起来，或者在学术团体的组织下联合起来的学术期刊，通过建立共同的网络出版平台，实现学术期刊网络出版的数字期刊出版模式。通过合作，克服了建立独立网络出版平台所遇到的难题，例如资金难题、技术难题和人力缺乏的难题等。通过这种方式，这些期刊社在网络出版平台上共同利用资源，联合发展网络期刊，实现优势合作，更好地发挥网络期刊的作用。

第四节　网络出版平台中学术期刊网站的构建

学术期刊网络出版平台由网站、网上采编系统、网络平台技术和网络平台管理系统等共同构成。建设学术期刊网络出版平台需要从以上几个方面着手。很多学术期刊使用了由商业软件公司开发的期刊采编系统平台软件，推进了学术期刊网络采编、出版和发行，促进了学术期刊由传统出版向数字化和网络出版转型，对于媒介融合起到了积极的推动作用。

学术期刊媒介融合与网络出版离不开网站建设。建立学术期刊网站是实现学术期刊媒介融合的基础，是学术期刊向数字化和网络出版转型的重要途径，也是从传统出版方式向现代化出版方式发展的关键。

一、网站建设促进了学术期刊媒介融合

学术期刊网站是基于学术成果出版与传播而建立的网上平台。网站的主要构成要素是网址、网页、栏目和内容。目前，在互联网上有各种主题的网站。在网站上，可以根据不同的主题设置不同的内容栏目，供网民浏览查阅。学术期刊网站是以学术期刊为核心，传播学术思想和学术信息，实现学术成果展示和学术思想交流，以及对学术研究成果进行评价、探讨等活动的网络空间。通过网站，学术期刊可以实现期刊与网络的互动，也就是刊网互动。刊网互动是学术期刊在新媒体时代传统出版与互联网技术融合的体现。

学术期刊从业者使用新媒体方式，利用互联网技术，建立网页或者与大型数据库学术出版平台合作，扩展学术期刊的传播渠道，提升了学术思想传播效率，扩大了学术期刊社会影响。同时，学术期刊社还积极探索建立网站的方式和途径，更加深入地利用互联网技术促进与新媒体融合，创建同名品牌的网络版期刊。

建立学术期刊网站，可以更好地促进刊网互动。刊网互动的学术期刊，不仅实现了出版形态的创新，还实现了传播方式的突破。一方面，学术期刊通过数字化，摆脱了纸质期刊出版中周期长、效率低和一对一的阅读限制；另一方面，通过网络传播，实现了多对多、互动性和获取便捷的优势。网站的建立，不仅成为学术期刊开展出版编辑活动的平台，也成为宣传学术思想、与读者及作者相互交往的场所，为学术期刊的出版传播提供了十分方便的条件。

我国学术期刊网站作为出版和传播学术成果的平台，其建设始于20世纪末，在21世纪初得到发展，近年来发展尤为迅速。

在20世纪90年代末到2010年以前，学术期刊主要与大型数据库学术期刊网合作，将其出版的学术成果发布到互联网，供读者和其他使用者下载使用，而自建网站的学术期刊很少，只有一些实力强大的学术期刊社才从事网站建设工作，实力较小的学术期刊主要与中国知网、维普资讯、龙源期刊网和万方数据进行网络出版传播合作。通过这种合作，初步实现了刊网互动。

2010年以后，学术期刊进入刊网融合发展的新阶段。在这个阶段，学术期刊网站得到较快发展，很多学术期刊社自建网站或者依托所在高校网站，建立自己的网站主页，并安装使用了商业软件开发商开发的网上投稿系统，实现了通过网站网页采集稿件、网上投稿、发布审稿结果、查看出版进度等功能，从而加快了刊网融合步伐。为适应网络出版的需要，学术期刊以网站网页为平台，将网站分为采编系统和传播系统两个主要部分。其中，采编系统又可分为作者投稿系统、编辑审稿系统、专家审稿系统和出版进度查询等。网站上设置了公告栏、宣传栏、移动广告等功能，便于满足使用者不同的需求。

2014年以来，网站的功能得到进一步完善和发展，媒介融合也继续深入和加强。顺应互联网新媒体移动化、社交化、视频化、个性化、互动化等需要，网站所提供的内容和服务更加丰富，学术期刊也融入了许多新的媒介形式，如手机APP、微信、二维码等，借助这些新媒体手段，实时向用户推送出版信息，为碎片化学习与阅读、移动获取、开放存取、在线评论等提供便利。

二、学术期刊网站的类型

学术期刊网站按照不同的标准可以分为不同的类型。在分类时，可以按照学术期刊的主办单位性质分为高校学术期刊网站、专业学会或者协会学术期刊网站、研究机构学术期刊网站等；也可按照网站建设者的不同，分为独立型学术期刊网站、联合型学术期刊网站；也可以按照学术期刊的出版方式与传播方式，分为原创出版型学术期刊网站和转发传播型学术期刊网站。

各种类型的学术期刊网站产生的方式和所起到的作用有一定的差异。以独立型学术期刊网站和联合型学术期刊网站为例，可以发现，独立型学术期刊网站是由学术期刊社利用自己的资金、人力和自己研发或者合作方提供的技术建立的网站，自主性强，特色明显，有较高的独立性，能够按照自己的思想和方法管理网站、建设网站。例如上海大学学术期刊社网站、浙江大学学术期刊网站、清华大学学术期刊网站等，都是依靠自身的力量独立建设的网站。联合型学术期刊网站是由多种学术期刊社经过资本、技术和人力资源、学术资源联合建立的网站，用来为合作的学术期刊提供网络传播和数字出版运营的数字化平台。

按照学术期刊网站所依托的学术资源是原创还是转发为标准，可以将学术期刊网站分为原创出版型学术期刊网站和转发传播型学术期刊网站。前者主要是指在学术期刊网站上所出版的学术成果是原创型、首发型，具有完整知识产权，其他使用者需要通过一定的程序取得使用权，才能按照商业用途进行转发。后者则是在前者首发学术成果的基础上，通过与学术期刊社签订一定的法律性协议，取得转发权后再经过一定的方式转变成为网络上可以传播的内容，实现学术成果的二次发布。例如目前普遍熟悉的中国知网、维普资讯、万方数据、龙源期刊网、中国学术期刊网等，都是这种转发传播型学术期刊网站。

三、网站建设的方案选择

期刊网站建设有多种方案可供选择。是独立建站还是租用虚拟主机、服务器托管，要根据期刊的具体情况决定。一般说来，规模小、资金和人力不足的期刊社宜采取租用虚拟主机或服务器托管的方案。资金雄厚、规模大的期刊社则宜选择独立建站的方案。

第一，独立网站方案。独立网站就是网站建设方具有对网站独立的控制权。期刊编辑部建立独立网站意味着自己建立一个机房，配备专业人员，购买服务器、路由器、网管软件，申请专线，并在服务器上安装相应的网络操作系统，开发Web服务程序，架设各种Internet服务功能，包括DNS域名解析系统服务器以及WWW、FTP（文件传输协议）服务装置，远程访问和远程HTML（超文本标记语言）管理，建立自己的数据库查询系统等。

第二，ISP提供的服务建站方案。一是租用虚拟主机。租用虚拟主机方案是指客户租用ISP网络服务器的一部分硬盘空间，建立相应的网站。ISP通常有几十台甚至上百台网络服务器，每台服务器都安装了大容量硬盘。这些硬盘用特殊的技术分割为许多不同容量的空间，供客户租用，以便建立网站。这些硬盘空间，被称为虚拟主机。虚拟主机之间完全独立，每台虚拟主机都有自己的独立域名和IP地址，具有完整的服务器功能，可以说，每一台虚拟主机就是一台Internet服务器。二是服务器托管方案。这种方案就是将自己制作完成的网络服务器放在ISP网络中心机房中，借用ISP的网络通信系统接入Internet服务器。三是专线接入方案。即将网络服务器设置在本地机房，然后通过DDN专线与Internet网络连接起来，提供网络服务。

建立独立网站的优点是：独立网站是可以由自己完全控制的网站，由于自己独立建站，可以最大限度地应用最新的网络技术，使网站功能尽善尽美。但也有缺点，即建站成本高，运营费用高，需要专门的网络技术人才，否则维护十分困难。这是很多期刊编辑部无法承担的。服务器托管和DDN专线接入方案也比较复杂。

租用虚拟主机的优点十分明显，投资少，不需要过多的专业技术，容易操作。但是，也有缺点，就是网站功能受到一定限制。

通过比较可以发现，目前我国大多数期刊编辑部应当采用租用虚拟主机的建站方案。因为大多数期刊编辑部在经济实力上和技术人才上都存在不足，没有足够的资金和人力独立建立网站。

第五节　学术期刊网上编辑出版系统

网上编辑系统是网络期刊的核心系统，负责网络期刊的编辑出版和发行等日常工作，是网络期刊的制作中心，也是期刊其他工作的核心。系统的核心是网上编辑部，组建网上编辑部具有十分重要的意义。网上办公是网络技术被应用到办公系统的结果，是编辑部未来的发展方向，对于提高期刊的出版效率、扩大期刊的社会影响、实现公平审稿、加强互动等具有积极的作用。随着更多的人熟练地掌握了计算机信息技术和网络技术，网络通信和网上办公更加方便。建立学术期刊网上编辑系统的基本途径是建立网上编辑部。

一、网上编辑部

网上编辑部的建立，可以实现从组稿、审稿到编辑、排版等全过程的网络化和自动化；实现作者、编者和专家三方的远程互动交流；为期刊编辑部建立高效的、满足当前业务需要并适应未来发展趋势的综合信息管理平台；实现稿件收稿、编辑、审稿、发稿、组版、校样浏览和发行期刊的全程监控与管理，并进而实现期刊编辑出版的自动化管理。

（一）网上编辑部的作用

1. 缩短论文发表时间

网络期刊在网上发行传播，有利于论文以最快的速度发表，并发挥其社会价值。通过网上编辑部的收稿、审稿和编辑排版，往往可以缩短投稿和审稿周期，减少论文发表的时滞。当网络期刊高度发展后，论文从投稿到发表，时间大大缩短，甚至实现论文评审后即可出现在网络上供读者阅读利用的目标，大大简化了信息发布的过程。

2. 改革传统的审稿模式

在网上期刊编辑部建立后，作者投稿和编辑审稿都可以通过网络渠道进行，不需要通过邮局邮递，提高了传递速度，也改变了审稿模式，由审稿人直接在网上办公，审稿周期大大缩短，效率也提高了很多。作者和审稿专家都可以直接进入编辑部平台查看进展，根据编辑部的要求进行相应的修改和审稿活动。

3. 实现了审稿人资源共享和一稿多审

审稿人利用在线审稿系统，由审稿人自己挑选稿件进行审稿，优化了审稿程序，同时方便不同的专家对同一稿件的审阅，提高审稿速度，实现了公平、公开和公正。每个审稿专家的角度不同，通过在线审稿系统，不同的专家可以同时评审同一篇稿件，提供不同的审稿意见，对于公正处理稿件具有重要意义。

4. 实现了对编审过程的有序组织和管理

网上编辑部按照编辑出版流程从事审稿、编辑和期刊出版，实现了期刊管理的系统化、自动化和程序化，有利于提高编辑出版效率，有利于协调各个环节。作者可以直接查看稿件的处理过程，通过网络与编辑沟通，减少了编辑的劳动强度。对于编辑来说，在线编辑不受固定办公场所限制，提高了工作效率。

(二) 网上编辑部的构建原则

1. 方便易用原则

网上编辑部的系统设计遵循方便易用原则，即投稿与审稿都比较方便。在投稿系统和审稿系统中，作者和审稿人都可以利用自己设置的密码或者借助验证码进入系统，作者可以直接在网上上传稿件，审稿人可以凭借密码或验证码审稿，审理完毕下载审稿单并在填写意见后上传到编辑部。

2. 公平原则

这是指作者的稿件受到公平待遇，不受偏见和个人好恶的影响。要做到这一点，所需采取的措施是审稿时隐匿作者姓名、所在单位等与投稿人身份相关的部分，只保留稿件编号，实现匿名审稿，避免因为熟悉某人而失去公平。

3. 效率原则

网上投稿与审稿一个重要目的就是提高效率，所以，设计该系统时必须充分考虑如何提高投稿与审稿效率，系统设计应方便简单，快捷迅速，投稿与审稿都非常方便。同时，网上编辑部还应提供论文查重、错误检索等功能，为作者和编辑修改稿件提供参考。这样可以提高期刊的编辑出版效率，缩短论文公开发表的时间，从而提高期刊的社会影响，扩大论文的社会影响。

4. 资源共享原则

系统是一个开放的系统，只要取得进入系统的密码，就可以直接进入系统进行下一步的工作。每一位审稿人登录系统后，面对稿件库，自由选择符合自己方向和有兴趣的稿件进行审稿，充分发挥审稿人的自主性、积极性，还可以一稿多审，择优录用。

5. 易于管理原则

系统的设计要符合易于管理的原则。投稿者在传送稿件前的注册内容包括第一作者姓名、单位、联系电话、邮箱、QQ号码、微信号等，便于稿件入库，待审稿完毕方便编辑与作者联系。

（三）网上编辑部结构框架和编辑流程

网络期刊的编辑部是由审稿、编辑、校对、排版等各因素和环节组成的有机整体。期刊网络出版不仅包括期刊内容的网上传播发布、期刊网站的建设，而且包含编辑出版的网络化管理，通过网络系统实现网上投稿、审稿、编辑、排版和发布等。编辑部是一个网络平台，作者、主编、编辑、审稿人、系统管理员、读者等相关人员都能在同一平台上密切协作、相互交流。网络期刊的编辑流程是指从投稿、审稿到编辑、排版、出版和发行的过程。作者在编辑部的系统平台进行注册，按照有关要求对稿件进行整理，然后投到系统中。编辑部选派编辑进行初审，初审通过的稿件提交副编审或编辑室主任审稿，同时交审稿专家进一步审稿，最后交由总编辑或者编委讨论。最后，由编辑进行编辑校对和排版发布。继续采取"三校一读"制度，必要时可以加大编辑校对工作量，增加校次。目前，很多学术期刊出版中，对论文的编辑校对提高了要求，可以校对多次。这些流程都是保证论文编辑出版质量的必要措施。

二、网络出版系统

学术期刊网络出版平台是由各个子系统组成的，这些子系统互相联系，共同组成期刊网络出版系统，为开展学术期刊网络出版创造环境和条件。这些子系统主要有作者投稿系统、编委审稿系统、编辑加工系统、用户订阅系统、信息管理系统和综合管理子系统等。

（一）作者投稿系统

投稿系统的作用在于为作者提供网上投稿的渠道，同时还可以在线查询稿件处理情况。投稿前，作者要在期刊网站注册，填写个人信息；投稿时，要填写稿件信息，并上传电子文档，稿件的格式要符合规范。作者注册后即获得唯一的注册账号，并利用此账号上网查询稿件的处理状态。审稿完毕后，作者可以看到有关该稿件的评审意见。系统对稿件的投稿时间、作者单位等信息进行记录。为保证投稿网络的安全性，对稿件文件类型和大小进行限制。

（二）编委审稿系统

系统提供网上审稿专家库，责任编辑可以从审稿专家中选取审稿人，并自动显示审稿人在审稿件数量，如果审稿人在审的稿件数量超过了规定数量，则系统提示该审稿人不应再送审稿件。审稿人凭借口令或者密码，登录到系统，查阅稿件，下载审稿意见表，填写完毕后上传意见书。审稿人还可以凭此登录修改自己的相关资料。在线直接审稿避免了送审稿件和返回审稿意见的丢失，投稿电子版本和评审意见均存放在服务器上，审稿人可以随时上网下载电子文档，编辑部可以及时处理查阅审稿人的意见书。

（三）编辑加工系统

该系统主要用于编辑在线处理和加工稿件。编辑对投递的稿件进行初审，给稿件编号，按主题和类别处理，按不同的类别将稿件分发给相关的编委或审稿人，处理审稿人返回的意见，在线通知作者审稿情况。审稿结束后，审稿人将通过的文章分发给各个栏目编辑继续加工和编排，并导入期刊发稿库中，提供刊物按年期和栏目的管理方式，编排当期目录，修改文章的链接属性等，以便上传服务器准备发布期刊。

（四）用户订阅系统

该子系统提供编辑部相关的信息与全文内容的发布功能，并实现对各类型用户的权限管理。通过该子系统，向用户提供订阅服务，对期刊征订情况进行管理，为期刊编辑部存储详细的订户资料，包括姓名、电话、E-mail、通信地址、邮政编码等。

（五）信息管理系统

该子系统提供系统维护功能。系统有三个方面的内容：第一，进行方便的邮件管理：提供自动发送邮件的功能；系统自动向作者、审稿人发送相应的邮件；提供自动催审功能，可以方便地进行稿件的催审工作，不需要人工催审。第二，进行数据管理：提供退稿提示信息、IP设置的维护功能，方便编辑部管理有关信息。第三，维护系统的安全性，提供多方位远程实时交互管理功能。

（六）综合管理子系统

该子系统的功能很复杂，主要用来管理期刊编辑部的日常事务，包括：编辑部工作分配、人员职责、制度规范、绩效考勤、工作量统计、业务培训、财务统计；稿件审理、编辑加工状态、编排情况、出版进程等；期刊年载文数量、稿件作者单位地区分布、专业分布、课题分类、基金项目分类、发表数量统计；相关费用管理，如稿酬、版面费、审查费用等；服务管理，如信件往来、读者意见反馈等。

第六节 学术期刊网络出版信息管理系统

一、学术期刊网络出版信息管理系统的含义

（一）信息管理系统

信息管理系统（Information Management System，IMS）是一个由人、计算机组成，以人为主导，以计算机软件、硬件、网络通信设备及其他办公设备为基础，进行信息收集、传递、加工、储存、维护和使用的系统。可以利用数据预测未来，支持决策，协助组织管理，以实现组织的目标。

通常认为，信息管理系统是组织理论、统计学、数学模型及信息技术结合的产物，它全面使用计算机技术、网络通信技术、数据库技术，是多学科交叉的综合技术应用，是一个有机的技术系统。但是，信息管理系统对于组织结构和绩效影响巨大，它的设计、引进和应用成功与否对组织产生重要影响，对于组织环境、组织战略、组织目标、组织结构、组织过程和组织文化都有重要作用。

信息管理系统一般是由办公自动化系统、通信系统、交易处理系统、储存信息系统、管理信息系统和执行信息系统、决策支持系统和企业系统等组成的。办公自动化系统用来处理个人和组织的业务数据。通信系统帮助人们协调工作，以多种不同形式交流并进行信息共享。交易处理系统用来收集和存储交易信息，并对交易过程进行控制。管理信息系统和执行信息系统将数据转换成信息以监控绩效和管理组织，以可接收的形式向执行者提供信息。决策支持系统通过提供信息、模型和分析工具来帮助管理者制定决策。

（二）学术期刊网络出版信息管理系统

学术期刊网络出版平台是一个以信息管理系统为基础的平台。其信息管理系统由学术期刊编辑人员、管理人员和计算机系统组成，是一个人机组合的有机系统。其作用和功能在于通过该信息管理系统，达到利用计算机信息技术和网络通信技术实现学术期刊网络出版和传播，提高网络出版效率，增强学术期刊的影响力。

学术期刊网络出版平台的构建需要信息管理系统的技术支持，选择和建立信息管理系统需要关注实用性和安全性。为了适应期刊编辑现代化的需要，各种编辑出版信息管理系统被开发设计出来。例如，北京玛格泰克科技有限公司开发的稿件处理系统，勤云科技公司开发的期刊远程办公系统，中华医学会杂志社、中国科学杂志社采用的管理系统，都是比较有效的编辑传播管理信息系统。此外，还有针对个别期刊的特点及编辑出版工作需要开发的编辑传播信息管理系统。

市场上有多种信息管理系统，但并不是所有的编辑传播管理信息系统都适合编辑部采用。这是因为一些科技公司虽然具有较强的计算机软件技术开发能力，但对期刊的运作缺乏实际操作经验，开发的信息管理系统存在一些不适合编辑部实际需要的现象。随着数据库管理系统开发平台的完善，编辑传播管理信息系统在技术上已经不成问题，关键是怎样与编辑部的实际需要相结合，尽量符合期刊运作的特点，方便编辑部应用，充分利用编辑部现有的软硬件环境，采用目前实用的信息管理系统，达到优化系统和提高效率的目的。

编辑部选用或者联合开发的编辑管理软件系统，应当既便于系统功能的发挥，又便于系统的维护，满足便于操作、实用安全的要求。提供的数字化信息服务，必须确保稳定性、可靠性、安全性和保密性。为此，网上编辑办公系统需要建立独立于操作系统的用户管理、身份验证机制。将安全访问控制和系统的访问控制结合起来，实现多层安全机制，提高文档数据的安全性。例如，建立用户使用信息资源的授权机制、数据库文献密级控制和用户存取数量控制机制，设计故障分析工具，进行服务器自动备份，编辑部定期进行数据备份检查和分析等。

二、加强网络化信息管理平台建设

期刊网络化信息管理平台是网上编辑部的管理平台，对于实现投稿、审稿、编校、排版、发布和读者查阅浏览，具有至关重要的作用。网上编辑部的构建与网络化信息管理平台密切相关。根据学术期刊的实际工作需要，管理平台的建设应当满足以下方面的需要：作者网上投稿与查询、审稿专家上网审稿、编辑在线办公、主编终审定版、网络管理员信息管理、编辑部统计分析和读者在线浏览及信息反馈等。

平台总体结构一般由期刊采编系统、期刊在线发布系统、期刊网站管理系统、期刊发行系统、期刊质量评估系统和期刊网上交流系统组成。其中，期刊采编系统由作者投稿子系统、专家审稿子系统、采编管理子系统、编委办公子系统、编辑办公子系统和主编办公子系统组成。网络化信息管理系统的建立和完善，对实现期刊内容信息化、管理系统化、流程网络化、出版高效化和质量一流化，对于完善编辑部各项管理和提高期刊质量具有重要意义①。

网上交流可以达到直接、便捷、迅速的效果。编辑部建立网上交流系统，可以采取多种方式。一种方式是电子邮件，即通过电子邮件与作者、审稿人以及读者进行方便快捷地联系，并保留交流的书面信息。另一种方式是网上论坛。通过 BBS，用户除了可以进入各个讨论区获取各种信息外，还可以将自己要发布的信息或参加讨论的观点"张贴"到公告板上，与其他用户讨论。网上论坛可以做到浏览、发布与跟帖。实践表明，BBS 的优点是使用方便，传输速度快。目前，已经有一些科普类期刊如《中国国家地理》等使用了 BBS，取得的效果非常好。一些学术类期刊和技术类期刊也应当在网上编辑部的构建中使用 BBS 功能，加强网上交流。

---

① 向飒. 基于 B/S/S 构架的学术期刊网络化信息管理平台的构建 [J]. 郑州大学学报（工学版），2009（2）：116-119.

第八章

我国学术期刊评价体系及方法

学术期刊评价对于促进学术期刊提高质量、扩大学术期刊的社会影响和满足用户需要，都具有积极的作用和重要的价值。学术期刊评价涉及作者、读者和社会的许多方面，因此，做好学术期刊评价具有重要的意义。当前学术期刊评价方法和指标体系建设已经获得了巨大的成果，并产生了很好的效果。但是，所存在的问题和争议也十分严重。在媒介融合背景下，如何适应网络出版的需要，进一步完善期刊评价方法，构建科学的期刊评价指标体系，是我们在学术期刊网络出版中十分值得探讨的问题。本章在研究以往学术期刊评价方法的基础上，对学术期刊评价问题进行研究，提出学术期刊评价方法改进思路，以便为学术期刊网络出版评价提供参考。

第一节 学术期刊评价的产生与争论

学术期刊评价是指采用一定的指标和方法对学术期刊的质量进行价值评估和判断，进而说明学术期刊质量的高低优劣。学术期刊评价是期刊评价的一种，是对学术期刊进行的价值评估和判断，以便为读者、作者和其他用户提供参考，帮助其选择和使用学术期刊。

目前，学术期刊评价问题备受关注。既有肯定学术期刊评价的学者和用户，也有对学术期刊评价口诛笔伐的，甚至希望取消的。造成这种情况的原因很多，也很复杂。一方面，由于期刊评价可以为学术期刊的质量高低作出评判，进而评出学术期刊所在的等级，可以方便读者和其他用户，例如图书馆购置储存、科研单位等机构订阅，受到其欢迎，得到支持。另一方面，却因为期刊评价的结果存在着一定的偏差和导向性，导致因刊评文、滥用期刊评价等后果，招致很多质疑和批评。例如，林树文和曾润平（2013）[①] 在《期刊评价的产生与我国期刊评价的发展》一文中，参考有关资料指出，随着期刊评价结果被广泛用于科研业绩评价、科研经费申请、职称评定、职务考核、学位申报中，期刊评价的功能开始受到业内外人士的质疑甚至批评。很多人将学术评价中的"不良现象"归罪于期刊评价。中国社会科学院（2011）[②] 发布的《中国学术期刊评价机制调研报告》也指出，当前学术评价被期刊分级制度所主导，是导致学术不端行为发生的重要原因。很多学者指出，期刊评价助长了以刊评文的趋势，使得论文质量评价的标准有失公正。

直到现在，关于学术期刊评价的争论还较为激烈。一些期刊评价机构做出的评价结果一经公布，就招致抨击和讨伐，成为期刊界的矛盾焦点，引起社会的广泛关注。这种现象表明，学术期刊评价存在着一系列问题和众多缺陷，导致评价结果的科学性、价值标准受到扭曲，例如评价标准不一、客观性不强、结果难以服众、评价指标需要改进等。

在互联网发达的新媒体时代，网络期刊大量出现，网络出版日益发展，学术期刊评价面临新的问题。结合网络出版的客观现实，如何制定符合网络出版规律的学术期刊评价指标和评价方法，这是学术期刊评价需要研究和面对的新问题。为了客观地分析学术期刊评价，找到科学的评价方法，取得尽可能科学的评价结果，需要回顾学术期刊评价的历史，弄清学术期刊评价的实质和发展现状，分析学术期刊评价的发展趋势。

一、学术期刊评价的源起

学术期刊评价是伴随着科技发展和学术研究活动的扩大，以及文献学的进步而产生的对学术期刊的评价活动。世界历史上第一本期刊产生于1665年，是人类社会的信息载体，已经发展了三百多年，至今仍然是科学研究、学术传播、文化交流的重要途径。

关于学术期刊评价，多数学者普遍认为，自1934年英国文献学家布拉德福（B. C. Bradford）提出了"文献分散定律"（又称作"布拉德福定律"）后，期刊评价活动正式出现。之后，经过文献计量学的完善和发展，期刊评价日益受

[①] 林树文，曾润平．期刊评价的产生与我国期刊评价的发展［J］．情报探索，2013（5）：43-50．

[②] 中国社会科学院法学研究所法制国情调研组．中国学术期刊评价机制调研报告［A］．李林．中国法制发展报告 No.9（2011）［C］．北京：社会科学文献出版社，2011：300-326．

到重视,并在学术活动中起到日益重要的作用。

布拉德福定律认为,如果将科技期刊按其刊载某学科专业论文的数量多少,以递减顺序排列,则可以把期刊分为专门面对这个学科的核心区、相关区和非相关区,各个区的文章数量相等,此时核心区、相关区和非相关区的期刊数量成 $1:n:n^2$ 的关系。这个文献分散规律的经验定律为文献计量学的发展奠定一个重要基础,也为学术期刊评价提供了理论基础。

为什么期刊评价成为人们关注的问题？主要原因在于,当今世界科技发展迅速,社会经济随着科技发展而获得了强大的动力,在文化、科研、学术领域也突飞猛进,科技文献层出不穷,学术成果不断地通过各种期刊和图书出版传播到世界各地。据统计,目前世界上科技期刊种类有 8 万多种,每年刊发的论文近 1000 万篇。以我国为例,根据 2018 年的有关统计,我国目前有各类期刊 11000 多种,其中自然科学、技术类期刊 5000 多种,社会科学期刊近 3000 种。因此,各种期刊提供的信息浩如烟海,规模大,数量多,如果不进行归类和定性分析,将给使用者带来巨大的困难。

可见,期刊评价的产生是客观需要的结果。正如林树文和曾润平(2013)所得出的结论:"期刊评价是由于人们对文献信息的迫切需求而对期刊进行筛选的一种行为,它是信息爆炸发展的必然,是文献学、文献计量学、图书馆学、信息情报学等学科发展的产物,是基于对文献的性质、特点、功能及人们利用文献规律等研究的基础上发展起来的实践科学,属于文献信息工作范畴。"学术期刊评价也是这些学科发展的产物,是学术研究发展的需要,对于学术交流和学术研究发展具有深远的影响。因而,学术期刊评价才能不断完善和发展。对学术期刊不进行评价,或者评价的方法不科学,都会产生不良后果。为了促进学术发展和学术交流,为了满足社会需要,有必要继续完善学术期刊评价制度和评价方法。

二、对学术期刊评价的争论

对于期刊评价的看法和观点,可以分为两类:批评和支持。坚持批评看法的人们主要是基于期刊评价带来的负面影响或者不足。他们批评学术期刊评价的依据主要有:

第一,期刊评价被滥用于科研业绩评价、科研经费申请、职称评定、职务考核和学位申报中,是对学术评价的扭曲,因而受到批判。李玉进(2002)[1]

---

[1] 李玉进. 核心期刊评价及其负面效应[J]. 情报科学, 2002(12): 17-19.

在《核心期刊评价及其负面效应》一文中认为,虽然学术评价中运用核心期刊评价对促进学术期刊提高质量等方面产生了积极作用,但是,也使得"核心期刊"成为学界浮躁的一个"动力营",对学术腐败起到推波助澜的作用。他认为,对于核心期刊评价的质疑和非议,虽然其中不乏过激之词以及有失偏颇,但是,"核心期刊"评价的负面效应正日益严重地扩大。一方面,核心期刊的评定仍缺乏精确性,无论引文法、文摘法、载文量法等,还是整合各种方法的综合评价法,都难以克服诸多不确定因素的影响,使得核心期刊的评定在一定程度上失去精准和公信。另一方面,作为一种参考工具,核心期刊的功能已经超载。由于被滥用于业绩考核和职称评定,以及被作为学位申请条件,导致了学术研究异化问题,即不是为了推动学术思想创新发展,不是为了社会经济进步的需要,而是为了满足个人利益需求而进行科学研究。科学研究成为追逐个人名利的手段。

第二,期刊评价中所谓的"核心期刊"评价效应已经泛化。"核心期刊"仅仅是从文献收集的角度对期刊进行的一种遴选,目的是帮助图书馆等在购买期刊时方便从众多期刊中进行选择,但是,却被广泛用于津贴发放、职称评定、论文评奖和期刊评优活动,俨然成为评价期刊的标准尺度,成为评价论文质量的标准尺度。事实上,期刊评价并不是论文质量优质与否的科学标准,也没有公认的规定确认期刊评价的结果是论文质量评价的标准,也不是学术期刊质量的评价标准,但却被广泛用来说明期刊质量和作为论文质量评价的标准。屈燕等[1]在《谈谈"核心期刊"评价功能的负面效应》一文中,认为核心期刊的研究一是为图书情报机构馆藏期刊提供"参考",二是为读者选择、阅读期刊文献提供"门径"。将核心期刊用于期刊评价和论文评价,不仅偏离了核心期刊研制者的初衷,而且也是核心期刊力所不及的。因此,他们认为,国内用"核心期刊"来评价期刊,其科学性值得怀疑。

第三,期刊评价的结果给期刊贴上"核心期刊""非核心期刊""普通期刊"的标签,使得负面影响不断扩大。首先,期刊为了成为"核心期刊",不惜采取一些弄虚作假手段,把进入"核心期刊"作为办刊的至高目标、唯一目标,一味地迎合"核心期刊"遴选指标,千方百计地去提高"引文率""影响因子""转摘率"。其次,期刊评价的结果使得那些没有成为"核心期刊"的期刊,无法获得正常的稿源,陷入更加被动的发展境地,严重影响了其办刊质量的提高

---

[1] 屈燕,李秀芳,赵珍,等.谈谈"核心期刊"评价功能的负面效应[J].昆明医学院学报,2007(6):123-125.

和正常发展。即使有一些质量好的论文在非核心期刊上刊发，但因为没有成为"核心期刊"，其社会影响受到严重干扰和制约。

第四，学术期刊评价的功能异化严重。学术期刊评价的初衷是为情报文献利用提供依据，指导文献使用者合理地、高效地筛选出所需要的高质量的期刊。但是，随着利益因素不断注入其中，学术期刊评价已经成为学术腐败、学术不端的温床，因为学术期刊评价结果被用来作为毕业论文答辩、科研经费获取、科研成果考核、学术津贴评定、职称评定等的依据。因此，学术期刊评价与个人的前途、部门的荣誉、单位的利益休戚相关，出现了形形色色的异化问题。陈丹和陈新文[1]（2013）研究发现，学术期刊评价导向的异化主要体现在四个方面：学术腐败、学术不端、学术"泛数字化"和学术功利化、形式化、走过场等。例如，在"泛数字化"下，学术期刊论文"有量无质、量大质次"，只要在所谓的"核心期刊"或者指定的期刊上，发表了相当数量的论文、获得相当数量的论文评奖等，就可以在职称评定、科研考核、津贴评定等获得加分，至于内容质量反而在其次，不被考察。形式化则表现为"以刊评文"，只看论文发表在什么级别的刊物上，不看论文的具体内容质量。事实上，高级别的刊物只是聚集了学科中大多数文献和部分高质量的论文，其中的文献个体并不都是高质量的，可能存在质量一般的情况。而在普通期刊上发表的论文，有的文献质量可能更高。

第五，一些评价体系和评价指标存在缺陷，不能客观真实地反映出学术论文的质量，对于学术思想创新、实际社会效益和社会影响，不能准确地反映，导致评价结果与实际学术质量脱节。因此，很多人包括学术期刊评价机构都不得不承认，现有的评价体系和评价方法都存在一定的不准确性，不能作为唯一的评价标准，只能作为参考依据。在这种情况下，那些把评价机构期刊评价结果作为依据的做法，受到了尖锐的批评和广泛的质疑。

因此，应当充分重视学术期刊评价的负面影响和功能异化问题，以便促进学术期刊评价的科学性和公正性。

然而，又有很多机构和研究人员热衷于学术期刊评价，支持期刊评价的人们从以下几个方面说明其必要性。

第一，期刊评价有利于促进期刊提高质量，增加发展活力。我国学术期刊数量众多，鱼目混珠，参差不齐，既有高质量的学术期刊，也存在内容质量很

---

[1] 陈丹，陈新文. 学术期刊评价导向的异化［J］. 襄阳职业技术学院学报，2013（6）：137-139.

低的期刊。如果继续任由学术期刊不受制约地存在，就会产生大量缺乏科学性、创新性、内容平庸和缺乏实际意义的期刊，虽然满足了作者发表学术论文的客观需求，但是对于提高科学研究水平，对于社会发展的实际需要，并没有很大的意义，相反，会造成资源浪费，助长了投机取巧、做表面文章和粗制滥造的不良风气。在没有比较的情况下，分不清学术期刊质量的高低，一些质量低的期刊依然会继续存在下去，造成规模小、成本高、实力弱、学术影响小等后果。只有进行期刊评价，才能够把质量高的学术期刊奉献给社会和从事科学研究的人们，让质量高的期刊有更多的读者和更大的影响，才会有更加丰富和质量更高的学术研究成果被刊发，因而获得更快的发展。而质量低的期刊要么提高质量，要么被淘汰出局，竞争机制使其无法再继续存在下去。可见，期刊评价是实现优胜劣汰、提高质量的重要手段。

第二，期刊评价有利于政府择优支持、扶持精品、提高国际化影响力。我国学术期刊整体上具有国际声誉和国际影响的不多，被国际著名检索系统收录的少、引用少，影响因子小，国际知名度低，造成国际优秀稿源少，国际影响弱。为了促进具有国际影响的学术期刊的产生和发展，需要政府择优扶持一批学术质量高、发展潜力大、有显著国际影响的优秀期刊，就需要进行期刊评价，通过期刊评价，遴选出一批优秀期刊加以扶持，尽快形成与国际接轨、能够引起国际重视的精品期刊。2004年，教育部启动高校哲学社会科学名刊工程，到2011年4月，进行了三批名刊工程评选活动，共有《北京大学学报（哲学社会科学版）》《文史哲》《中国人民大学学报》等31个高校学术期刊选入名刊工程。名刊工程是教育部实施高校哲学社会科学繁荣计划的重要组成部分，以期通过对入选名刊工程的期刊的支持，能够办成国内一流、国际知名的名刊期刊，培养一批政治强、学术造诣高、学风好的学者队伍，并努力出版一批代表国际水平的优秀学术成果。如果没有期刊评价，那么选出优秀期刊加以重点支持的举措就会遇到一定的困难。

第三，期刊评价有利于增强学术期刊的编辑业务能力，提高业务素质，培养一批优秀的期刊编辑。期刊质量的高低不仅取决于所刊发论文学术水平的高低，还与编辑的知识水平、编辑能力和工作态度等有密切联系。一些期刊存在着办刊观念不清晰、编辑素质较低、工作重点不明确等问题，这些除了与期刊内容专业性强、编辑工作遇到的情况复杂等有关，还与现存的期刊评价模式有关。期刊评价需要制定具体的制度、指标体系和评价标准，一旦形成科学的评价模式，就具有较强的导向性、规范性，从而对期刊编辑工作具有指导性。期刊评价制度引导期刊向规范化、高质量化发展，能够使编辑从事务性、程式化的工作模式中解放出来，不断提高整体素质，形成科学、求实、严谨的工作作风。

第四，期刊评价有利于个人读者和机构更加方便高效地选择质量优秀的学术期刊，促进学术思想传播，提高期刊的社会影响力。学术期刊是学术思想交流的载体。个人和机构为了获取公开的学术研究数据和信息，需要从众多的期刊中挑选符合需要的内容，在不存在外在评价的情况下，个人和机构难以获取高质量的信息，需要花费较大的资金成本和较多的时间，影响优质学术信息的社会传播效果。期刊评价给质量不同的期刊划分出质量级别，给使用者提供了便利，使他们更加容易地选择出合适的期刊。

第五，学术期刊评价对于研究者来说，可以激励具有研究能力的研究者从事科学研究。对于有关机构做出的期刊评级，有较高研究能力的人更乐意接受期刊评价结果，以便在更高级别的刊物上发表论文，以表明其研究能力和研究成果的质量，并以此获得相应的精神鼓励和物质鼓励。学术期刊评价的结果是把期刊分为不同的等级，从而在更高级别的刊物发表论文将向外界提供更多的有利于研究者的信息。在这种情况下，学术期刊就具有了学术水平和学术能力评价的功能，可以为研究者、管理者鉴别研究人员的能力提供有用的信息。[1]为了能在更高级别的刊物上刊发学术论文，研究者将付出更多的精力和时间将论文的质量做得更好。

第六，学术管理者可以把学术期刊评价结论作为学术水平评价的低成本工具。学术管理者评价学术水平的工具不仅决定了评价效率，而且决定了评价成本。如果学术管理者对研究者的论文做全面的深入分析才能决定论文质量高低，那么将会投入巨大的人力、物力和财力，要请专家逐个分析论文的创新性、实践价值和社会意义，可以说，这对于学术管理者几乎是做不到的。在学术期刊评价体系建立后，学术期刊被分为一个个级别，虽然评价结果不能完全反映学术论文的质量，但是，可以在总体上反映出论文的质量在哪个等级，从而给学术管理者提供了一个有用的工具，而且是一个成本较低的工具。通常，对于研究者的学术水平评价是一个管理活动，管理者更加重视评价的效率而并不太关注评价的效果。学术期刊评价提供了一个标准化、数量化的方法。

事物的存在都有其一定的根据。期刊评价也是这样。由于期刊评价可以产生上述的一些好处和优点，学术期刊评价不仅逐步发展起来，还在不断地加以

---

[1] 胡玲，傅旭东. 学术期刊学术评价功能的成因与机制研究 [J]. 编辑学报，2008（6）：201-203.

完善。随着网络出版的产生和普及，学术期刊评价将进一步得到发展。

第二节 我国学术期刊评价的发展及现状

我国学术期刊评价晚于西方国家，理论研究始于20世纪70年代初，实践开始于80年代，是在西方期刊评价理论基础上形成和发展的。到目前为止，形成了两大体系：一是基于文献计量理论的期刊定量评价体系；二是基于质量评估的期刊质量评价体系。

一、期刊定量评价体系

期刊定量评价是在文献计量学理论的引进、研究和发展的基础上形成的，从以"信息密度"测量期刊本身的量开始，逐步发展到研究文献之间关系的"影响力"评价，再发展到以"质量""学术地位"的评价。

我国期刊定量评价的发展可以分为三个阶段：起步阶段、发展阶段和成熟阶段。[①]

（一）起步阶段

20世纪70年代初到80年代初，是我国学术期刊评价的初始阶段，主要活动是介绍、引进国外文献计量研究成果，探索文献计量定律的应用，探索期刊量的特征即"信息密度"为主要评价途径。这个阶段中期刊定量评价的主体是图书情报界，客体主要是国外的学术期刊。

将文献计量学理论引进和传播到中国，始于20世纪60年代，发展于70年代。1973年，中国图书进出口公司创办的《国外快讯》摘译了联合国教科文组织1968年的一篇报道：二次文献在期刊上的分布是75%的文献来自10%的期刊。此后，国内有人翻译和介绍了文献计量学的几个主要定律：1934年布拉德福（英国）"文献聚散定律"、1955年加菲尔德（美国）"引文集中定律"和1971年普赖斯（美国）"文献老化指数和引文峰值理论"。国内主要围绕布氏定律进行研究和应用，在20世纪80年代初提出了"国外科技核心期刊"的研究成果。

---

① 林树文，曾润平．期刊评价的产生与我国期刊评价的发展［J］．情报探索，2013（5）：43-50．

(二) 发展阶段

这个阶段是我国文献计量学发展的初始阶段。在此阶段，期刊评价的客体由国外期刊转向国内期刊。

我国期刊在20世纪80年代初有2000多种，到90年代初已经迅速增长到6000多种。这期间，许多学者利用国内文献资料开展各类"核心期刊"的遴选研究，取得了一些开创性的成果。例如，1988年兰州大学图书馆靖钦恕和线家秀受中国图书馆协会的委托，编制了1980—1986年《中文自然科学引文索引》，运用"引文分析法"鉴定出自然科学的中文核心期刊104种。期刊评价也开始从"信息密度"评价向"影响力"评价方向推进。

(三) 成熟阶段

在20世纪80年代末以后，我国期刊评价进入全面推进阶段，开始进入成熟阶段，取得了一系列的明显成果。以1992年北京大学图书馆发布的《中文核心期刊要目总览》为开端，相继产生了七大评价机构与体系，包括：1994年中国科学院文献情报中心的"中国科技论文统计源期刊"（又称"中国科技核心期刊"）；2000年南京大学中国社会科学研究评价中心的"中文社会科学引文索引（CSSCI）来源期刊"；2004年中国社会科学院文献信息中心的"中国人文社会科学核心期刊"；2003年清华大学图书馆和中国学术期刊（光盘版）电子杂志社的"中国引文数据库"（《中国学术期刊综合引证报告》，2009年改为《中国学术期刊影响因子年报》）；2007年武汉大学中国科学评价研究中心的《中国学术期刊评价报告：RCCSE权威期刊、核心期刊排行榜与指南》等。此外，还有一些专门学科类的核心期刊评价，如"新闻核心期刊""医学核心期刊"等。

随着期刊定量评价体系的发展与完善，各式各样的评价结果也被纷纷公布。自20世纪90年代末，期刊评价的结果开始被广泛用于职称评定、岗位津贴发放、科研评奖中，成为学术成果评价的主要依据。由此，期刊评价也招来了种种非议。在此情况下，一方面很多期刊评价机构发声强调期刊评价的结果不是评价标准，只是一种参考工具。另一方面，有些评价机构则强调期刊评价的功能与作用就是为科研管理部门提供评价学术成果的必不可少的参考依据。例如，2009年武汉大学中国科学评价中心编制的《中国学术期刊评价研究报告》中提出"为科研管理部门的学术成果评价、项目评价、人才评价、机构评价等提供必不可少的参考依据"，可以"从学术影响力方面评价期刊的学术质量"。① 2011年，北京大学图书馆编制的《中文核心期刊要目总览（2011版）》中指出："《总览》选择评价指标的基本原则是：能够反映期刊学术水平、核心效应明显、有较好的统计源、具有可操作性等。"②

在这个阶段，学术期刊评价出现了三个明显的特点：（1）期刊定量评价体系开始形成，期刊评价结果开始受到各接重视和应用。（2）期刊评价以"影响力"评估为主，但开始向评价期刊的"质量"与"学术地位"等方向转变。（3）期刊评价方法开始从纯"定量"评价转向"定量"与"定性"相结合的综合评价。

二、期刊质量评价体系中优秀期刊评价

在进行期刊定量评价的同时，我国基于质量评估的评价也发展迅速，其中优秀期刊评价就是这种评价活动。优秀期刊评价的目的在于促进期刊质量提高和加强期刊质量管理。

20世纪70年代末，国家科委着手制定了"科学技术期刊评估标准"，90年代初，优秀期刊评价进入快速发展时期。1992年原国家科委修订了"科学技术期刊评估标准"，1993年3月完成《科技期刊质量要求》报告。同年4月，原国家科委、中宣部、新闻出版总署联合举办首届"全国优秀科技期刊"评比活动。1994年原国家科委对该评价标准进行完善，发布了《关于颁布五大类科技期刊质量要求及评估标准的通知》，明确了五大类科技期刊——指导类、学术类、技术类、检索类、科普类的评价标准指标，指标包括政治质量、内容质量（技术水平、学术水平等）、编辑质量和出版印刷质量等宏观标准。之后，各类优秀期刊评价纷纷产生，评价指标得到细化修改，并且开始引入定量指标进行评价。2005年"第三届国家期刊奖"评比活动结束后，评审专家对评估标准进行了修改，将影响因子、总被引频次、他引率等文献计量学的期刊评价指标纳入期刊学术质量的衡量指标中。

对优秀期刊评价有两种不同的主体评价模式，一是政府主导下的优秀期刊评价，具有较高的权威性，社会影响较大，认同度高；二是一些行业组织和学术团体为主导的优秀期刊评价，具有一定的社会影响和社会认同度。但总的来说，优秀期刊评价的社会影响不如期刊的定量评价。

---

① 邱均平，燕今伟，刘霞，等. 中国学术期刊评价研究报告［M］. 北京：科学出版社，2009.

② 朱强，蔡蓉华，何俊. 中文核心期刊要目总览（2011年版）［M］. 北京：北京大学出版社，2011.

已有的优秀期刊评选主要是：（1）1992年首次举办的"全国优秀科技期刊"评选，主办者是国家科委、中宣部和原国家新闻出版总署。（2）1995年首次举办的"全国优秀社科期刊"评选，主办机构是原国家新闻出版总署，评价标准是1995年6月发布的《中国社会科学期刊质量标准（试行）》，1996年5月进行了重新修订。（3）1998年首届"全国百种重点社科期刊"评选。（4）1999年由原国家新闻出版总署举办的"国家期刊奖"。（5）2001年原国家新闻出版总署举办的"中国期刊方阵"评选活动，设有"双高"期刊、"双效"期刊、"双奖"期刊、"双百"期刊。

综上，期刊评价活动是期刊发展的结果，对于促进期刊质量提高和加强期刊管理具有积极的作用。我国的两种期刊评价体系各有自身的特点。其中，基于质量评估的优秀期刊评价体系重在强化期刊的科学管理和结构优化，重在打造名刊和重点期刊；基于文献计量学的期刊评价，侧重于期刊"质量"和"学术水平"的评价。从学术期刊评价发展趋势可以看出，期刊定量评价是今后期刊评价发展的主要方向。优秀期刊评价将更多地运用文献计量学的方法，与定量评价相结合。同时，未来期刊定量评价方法也将更加信息化、网络化。

第三节 学术期刊评价的理论分析

期刊评价是科学计量学的一个主要研究方向。随着学术期刊在品种和数量上的不断增加，如何评价期刊的质量和影响力，加强对学术期刊的管理，促进其科学有序地发展，不仅是学术期刊发展的需要，也是期刊管理和学术研究发展的需要。特别是在网络时代，学术期刊媒介融合发展迅速，为适应媒介融合的实际，学术期刊评价也有了新的需要。为此，要在理论上加以研究，以便在实践上正确引导和科学推进学术期刊评价。

一、期刊评价的基本功能与原则

（一）期刊评价的基本功能

首先，通过期刊评价，借助一些科学的定量评价指标，把期刊分为优秀期刊、普通期刊，或者分为其他不同类别的期刊，使读者或者使用者能够节约投入，迅速选择出适合需要的期刊，尤其是学术期刊，提高阅读效率和搜寻信息的效率。由于各种各类的期刊繁多，鱼目混珠，客观上需要进行分类，以便客观地反映期刊质量高低，方便读者和其他使用者选择。例如，大部分图书馆在选择馆藏期刊时，由于经费限制和质量要求，就需要选择在某个领域具有较大影响或者质量较高的期刊，为此必须进行一定的筛选工作。期刊评价和分级分类，为这种筛选工作提供了方便，降低了工作人员的劳动量和其他方面的投入，提高了工作效率。

其次，通过期刊评价，判别期刊是否符合规定的质量标准，为期刊管理提供客观依据。我国期刊管理工作是一项关系到政治、经济和社会发展的重要任务，是管理部门的重要职责。加强期刊管理需要制度化、标准化和科学化，需要一些科学的指标体系引导期刊出版与发展。正是为了加强对学术期刊的质量管理，以政府为主导的基于"合格评价"的学术期刊评价体系才得以建立。政府在学术期刊管理中，通过期刊评价标准体系，评出优秀期刊，作为其他期刊学习的榜样，促进"合格期刊"向优秀期刊发展。不合格的期刊将被取消出版资格或者要求整改。因此，基于政府对期刊质量管理要求的评价，是学术期刊评价的基本形式。

再次，期刊评价尤其是学术期刊评价，可以为学术价值评价、职称评定、科研管理和科研奖励等提供有价值的参考，是其比较科学的依据。在对研究成果进行评价时，很难做到对每个人的每一篇论文都进行客观如实的评价，这样需要投入大量的人力物力。通过期刊评价，可以发现级别高的学术期刊，一般刊载的论文质量也较高，这个基本的趋势和规律，给评价研究者的学术水平提供了直接而且方便的工具。高级别的期刊通常对于论文的质量要求也高，因此，一般来说只有达到其质量要求的论文才能够获得在该期刊上发表的机会。所以，在某种程度上，期刊质量与论文质量是互相促进、互相影响、相互借力的，也常常被用来互相参考的。也就是说，在高级别学术期刊上发表的论文通常表明是高质量的论文。这种情况也招来了许多非议，是"以刊评文"的典型表现。当然，不排除高级别的学术期刊也会刊发出学术价值一般的论文，但毕竟绝大多数论文质量是较高的。

最后，期刊评价可以为政府管理部门择优支持提供参考依据。把学术期刊办成具有国际影响力的国际化期刊，才能进一步扩大学术期刊和学术思想的国际影响力，为传播学术思想，增强期刊国际竞争力，奠定良好的基础。对国内学术期刊进行重点扶持，就是要筛选出一些质量上乘、特色明显、社会效益和经济效益显著的学术期刊，从政策上给予扶持，从资金上进行资助，使其具有更好的条件快速发展。在遴选优秀期刊进行资助时，就需要对学术期刊进行评价，使具备资助条件的学术期刊成为备选对象。期刊评价依据一定的定量评价指标和定性评价结论，得出相应的期刊评级，为政府扶持一批学术期刊做大做强、向国际化发展提供了参考依据。

(二) 期刊评价要遵循的原则

期刊评价必须遵循一定的原则，以保证评价指标体系的科学性、客观性和适用性。为了使得学术期刊评价具有科学性，主要遵循以下原则：

第一，客观性。就是在期刊评价时，运用文献计量学的科学理论，采用能反映期刊质量的科学计量方法，用数学、统计学等计量方法，对学术期刊文献信息的使用、引用、转载和社会影响等方面进行统计分析，客观地反映学术期刊信息的分布规律，定量研究反映学术期刊的特征，为质量评价提供计量依据。通过计量分析，排除主观因素的影响。

第二，全面性。期刊评价是对其所刊载内容的全面质量评价，对于学术期刊来说，是对论文质量、社会影响等进行全面考量。论文的质量包括理论创新性、实践指导性、方法科学性、数据真实性、论证科学性、语言表达的正确性、出版规范性等方面。对于我国学术期刊来讲，还包含了合规性评价，也就是要符合政治上的标准要求。因此，在学术期刊评价时，以上方面都应当得到重视，全面地进行评价。

第三，规范性。评价得出的不同级别的期刊，尤其是优秀的学术期刊，具有示范意义和标杆作用，是其他学术期刊改进的方向。因此，要在注重编辑出版质量的同时，注重被引频次、影响因子、他引率、快速指数等计量评价指标在期刊评价中的重要作用。

第四，差异性和层次性。不同类别的期刊，存在着内容和形式等方面的差异，不宜采用统一指标，应当根据实际需要设立评价指标。学术期刊和其他类别的期刊的评价标准不可能完全一样。但是，同一类别的学术期刊应当具有评价标准的一致性。提供评价结果，应当准确地、客观地分出质量差别。由于作者水平高低不同，用户需求有一定的差异，应当对于不同专业的学术期刊再进行分类，体现学术期刊质量的层次性。

第五，动态发展性。在传播手段和出版方式不断发展变化的情况下，尤其在媒介融合发展的时代背景下，新媒体手段不断得到应用，互联网下载和阅读是出版传媒领域的新传播方式，因此，期刊评价应当反映这种变化和趋势，把由此带来的变化通过评价指标的设计体现出来。这就要求期刊评价的标准是动态发展的。学术期刊的国际影响力、同行评价、学术声誉等也应当在期刊评价中得到体现。

第六，方法的科学性原则。文献计量学是期刊评价中定量评价的基本理论，为期刊评价提供了定量评价基础，可以通过文献分布规律的统计数据，客观地反映期刊的一些数字特征。因此，在期刊评价中逐步被广泛用来作为评价依据。但是，在一些期刊评价中还需要运用专家评价意见加以完善和补充，才能得到更加全面真实的评价结果。这就需要合理地安排定性评价在期刊评价中的权重比例。同行的评价意见、出版界专家的意见和社会上有关学者的评价，也应当被期刊评价合理地借鉴。

二、学术期刊评价的实质及宗旨

学术期刊评价备受国内外研究者关注。国外开展学术期刊评价的时间较早，国内较晚。抛开学术期刊评价的现象以及评价体系，从其隐含的本质看，我们认为，学术期刊评价是对所刊发的研究成果、发布的学术思想所产生的社会价值的评价，达到对学术期刊整体质量水平和社会作用的评价。学术期刊是学术成果和学术思想的载体，本身是工具，因为其承载了研究者的研究成果及发现，才使其广为人知，并在传播学术思想和学术理论中实现对社会的影响和作用。因此，学术期刊评价与刊载学术论文的质量密切相关，因而产生了以刊评文的现象和以文评刊的做法。

在长期发展中，由于一些学术期刊刊载了具有创新思想或者社会影响巨大的学术成果，其社会地位逐渐被认可，成为权威学术期刊，被研究者奉若神明，高度重视。正是具有创新思想和巨大社会影响的学术研究成果成就了权威学术期刊的社会地位。

对于学术期刊进行评价，通过制定一些诸如影响因子、转载率等指标，体现这些期刊对读者的影响、对社会的价值，进而体现对社会的影响力，评价出学术期刊的等级地位。因此，学术期刊评价本质上是对期刊所登载的学术研究成果在思想价值和社会价值上的判断。

为了科学地评价学术期刊，需要对期刊内容即学术思想和社会价值进行准确评价，然而，一篇论文或者学术成果的社会价值和思想价值，可能在短期内难以准确地被反映，需要经历较长一段历史时期的社会实践，才能充分体现出来。因此，简单地以学术期刊刊载内容的影响因子、转载率等指标进行评判，就会产生以偏概全的问题。因为影响因子、转载率本身多数是短期社会反响，长期社会影响容易被忽视，或者无法体现。

学术期刊评价的宗旨到底是什么？一些评价机构宣称，所做的学术期刊评价目的是为一些机构或者个人使用时，更加方便地选择期刊，提高在购买学术期刊中资金利用效率；或者是为社会提供一个了解学术期刊质量的工具，等等。这些说法也表明了学术期刊评价是为了某些社会需要的宗旨。但是，这些并没有真正体现出学术期刊评价根本的宗旨。

根据学术期刊评价的实质可以认为，学术期刊评价的宗旨在于如实反映研究成果的学术思想、学术发现的创新性和社会价值，体现学术期刊在传播学术思想和进行学术创新中对社会所产生的价值。以此作为宗旨，那么在进行学术期刊评价时，就可以设计出科学的评价指标和制定科学的方法，就不会顾此失彼，漏洞百出，为人诟病。

现有的学术期刊评价从最初的关注刊登论文的数量，到重视学术论文的质量，可以说是一个巨大的发展和进步。今后需要在反映论文的学术思想理论创新和社会价值方面做努力，即在期刊论文的社会影响力方面，制定科学的指标，反映期刊的社会作用和社会价值。

三、学术期刊评价的方法

期刊评价方法是指采用什么具体途径和手段对期刊进行客观、全面、准确的评价。这是学术期刊进行分级和质量判定中的关键问题。在以往的期刊评价实践中，经过评价机构的研究和实践，逐渐形成了两类期刊评价的方法。在媒介融合中，学术期刊评价方法需要进一步完善和发展。

（一）专家评价法

专家评价法是借助专家的专业知识和判断完成对期刊评价的方法。通常的做法是由专家对期刊进行阅读和比较分析，或者根据一定的标准对期刊进行打分，按照分数的大小排出顺序，选出一定数量的优秀期刊。其中，通过阅读和比较分析评价期刊优劣的方法，是比价早期的做法，被称为定性评估法。通过量化打分，将评估的内容分为若干个方面，逐项打分，再综合打分情况得出评估结果。这种方法被称为量化评分法。

对比定性评估法和量化评分法可以发现，两种方法有共同之处：第一，要由专家阅读一定数量的期刊，通过比较评估，才能得出期刊优劣的结论。第二，两种方法都要依靠专家的主观评判进行评价，对于专家的知识水平和判断分析具有较强的依赖性。第三，两种方法的主观性都较强，受主观因素的影响较大，有时难免失去客观性。

定性评估法与量化评分法也有一定的差别：第一，量化评分法借助一定的指标，对每个指标量化打分，在一定程度上部分消除了定性评估法存在的主观性，具有较大的可对比性，使主观与客观更多地结合起来进行评价，评价效果也更趋于客观。第二，定性评估法以专家的知识水平和偏好为基础评价期刊的优劣，量化评分法在专家知识水平和偏好的基础上，增加了量化指标，是以数据为根据进行的评价。

总体来看，两种方法都离不开专家的主观判断，受到主观因素影响较大。因此，专家评价法不是一种较为完善的评估法。随着文献计量学的应用和发展，计量分析法在期刊评价中得到应用，促进了期刊评价方法的发展。

但是，专家评价法也在一些评比活动中得到很好的应用，对期刊发展起到了一定的积极作用。例如，我国优秀期刊的评选一般都采用专家评价法，选出的优秀期刊也的确具有一定的代表性和先进性。但是，也存在着一些问题，例如公平、公正、合理和准确等。

1992年，由国家科委、中宣部和原国家新闻出版署联合举办首届全国优秀期刊评价活动，活动按照政治质量、学术质量、编辑质量和出版质量等4项标准，在3500多种期刊中，评选出一、二、三等优秀期刊351种，优秀期刊占10%。

1996年，第二届全国优秀期刊评选采用了专家评审量化评分法。具体方法是首先从各部委、各省市所属期刊中初评出15%的期刊推荐参加总评。总评由专家、期刊主编及期刊管理人员组成评委，并按照各个评委的专业和专长分为5个专业评审组，分别对5类期刊进行评比，采用"抽样审读、全面浏览、横向比较、量化打分、核实汇总"的评审方法，对政治质量、学术（技术）质量、编辑质量及出版印刷质量等4大指标进行打分，分出若干个等级，对总分进行比较，得出期刊的级别。

很显然，专家评价法不仅需要很多领域的专家阅读大量的期刊内容，耗费巨大的人力、物力和时间，还会因主观因素影响评价结果的客观性、公平性，因此，不是一种客观、高效、科学的评价方法，但可以作为一种辅助的方法来评价期刊，并在某些环境下作为一种参考评价法。因为许多学术期刊存在着为了定量指标而进行的作弊行为，例如为了提高引用率与其他学术期刊进行互引，或者为了提高影响因子人为地降低刊载量，或者是刊发文章的编辑质量差，这些都需要专家进行甄别，才能发现问题，对计量评价结论加以修正。因此，专家评价法在期刊评价中也是不可缺少的方法。

（二）计量评估法

文献计量学的发展为计量评估提供了依据和工具，在期刊评价中得到了广泛应用。它是通过大量的统计数据,得出统计对象的评估结果。在期刊计量评估中,主要采用引证法、布拉德福定律法、文摘法、文献百分比法等评估方法。计量评价法又称定量评价法,在运用中通常分为单指标评价法和综合评价法两种,其中,综合评价法是目前主要的评价方法。

从期刊评价采用的指标看,计量评价法也可以分为以期刊载文量为基础的计量评价和以期刊学术质量为基础的计量评价。

首先,以期刊载文量为基础的三种评价方法。即:

1. 布拉德福定律法

布拉德福定律法是将科学期刊按照登载某个学科论文数量的多少排名,以递减方式排名,将其分为三个区域,三个区域分别是核心区、相关区和非相关区,各个区域的文章数量相等,这样各个区域期刊数量呈 $1:n:n^2$ 关系,其中,第一个区域的期刊就是该学科的核心期刊。这种方法强调论文数量,不考虑论文的质量,因而难以准确反映期刊的质量。同时,忽视了刊载论文较少却专业性强的小型期刊,以偏概全,产生遗漏问题。

2. 文献百分比法

这种方法是将每种期刊所刊载的某一主题的论文占该期刊全部论文的百分比作为标准进行排序,规定一个合适的比例,高于这个比例的期刊定为核心期刊,低于这个比例的定为非核心期刊。文献百分比法克服了布拉德福定律法利用绝对数量确定核心期刊时忽视小型专业期刊的缺陷,但不足是只考虑了论文的数量,忽视了论文的质量。由于采用的是百分比指标,具有一定的合理性和科学性,但是仍然存在偏差和局限。

3. 累计百分比法

这种方法是把某一领域的期刊按照相关载文量在以往的时间内累计加总,以递减的顺序排列,其中,累计载文量占全部期刊载文量的比例超过80%以上的期刊,被定为核心期刊。累计百分比法以载文量为统计指标,同样忽视了论文的质量,本质上与布拉德福定律法是一致的,都是以载文绝对量为标准,按照绝对量的大小顺序排列确定核心期刊。因此,这种方法存在的不足和布拉德福定律法相似,强调文献数量,忽视文献质量,忽视小型专业期刊,忽视出版周期长的专业期刊。

由于以载文数量为标准进行的评估存在着忽视论文质量等方面的不足,所以在期刊评估中并不是科学、公正的评价方法,于是就出现了以期刊论文学术质量为标准的评估方法。

其次,以期刊论文质量为标准的评估方法主要有三种。如何反映学术期刊的质量，这是在学术期刊评价中遇到的需要解决的方法问题。经过学者们的探索，发现有三种方法可以加强对期刊质量的评估：一是引文分析法；二是文摘统计法；三是利用率法。其中，引文分析法得到广泛应用。

1. 引文分析法

期刊论文被引用的次数反映了论文的社会影响和被重视程度，体现了论文的质量，也代表了期刊刊载论文的质量。因此，借助对引文次数的统计分析，可以评估期刊的影响力。

引文分析法，是利用各种数学及统计学的方法进行比较、归纳、抽象、概括等的逻辑方法，对科学期刊、论文、著者等分析对象的引用和被引用现象进行分析，以揭示其数量特征和内在规律的一种信息计量研究方法。利用数学和统计学方法统计计算期刊刊载论文被引用的次数，按照高低顺序排序，引用次数靠前边的期刊就是某个学科的核心期刊。

根据引文数据的来源，引文分析法分为直接法和间接法。直接法是直接从来源期刊中统计论文所附参考文献，从而得出数据并进行引文分析。间接法则是通过"科学引文索引"（SCI）、"期刊引用报告"（JCR）等引文分析工具，获得期刊论文被引用的数据，进而进行数据分析，得出期刊被引用的情况。

如果从引文的目的和内容分析，引文分析分为引文数量分析、引文网状分析和引文链状分析。其中，引文数量分析用来对期刊进行评价；引文网状分析用来揭示科学结构、学科相关程度等；引文链状分析用来揭示科学的发展及展望未来前景。

引文分析法的基本内容有以下几种：

一是引文年代分析。通常来说，随着年代的增长，引文数量呈现增长的趋势，年代越近，引文量越大。通过引文年代分析，可以看出文献出版、传播和引用的情况，还可以用来研究科学发展的进程和规律，以及文献老化的特征。

二是引文数量分析。对于某一主体对象的引文数量进行统计分析，以便揭示文献引证和被引证双方的互相联系，进而从定量的角度确定二者之间的联系强度。如果二者之间（论文或者期刊）引文数量大，说明它们之间有很强的引证关系。引文篇数分布表明了作者在论文中引用篇数的多少和种类，说明了论文作者研究中引用参考文献的广度和深度，同时也体现出论文与被引文所在学科的关系强度。

除了以上两种引文分析内容外，还有引文类型分析和语种分析，前者即引文的来源类型如期刊、图书或者重要文献等，后者即引用文献由不同的语种构成。

引文分析法具有的特点是：

第一，具有广泛适用性。引文分析可以得到大量的素材，因为90%以上的科学论文都附有引用文献，全世界论文文献引用现象十分普遍，据统计每篇论文平均引用文献15篇，中文论文平均引用文献8.9篇。只要有引用文献，就可以使用文献分析法。

第二，具有简便易用性。使用引文分析法时，不需要使用者具有十分专业的知识，不受很多条条框框的限制，简便易行，可以用来完成一些有价值的研究课题，达到收集信息、进行评价的目的。可以在研究广度、深度上自己把握，不需要太多的专业技能。

由于引文分析法具有广泛适用性和简便易用的特点，通过一些不太复杂的统计和分析，就可以确定核心期刊、研究文献老化规律、研究信息用户的需求特点，甚至可以研究学科结构、评价人才等。

第三，具有较高的科学性。由于期刊论文的观点、数据和方法等被引用的多少，是对刊载论文质量的反映，也是对期刊质量的反映，因此，引文分析法较好地反映了期刊整体质量的高低。其中，引文分析法使用的计量指标，例如被引证频次和影响因子等，都能直接反映期刊的学术质量。

但是，引文分析法也存在一定的缺陷，这是由于在对期刊论文引用次数进行统计时，受到期刊的可获得率、被引者的名望地位、学科专业等因素的影响。对小型期刊、出版周期长的期刊、理论性弱实践性强的期刊不利，相关指标不能反映这些情况，导致所得出的结论存在一定的片面性。

学者们多数赞同这样的观点：引文分析法是目前对于学术期刊最客观、全面和准确的评估方法。其原因在于，期刊刊载论文只有被其他学者引用，思想观点被实际利用，才能发挥其社会价值。对于引文的统计分析结果，体现了对论文质量的评价。

2. 文摘统计法

这是利用某种期刊被二次文献摘录的频率来确定核心期刊的一种方法。一般把被二次文献摘录的论文数量较多的期刊定为核心期刊。期刊刊载的论文被文摘类期刊摘录或转载，表明了该论文具有较好的质量，因为进行二次摘录的期刊是按照一定的质量标准选择论文的，要在大量的一次文献中找出质量较高者作为检索的对象。然而，这种方法存在一些不足，这是因为在选择二次摘录的论文文献时要受到摘录者知识水平的影响，同时，备选期刊由于本身的知名度、影响力大小不同，对摘录者的影响有大小之别，因而，知名度高、影响大、载文量大、出版周期短的期刊，有更多的机会成为来源期刊；而载文量少、周期长、成长中的期刊却容易被忽略，二次文献摘录的机会将会减少。这些都会影响文献统计法对期刊论文质量评估的准确性。

3. 利用率法

理论上认为，读者对每种期刊的阅读和利用频次是不同的，质量高的期刊一般更加受到读者重视，利用率就高。利用率高的期刊通常就是某类学术期刊中的核心期刊。这种方法通常会被图书馆用来搜集和订阅期刊。但由于这种方法受到图书馆订阅期刊的种类和读者借阅时的环境限制，容易造成评价不准确，因此只能作为确定核心期刊的参考依据。

四、期刊评价指标与期刊质量的关系

期刊评价指标是根据影响期刊质量的因素进行的科学选择，因此反映着各因素与期刊质量的关系。在这些指标中，它们与期刊质量的关系有所不同。有些因素的作用大，有些作用相对小。《中国科技期刊引证报告》（扩展版）在其收录的期刊中，使用了期刊被引用指标和来源期刊指标两个大类，其中前者包括扩展总被引用频次、扩展影响因子、扩展即年指标、扩展他引率、扩展被引半衰期、扩展引用刊数、扩展学科影响指标、扩展学科扩散指标和扩展 H 指标；后者包括来源文献量、文献选出率、平均引文率、平均作者数、地区分布数、机构分布数、海外论文比例和基金论文比例。本文选取经济管理类部分期刊的指标进行对比，如表 8-1 所示。

表 8-1　2011 年经济管理类期刊被引用指标（部分期刊）

期刊	扩展总被引频次	扩展影响因子	扩展即年指标	扩展他引率	扩展引用刊数	扩展学科影响指标	扩展学科扩散指标	扩展被引半衰期	扩展 H 指标
经济研究	17294	7.84	0.74	0.98	1105	0.81	13.15	6.78	46
世界经济	3461	2.62	0.21	0.98	592	0.68	7.05	5.87	19
管理世界	8719	2.37	0.19	0.97	1028	0.59	8.36	5.50	23
会计研究	9581	5.64	0.41	0.97	633	0.57	5.15	6.10	31

续表

期刊	扩展总被引频次	扩展影响因子	扩展即年指标	扩展他引率	扩展引用刊数	扩展学科影响指标	扩展学科扩散指标	扩展被引半衰期	扩展H指标
南开经济研究	1081	1.50	0.05	0.99	411	0.60	4.89	6.59	10
宏观经济管理	816	0.61	0.11	1.00	379	0.26	3.08	2.92	6
决策探索	446	0.13	0.02	1.00	217	0.14	1.76	3.83	3
改革	1276	0.92	0.26	0.93	612	0.56	6.10	3.61	8
经济界	212	0.28	0.04	1.00	148	0.24	1.76	4.93	4

资料来源：北京万方数据股份有限公司．中国科技期刊引证报告（扩展版）［R］．北京：科学技术文献出版社，2012.

通过实证分析，发现各个指标与期刊质量的关系如下：

在被引用指标中，扩展总被引用频次、扩展影响因子、扩展即年指标、扩展引用刊数、扩展被引半衰期、扩展学科影响指标、扩展学科扩散指标和扩展H指标与期刊质量有显著的正相关性。具体地说，扩展总被引用频次越大，扩展影响因子越大，期刊质量越高，学术影响力和作用越大；扩展即年指标越大，扩展引用刊数越多，期刊越受到关注，因此质量也越高；扩展被引半衰期越长，扩展学科影响指标越高，学科扩散指标越大，期刊质量越高。扩展他引率对期刊质量无明显影响。

在来源期刊指标中，与期刊质量显著正相关的指标有文献选出率、平均引文率、平均作者数、海外论文比例、基金论文比例、引用半衰期。说明这些指标越高，期刊质量越高，影响力越大。文献选出率越高，平均引文率越高，表明更符合学术规范和有学术深度。平均作者数与期刊质量正相关，表明期刊质量越高其平均作者数越多。海外论文比例与期刊质量正相关，表明海外作者比例越高期刊质量越高。基金论文比例越大，表明论文中受基金资助的比例越高，由于基金项目的审核比较严格,因此论文的质量一般较好,期刊质量越高。与期刊质量关系不显著的指标是地区分布数,表明期刊质量高,地区分布数反而小。可能的原因是高质量的期刊载文量不如普通期刊,导致地区分布范围小。与期刊质量显著负相关的指标是机构分布数。说明期刊质量越高,作者机构分布的范围越有限。其原因是高水平的科研机构极其有限,导致作者机构分布数较少。

第四节 我国现有期刊评价体系比较

学术期刊评价在促进期刊规范化、提高质量和科学发展方面具有积极的作用,因此,各方面都很重视期刊评价工作,已有的期刊评价工作也得到了一定程度上的认可和肯定。但是,由于期刊评价存在着某些缺陷和不足,期刊评价的方法和指标体系还不完善,因而还不能尽如人意,需要完善和发展。

当前我国学术期刊评价工作主要存在6个评价机构,经过多年的实践和改进,形成了以6个评价机构为主的期刊评价体系,这些评价体系各有优势,又有不足。

我国6个期刊评价机构和其评价体系:北京大学图书馆的《中文核心期刊要目总览》、中国科学院文献情报中心的《中国科学引文索引(CSCD)》、中国科学技术信息研究所的《中国科技论文与引文数据库》、中国社会科学院文献信息中心的《中国人文社会科学引文数据库》、南京大学的《中文社会科学引文索引(CSSCI)》、武汉大学的《中国学术期刊评价研究报告》。6个评价体系使用的评价指标各自都有相应的设置,基本指标内容相似或相同,存在个别不同指标,如表8-2所示。

表8-2 当前国内学术期刊评价体系比较

评价体系	机构	主要评价指标	评价方法
《中文核心期刊要目总览》	北京大学图书馆、北京高校期刊工作研究会	被索量、被摘量、被引量、他引量、影响因子、被摘率、获国家级奖数量或被主要检索工具收录等	五步法:学科划分、指标确定、数据统计、定量评价、专家评审

续表

评价体系	机构	主要评价指标	评价方法
《中国科学引文索引（CSCD）》	中国科学院文献情报中心	分为两大类。（1）学术水平：影响因子、被引频次、反应速率、平均引文率、期刊他引率、作者他引率、基金论文比、国际作者论文比、论文机构分布数、被国内重要检索系统收录数、被国际著名检索系统收录数、影响因子平均增长率等；（2）编辑出版水平：编校质量、标准规范、装帧印刷质量、论文评价发表周期、社会效益和期刊获奖情况	定量与定性分析结合、计算机综合处理与学科专家评议结合
《中国科技论文与引文数据库》	中国科学技术信息研究所	分为三类：（1）总被引频次、影响因子、即年指标、平均引用率、地区分布数、基金论文比、普赖斯指数和他被引率；（2）社会效益、经济效益、政策法规、管理制度、报道计划；（3）标准规范、文字加工、报道时差、编校差错、编排设计、出版印刷	利用德尔菲调查法与层次分析法处理各层指标或水平的权重，最后计算各项指标的隶属度加权求和，得到该期刊的总得分
《中国人文社会科学引文数据库》	中国社会科学院文献信息中心	总被引频次、影响因子、学科影响因子、即年影响因子、学科自引量、学科载文量、引文率、转摘率	利用模糊数学的多层次综合评判原理建立统计模型，确定各学科的核心期刊
《中文社会科学引文索引（CSSCI）》	南京大学中国社会科学研究评价中心	他引影响因子（简称影响因子）、总被引次数	期刊2年他引影响因子与总被引频次按年进行归一化处理，然后按照8∶2的权重赋值后求和，再进行比较
《中国学术期刊评价研究报告》	武汉大学中国科学评价中心	基金论文比、总被引频次、影响因子、Web即年下载率、二次转摘次数、国外重要数据库收录（自然科学期刊）	先求得各刊的指标值，由所得的原始数据构成指标指矩阵；求得各刊指标值的隶属度，由此构成隶属度矩阵；对隶属度进行加权平均，计算出各刊的最终得分；由高到低，对各刊依次排列，取前5%—25%为"核心期刊"

第五节　当前学术期刊评价分析

一、当前学术期刊评价的缺陷与不足

当前学术期刊评价经过不断地完善和发展，所取得的成果是显著的，也起到了一些积极作用，但是，存在的缺陷也是不容忽视的。主要存在的问题有以下几个方面：

第一，评价方法在科学性上还有不足，评价结果有失客观公平。首先，以优秀期刊评价为例，评价的主要内容是期刊发表论文的质量水平、期刊的编辑质量、期刊的选题策划水平和出版质量几个方面。评价的主体或者评价者是政府宣传部门、教育部门、出版管理部门各学科研究会、社会科学基金机构联合期刊协会，组织有关专家评定，同行进行评议，最后选出质量高的期刊作为优秀期刊。这种评价评出的优秀期刊，通常都是质量高的期刊，具有代表性、标杆性。但是，评价结果还是存在一定的真实性、客观性和科学性不足的问题。因为在期刊评价中，评价主体会受到人情、关系等方面的影响，产生主观偏差；同时，评价主持者及所聘请的专家可能对期刊缺乏全面、真实的了解，以及存在学科领域外的专家对该学科期刊把握难度高等原因，造成评价结论不客观，反映不了真实的期刊质量水平。这就大大降低了期刊评价结果的客观性和科学性。其次，以影响力为标准的核心期刊评价方法，是在借鉴国外文献计量学发展成果的基础上产生的，它把文献计量方法作为最重要的方法来评价期刊质量，并结合定性研究对期刊进行评价，使期刊评价在很大程度上减少了主观因素的干扰，提高了期刊评价的科学性和客观性，因而受到期刊评价机构的重视。但是，这种以引用率、影响因子和转载率等计量指标为标准的评价方法也存在着一系列缺陷，例如，在计算方法和指标选取上存在着偏差导致指标不科学，并导致期刊评价结果的客观性、真实性和公正性等方面大打折扣。造成这种结果的主要原因是：一是期刊评价中数据选取存在问题。在各种评价体系中，数据选取决定了数据质量，数据质量决定了计量结果。无论是核心期刊评价还是优秀期刊评价，以及数据库统计源评价，都在数据选取上存在不足，主要是它们依据的期刊统计源不同，不同的学科发展情况和学科设置，使不同学科的发展情况不同，因此，对应的期刊发展状况有差异。一些学科的期刊统计源多，就导致影响因子高；一些学科为冷门学科，统计源期刊少，导致影响因子低。这些都是在期刊统计中被忽视的方面。同时，不同的评价体系在选取统计源期刊时，对期刊的选取是不同的，导致了期刊评价结果不同。二是期刊评价标准过于重视定量指标的大小，忽视对论文创新、实际价值的实质性评价，导致了评价结果不可信度增加。定量方法关注的是数量关系和数量比较，期刊质量的很多方面是难以通过数量关系进行比较的。当前的评价标准主要关注论文发表后的引用率和影响因子等，不仅评价标准是片面的，而且还难以避免不当引用和无效引用对统计结果的影响。①

第二，期刊评价对读者的影响作用没有全面地真实反映出来。对读者产生影响作用，进而对学术思想的发展和社会发展产生促进作用，是期刊出版的基本任务。因此，期刊质量的高低是通过对读者的影响大小和影响的性质表现出来的，那些对读者影响大，而且影响的性质是积极影响，就表明期刊质量高。比如甘肃人民出版社出版的《读者》，深受广大读者的喜爱，销量一直很高，产生了很大的社会效益与经济效益。读者的行为才是评判期刊的关键。学术期刊受到期刊性质的影响，决定了它的受众面较窄，不是一般人喜欢读和读得懂的，只有学术研究者才会认真地阅读，并在需要的情况下进行引用。但学术研究人员数量少，并不都是通过购买纸质学术期刊进行阅读的，多数是通过互联网阅读的。因此，如果没有大数据的记录，就很难对学术期刊的网络阅读情况进行统计。期刊评价中，基本上没有把对读者的影响情况作为评价指标，只是对引用指标进行统计。这就在某种意义上忽视了网络阅读产生的社会效应。

第三，评价指标体系有缺陷，不能全面真实反映论文的质量和社会影响。目前，虽然学术期刊评价指标不断地完善与改进，更加重视了科学性、客观性和公正性，但是，囿于评价方法和评价指标匮乏的制约，评价指标体系还是存在巨大缺陷，不能真实反映论文的质量和社会影响，因而受到学术界的普遍批评。有的研究者建议把学术期刊评价分为三个方面的评价：形式评价、内容评价和效用评价。以此为基础进行分析，可以发现期刊评价过分重视形式评价，忽视内容评价，存在着只重视影响因子、转摘率和引用率等指标，忽视对论文内容质量的客观分析，忽视论文创新性、社会效益和对读者的影响等最重要的方面，这些方面正是期刊影响力的关键因素。从这些评价系统的指标可以看出，缺乏对论文创新性、社会影响力、网络关注等方面的考量。

评价指标在计算上存在缺陷。目前大多数评价体系都把影响因子作为主要

---

① 庞达．大数据背景下学术期刊评价标准研究［J］．科技与管理，2016（4）：87-91.

指标，但是，这个指标在计算时，不能准确反映学术期刊的影响。例如，CSSCI在计算影响因子时，运用的是某刊当年被CSSCI来源期刊文献引用该刊前2年所登载文章的篇次与前2年该刊载文量之比。这里，该刊被那些非CSSCI期刊引用的次数就无法计量，而这些期刊数量极大，却被忽略不计。此外，采用该刊载文量指标也是不科学的。论文的质量是期刊影响力的基础。这里把载文量作为评价指标计算基础，显然不能反映出期刊的真实质量。因此，当前多数评价体系在以影响因子作为评价指标时，存在着难以反映期刊质量特别是论文质量的严重缺陷。

现有学术期刊评价指标在总体上体现了定量评价法在评价期刊时所采用的指标和计算方法，在很大程度上反映学术期刊在出版后所产生的社会影响和作用的情况。但是，这些指标并不完善，其中还存在着很多不足。其不足是：

第一，只对可以计量的特征设计了相应的指标，对定性的内容特征没有设计指标，缺乏定性指标的计量。定性的内容存在着计量困难，但是也是期刊内容质量的重要方面。因此，需要给予相应的关注并做出计量。需要指出的是，定性内容的计量更加困难，因此需要做出更加科学的指标设计。

第二，对网络出版和传播的学术期刊，缺乏符合实际的科学的指标，难以真实反映期刊网络影响，对网络期刊评价缺乏有效的方法。但是，判定网络期刊的社会影响对于评价学术期刊质量非常关键。现有的指标一般采用Web即年下载率，是当年期刊上网后被下载的次数占期刊论文的比率。这是期刊网络出版后被关注的相对指标，反映了网络影响，即读者对期刊的关注度。但是，这个指标不能概括网络出版学术期刊的网络影响，需要进一步制定科学的指标。此外，还需要对网络下载的有效性进行判别，对下载总量进行计量，对网络期刊产生的影响进行全面考察。

现有指标体系过于复杂，一些指标对于学术期刊质量的反映力较小，甚至会产生争议。应当进一步科学设计指标，使指标更加简单易行，更加利于指导学术期刊网络出版的发展。

二、现有的学术期刊评价方法分析

我国目前存在的两种评价体系：一是以质量合格评价与优秀期刊评价为目标的定性评价体系，二是以影响力大小为目标的定性与定量结合的核心期刊评价体系。前者主要用于期刊管理和评优活动，后者主要用于期刊学术影响力评价及期刊定级活动。两种体系均有优点也有不足。前者强调了期刊的规范合格，但对于学术影响力重视不够。后者对学术影响力大小非常关注，但对于合规性重视不够。并且随着网络时代的到来，由于社会经济等因素变化巨大，以期刊影响力为标准的核心期刊在概念上出现异化，导致在科研管理中出现"以刊评文"的现象。

定性评价方法主要采用专家评价法，其中也通过一定的量化方法进行评分量化，但主要是借助专家的意见进行评价，因此，受到主观因素的影响较大。由于主要用来合格评价，因此主要是对学术期刊的政治水平、学术水平、编辑水平和出版质量进行评价，并不特别强调期刊论文的学术影响力，是综合水平的考量，是对学术期刊总体综合质量的评价，因而更多地用来进行期刊质量评比。长期实行定性评价，这是我国学术期刊评价所处的环境和发展阶段的结果，这对于学术期刊的发展和学术期刊整体质量的提高非常重要，因而受到各方面的重视。其不足在于主观性较强，受主观因素影响过大，同时对于学术影响力在期刊质量中的重要性没有十分重视，可能影响了期刊学术影响力的发展，不利于促进学术思想创新性的发展。

基于学术影响力的核心期刊评价体系以影响因子、载文量、转载率、引文量和其他指标为基础，采用定量的评价方法，辅以定性的专家评价对期刊层次进行评价划分。这种方法较定性评价存在一定的客观性、科学性，备受关注。但所取得的结果被用于学术评价，并进而成为期刊"质量"和"学术地位"的评判标准，成为学术成果的评判依据和标准，因而引起了学术界和期刊界的激烈争论，说明这种体系还存在一定的缺陷和不足，不足以成为学术期刊评价的唯一标准。

同时，定量分析评价所采用的影响因子等指标，虽然在宏观评价方面有重要意义，但不宜作为具体论文内在价值的判断标准。正是因为使用影响因子等指标作为期刊评价的指标，导致了以刊评文、用期刊的级别作为论文质量级别的扭曲现象，也导致了期刊为了获得高比值的影响因子，不断地降低期刊载文数量。

最后，值得指出的是，当前学术期刊评价中存在着学术期刊分类不够严谨、科学，不分用途地采用同一指标体系，造成一些具有良好社会影响的学术期刊难以进入优秀期刊行列。

笔者认为，这种争议的存在是必然现象。一方面，每种评价体系侧重点不同，采取的方法也有差异，因而会引起争议；另一方面，每种方法只能相对完善、相对科学，存在不足是必然现象。基于学术影响力的核心期刊评价方法采用计量与定性结合，以定量为主的方法，在方向上是正确的，因为它可以尽量减少主观因素造成的不科学问题。

以影响因子作为评价体系的重要指标，既有一定的科学性，也存在一定的缺陷。除了没有把编辑质量、出版质量等因素考虑进去外，影响因子也受到人为干扰，比如为了提高影响因子的数值，一些学术期刊人为地减少刊发论文数量，减少影响因子的分母，提高引用率；有些期刊则通过不正常的互引，提高引用率。这些虽然提高了影响因子的数值，但并不能真实反映论文的学术价值和社会影响力。

此外，以上评价方法还存在期刊评价过程不透明、评价程序不规范等问题。这些也影响了当前学术期刊的评价科学性。以不规范的评价程序或者存在缺陷的评价方法体系获得的核心期刊评级结果，来衡量研究者的科研质量，以刊评文，必然引起学术界的争议与质疑。这也是近年来期刊评价备受争议的根源。

现有学术期刊评价体系和方法主要是针对传统出版方式和纸质形态期刊设计的，对网络出版形态下的学术期刊缺乏相应的评价方法和体系。随着网络期刊的产生和发展，学术期刊评价中还要把网络因素的影响考虑进去，才能更好地体现学术期刊的总体质量。但是，现有的评价体系和方法没有对网络出版的期刊做出恰当的评价，缺乏有效的科学的评价指标和评价方法，因此，对网络出版带来的影响还没有充分考虑。这是现有评价指标和评价方法需要进一步改进的方面。现在，学术期刊全文、引文上网率已经达到90%以上，因此，应尽快进行动态调整，完善网络期刊评价机制，设计网络期刊评价的指标，构建符合中国期刊特点的期刊评价体系。[①]

随着网络出版的发展，期刊评价应当把网络因素考虑到评价方法和体系中。下载量、下载率、网络引用率等将被用来统计期刊的网络使用情况。

三、当前需要改进和创新评价方法

根据学术期刊评价存在的问题和争论，很多评价研究机构试图改进和创新学术期刊评价指标和方法，并取得了一些成果，但与实际需要还存在一定的差距。当前亟待进行以下方面的改进和创新：

首先，细化评价体系，实现分类评价。期刊应当按照专业进行评价，不同专业的学科发展水平不同，产生的文献成果质量不同，数量也不同，将不同专业的期刊进行比较，违反了可比性的要求。不同专业的文献计量指标往往差别很大，不宜用来分析评价期刊质量的高低。按专业或类别进行期刊评价有利于

[①] 杨红军. 网络环境下期刊评价亟待解决的问题[J]. 中国石油大学胜利学院学报, 2007, 21 (2): 22-23

评价更加细化，增加具有专业特色的指标，特色的专业指标更适合对专业期刊进行科学合理的评价。

其次，评价方法上主要采用科学计量评价与专家评议相结合。科学计量评价通过对文献的科学计量获得反映期刊质量特征的指标，具有客观性强、不受主观影响等优点，但是，也存在不能全面反映期刊质量的问题，是不全面但相对真实的评价。这就需要专家评议来补充科学计量法的不足。因为专家比较了解学科专业的情况，对学术期刊载文情况也能够进行比较准确的判断。因此，在对学术期刊评价时应当把这两种方法结合起来，才能得出较为客观、准确的评价结果。

再次，在网络出版中需要整合期刊评价指标，进行综合评价。网络出版已经成为学术期刊出版的主要渠道，期刊评价应当结合网络出版的特点，整合出反映网络期刊引用规律和质量的代表性指标。杨红军（2007）认为，"评价机构应当在因素版期刊评价指标的基础上结合网络版期刊的特点制定相应的评价指标，并充分利用先进的计算手段和互联网提供的便利进行全面的调查与研究。"

第九章

媒介融合中网络出版学术期刊评价

随着网络出版不断发展壮大,以纸质学术期刊为主要对象的评价方法和指标体系难以适应网络出版学术期刊的评价需要。为了科学地评价网络出版学术期刊的质量,学术期刊评价指标体系和方法需要根据网络出版的发展及特点加以完善和改进。本章在分析学术期刊网络出版对期刊评价体系影响的基础上,研究网络出版学术期刊评价的理论基础、评价指标与方法等问题,以期对媒介融合网络出版的学术期刊评价提供理论指导。

第一节 学术期刊网络出版的形态及其对期刊评价的影响

网络出版给学术期刊带来了新的发展机遇,形成了新的出版形态和传播方式,也对学术期刊评价产生了一系列影响,要求对学术期刊评价方法进行创新和发展,做出适应新媒体时代网络出版要求的变革。

一、学术期刊网络出版的形态

学术期刊被认为是学术思想传播和学者交流研究成果的工具。在很长时间内,学术期刊都是在传统方式下进行纸质出版和传播。20世纪90年代以后,信息技术和网络技术广泛应用,电子期刊迅速出现并向网络期刊演化发展。从1994年起,一些学术出版社宣称将在1996年实现所有期刊上网,并在网络上出版传播学术期刊,由此产生了网络出版学术期刊,被称作网络学术期刊,网络学术期刊出版出现并快速发展。

网络学术期刊至今为止没有统一的定义。如同数字期刊和以电子形式发行的电子学术期刊一样,人们对网络学术期刊的定义很模糊。例如,有人认为网络学术期刊是:"以数字形式呈现,以连续方式出版并通过电子媒介出版传播的学术期刊""网络学术期刊是网络为载体的学术化连续出版物。"①

网络学术期刊最主要的特征是学术期刊的网络化,包括网络出版和网络传播两个方面的内容。学术期刊网络出版与传播通常融为一体,因为学术期刊在网上出版的同时也就是开始了网络传播过程。因此,可以说学术期刊网络传播就是学术期刊网络发布行为。

根据学术期刊网络出版的特点,学术期刊现有的网络出版与传播形态分为两类:一是传统纸质学术期刊+网络版,又可以称为学术期刊电子版,我们称之为双版型学术期刊;二是纯网络版的学术期刊,可以称为纯网络学术期刊。

(一)传统纸质学术期刊+网络版:双版型学术期刊

双版型学术期刊,即传统纸质学术期刊+网络版,是指利用信息技术将印刷版学术期刊数字化并上网传播,这是数字出版机构二次出版学术期刊网络出版与传播模式。这种类型的学术期刊是在纸质形态的基础上(在编辑出版上遵循与印刷版相同的流程),以电子信息或数字化的方式,将期刊内容再次呈现给读者。根据二次出版呈现的内容,可以把纸质学术期刊的网络版分为三类:全文转送型、文摘型和题录型。网络版学术期刊通常由众多的纸质期刊编辑部提供期刊的内容,并以电子文档的形式提供给大型数据库出版商或者数字出版机构集中上网出版,因此存在着纸质期刊、电子版内容和网络版期刊并存现象,从而为纸质学术期刊增加了网络传播渠道。出版商除了履行出版责任外,还担当网络服务角色,发挥网络服务作用。它通过自己的网站或者大型专业网站,向网络用户提供整合的学术文献内容及有关信息。

目前,我国从事学术期刊网络出版并提供纸质学术期刊网络版的大型出版商主要有中国知网(CNKI)、重庆维普、万方数据库和龙源期刊网。它们由不同的主办单位创建,都收录大量的学术期刊论文,并通过网络进行再次出版传播。这些大型期刊数据库网络平台为我国学术期刊实现从纸质出版向网络出版转变提供了出版平台。

(二)纯网络版学术期刊

纯网络版学术期刊也就是以出版学术研究成果为内容的网络期刊,纯粹是以互联网为平台在网络上组稿、审稿、编辑、出版和发行的学术期刊。有人也称其为纯网络期刊。这是通过网络渠道出版的学术期刊。薛晓芳、陈锐、何伟

---

① 周艳霞. 网络传播环境下对学术期刊评价体系的理论思考 [C] //中国优秀硕士学位论文全文数据库. 信息科技辑(51), 2011: 1-60.

（2011）对纯网络期刊下的定义是："纯网络期刊是指完全以数字化形式组稿、审稿、编辑、制作、出版和发行的期刊，并以因特网为唯一的传播渠道，定期或不定期地连续出版且每期均附有编号或日期标志的连续电子出版物。"[1] 与传统学术期刊出版方式不同，它简化了纸质内容的审稿、编辑、校对和排版印刷等过程，可以由出版商或者出版机构制定编排规范，由作者担当编辑、校对、排版人员，大大提高了编辑出版效率，缩短了出版时间。通常认为，纯网络期刊仅有 E-ISSN 号，没有相应的印刷版或其他类型的电子版。但是，为了满足部分社会需要，可以根据需要定制出版少量的印刷版。

纯网络学术期刊具有产品数字化、流通网络化、交易电子化、信息共享化、服务互动化、多媒体共同运用等特征，与传统期刊相比，在组稿、编辑、出版、发行等方面具有十分明显的便捷性和及时性。当前，纯网络学术期刊的代表是开放存取期刊（OAJ）。

目前，这种纯网络出版的学术期刊已经开始获得广泛的认可，取得了一些发展。在国内，纯网络版学术期刊还处于起步阶段，没有得到广泛的认同，很多部门和单位没有真正承认网络版学术期刊，这给网络出版学术期刊的发展带来了不小的阻力。但是，从学术期刊出版的发展看，网络出版和纯网络学术期刊必然成为主流方式，纸质期刊将成为辅助形态甚至消亡。

开放获取期刊（Open Access Journal，OA 期刊），有人也称之为开放存取期刊，是 20 世纪 90 年代国外出版机构开展的一种在因特网上在线出版、可以自由存取、用户免费使用的学术期刊，属于纯网络出版形态。用户除了支付网络费用外，不需支付其他费用。2000 年以来，图书情报界、出版界认识到传统的学术期刊订阅方式给学术交流带来严重的障碍，急需一种全新的出版模式，OA 期刊就是这种思想认识的具体体现。

科学公共图书馆（Pubic Library of Science，PLoS）是由前美国国家卫生研究院院长、诺贝尔奖获得者哈罗德·瓦穆斯（Harold Varmus）博士等人创办的，它是由科学家和医生组成的一个非营利性组织，致力于使全球范围内的科学和医学文献成为可以免费获取的公共资源。2002 年 11 月，PLoS 获得摩尔基金会和汉森基金会的赞助，开始出版科学及医学类的期刊。PLoS 建立了经同行评审的综合性开放获取期刊 PLoS Biology，取得了巨大成功，开放存取期刊获得了发展壮大，期刊覆盖面超出自然科学领域，发展到社会科学和人文科学领域，开

---

[1] 薛晓芳，陈锐，何伟. 纯网络期刊评价指标、工具及其体系构建 [J]. 中华医学图书情报杂志，2011，20（4）：16-20.

放存取期刊逐步被传统文摘索引服务商接受并转载收录。

开放获取期刊列表（DOAJ）是由瑞典 LUND 大学创建和维护的一个平台，内容涉及多个学科和多种语言，提供可供存取的经过质量控制的开放获取期刊。早在 2006 年 7 月，该列表已经收录 2302 种开放获取期刊，103801 篇论文。有研究成果表明，开放获取期刊的引用率和影响因子在不断提高，有时甚至超过了同类传统期刊的引用率和影响因子。

二、网络出版学术期刊的传播优势

与传统出版的纸质期刊相比，网络出版学术期刊的传播采取的是借助网络技术和电子信息系统，以网络为依托，对学术论文进行约稿、审稿、编辑加工和排版、发行，网络发行过程就是网络传播行为。网络学术期刊的传播可以超越时空限制，不受地域和空间分布的影响，具有一系列的优势。

首先，网络期刊可以实现跨时空传播。从时间上看，网络期刊具有优异的时效性，快速、及时和便捷，造就了网络学术期刊在传播上具有纸质期刊无法比拟的效率。纸质期刊只有在邮寄传递的情况下才得以广泛传播，在时空上受到严重的制约，因而其传播力十分薄弱。相反，网络学术期刊借助电子信息在网络上无障碍传播，极大地增强了其传播能力和传播效率。

其次，网络学术期刊可以通过多媒体传播学术思想。借助电子信息技术，通过文字信息、图片、声音、动画、微信等，实现多媒体形态传播、多渠道传播，增强了学术期刊的内容表现力和传播影响力。对于满足读者和其他用户的多样化需求具有积极的作用。

再次，网络学术期刊在传播中，受众的地位由被动变为主动。学术期刊传统出版方式和传播方式下，受众居于被动的地位，但在网络出版方式和网络传播方式下，受众则从被动地位转变为主动地位，可以主动地按照自己的方式选择内容，主动地搜寻内容信息，并且可以与学术期刊编辑互动交流，发表自己的观点，并在网络出版平台上给学术期刊评价和提出建议。这些使受众彻底改变了传统媒介中被动地位，成为学术期刊出版传播的重要参与者。

最后，网络学术期刊在传播中会产生浏览和使用的网络痕迹，可以运用大数据技术加以跟踪计量。由于被下载和使用，会在网络中记录下载和使用的频次，因此，对于评价期刊产生了一些影响，主要是在指标选择上可以采用 Web 下载率、下载总频次、阅读时间等数据对期刊进行评价。

三、网络出版对学术期刊评价的影响

网络出版与传播给学术期刊带来了新的发展环境，使学术期刊具有网络期刊的新媒体出版形态和网络传播的新途径，这是学术期刊在网络环境下的创新发展，也对学术期刊评价方法与评价指标体系提出了新的要求。学术期刊媒介融合改变了期刊出版传播的形态，对读者阅读方式和获取期刊内容的手段及途径都产生了巨大的影响，因而，期刊评价方法、评价标准及指标体系的创新发展也应当体现这些影响。

（一）期刊评价更加重视读者的作用和影响

媒介融合使学术期刊在纸质形态的基础上增加了网络版期刊、电子版期刊形态，可以让读者与期刊更加容易互动，读者在期刊评价中的作用也越来越显著。以往期刊评价主要是借助期刊的引用率、转载数、影响因子等指标，重视的是论文引用者和转摘者在期刊评价中的作用，对于其他读者例如那些只阅读不引用或转摘的读者则不予考虑，这是现有期刊评价存在的重要缺陷。造成这种结果的原因之一，是对读者阅读产生的影响难以科学判断，这种问题可能是源自评价手段的技术较为落后，也可能就是评价方法与指标上的错误与遗漏所致。一种期刊及其刊载的论文，对社会的作用不仅体现在对引用者的影响上，还体现在其所传播的内容对读者思想及行为的影响上，前者是显性影响，后者是隐性影响，由于大多数读者可能不是在研究中擅于引用别人成果的人，但却在学习和阅读中获得了巨大的启发和影响，这是期刊评价中引用率、影响因子、转摘率等指标所无法体现的部分。当然，对这些影响进行评价是极其困难的，现有的方法解决不了这个问题。我们这种看法也和部分研究者的观点一致："对于公开发表的论文来说，论文的引用和转载者可能只是读者中的一小部分，大多数读者在阅读后不一定会将之运用到学术创作之中，但同样会对文章质量做出心理评价，这种评价实际比单纯的引文评价更全面、更有说服力，但也更难以计量。"①

新媒体时代，媒介融合持续深入发展，大数据被运用到期刊评价中。新媒体时代的学术期刊出版方式主要是网络出版，电子期刊或者网络期刊成为学术期刊的主流。网络出版平台不仅是一个出版平台，更是一个集出版、阅读、互动为一体的综合平台，是期刊社为专家、读者、作者提供的一个服务平台，不仅提供期刊内容，而且提供数据服务、互动服务、留言及评价等。

---

① 庞达．大数据背景下学术期刊评价标准研究［J］．科技与管理，2016（4）：87-91．

在这个平台上，读者的阅读次数、停留时间、阅读范围、阅读兴趣以及与编辑、作者的交流，都将被完整地记录下来，同时，读者对文章内容的意见，对选题策划、栏目设置、编辑活动的反馈建议都会很好地保留，这些都是期刊评价不应放弃及忽视的内容，甚至成为期刊评价时的主要依据。怎样才能将其科学地反映到学术期刊评价指标中，已经成为学术期刊网络出版中期刊评价的关键。

（二）期刊的创新性将被更加重视

创新是推动技术进步和社会发展的基本动力，也是学术期刊刊发论文质量的基本标准。但是，当前期刊评价指标体系中缺乏对论文创新性的评价。缺乏对论文创新性的评价是现有评价指标方法和指标体系的重要缺陷。只有弥补这个缺陷，才能完善当前期刊评价指标体系。

在网络期刊成为主流形态的新媒体时代，在期刊容量扩大、编辑审稿与出版流程简化、出版内容增加和载文量扩大的情况下，期刊内容的质量会出现良莠不齐的问题，更需要做好论文质量评价。除了一些必要的条件外，论文的创新性成为决定质量的主要因素。因此，对论文创新性的评价，是期刊评价中不可或缺的部分，甚至应当成为主要指标。

在大数据时代，如何从海量的文献中挖掘出具有创新价值的内容，并以最便捷的方式向读者提供，获得其阅读和评价意见，这是网络出版中需要考虑的问题，也是未来期刊评价中非常重要的参考指标。由于大数据的应用，完全有条件取得期刊网络出版传播中关于论文创新性的全数据样本。

（三）期刊评价指标更加丰富和具有科学性

媒介融合及大数据应用为期刊评价提供了更大的信息资源库和更加方便的数据获得途径，因此，期刊评价指标将更加丰富。当前国内外期刊评价都存在着科学的指标匮乏问题，因此，即使一些评价机构做出了较大努力，仍然受到许多学者和读者的批评责难。随着媒介融合和大数据的应用，具备了制定科学的评价指标环境和条件。

媒介融合背景下，期刊论文的投稿、审核、编辑、排版和发表之后的传播方式与途径，以及社会影响等，都将通过大数据和云储存技术被记录和储存，从而可以为期刊评价提供翔实的数据信息，并作为期刊评价的新指标。

大数据技术支持下的电子阅读终端对读者下载期刊论文次数、某类论文下载的频次、在某个论文上阅读时间等都会进行记录，从而为未来期刊评价提供数据。依据大数据技术采集期刊评价数据，可以避免因数据不足和算法差异导致的因子计算缺陷，还可以对期刊引文的科学性以及是否有效、是否自引、是否准确等进行准确记录，从而更加科学地和精确地进行统计。

目前，已有期刊评价系统把 Web 下载量、下载次数、论文网上阅读和使用频率、粉丝数量、点赞频次等作为考量网络期刊论文评价的指标。例如，《中国学术期刊综合引证报告》的文献计量评价指标中，除了包括载文量、基金论文比、总被引频次、他引总引比和被引半衰期等指标外，还增加了 Web 即年下载量和 H 指数等期刊学术影响力指标。因此，随着网络期刊成为期刊的主流形态，以互联网记载数据信息为依托的新型指标将更加丰富和更加完善。期刊评价指标体系也更加科学、公平和可信。

（四）期刊评价更加重视社会相关人士参与

在现有评价指标、评价体系和方法受到学术界尖锐批评和质疑的情况下，学术期刊评价机构也在不断地改进评价方法，完善评价体系和评价指标，并利用互联网带来的便利，使其所做的期刊评价工作更加具有科学性和公平性。除了把 Web 下载次数等具有互联网特色的指标加入评价指标体系外，还在期刊评价活动中扩大社会公众参与，重视专家意见和业界人士在期刊评价中的作用，广泛征求学术界和期刊出版界人士的意见。利用互联网的便利性，在期刊评价中利用网络征求专家学者和出版专家的意见，为学术期刊评价的科学性提供支持。

第二节　现有学术期刊评价经验借鉴

在现有的学术期刊评价中，虽然存在着很多问题和不足，但是，经过各个期刊评价机构不断完善评价指标体系和方法，也在期刊评价方面取得了许多有价值的经验。例如，在定性评价与定量评价结合上取得的经验，就是值得借鉴的方面。

一、评价指标设计和评价方法

第一，确定指标的原则，科学选择和合理确定学术评价指标，构建科学的评价指标体系。

我们选择在中国学术期刊评价中历史较早、体系较为完善的几个评价体系加以说明。

1999年中国科技信息研究所开展了中国期刊综合评价指标体系的研究，首先确定主要评价指标，然后经过几年的实践和补充完善，逐步形成了长期稳定、规范、可操作的综合评价指标体系。在选择制定评价指标体系时，提出了三条基本原则：(1)与国际期刊评价在方法和理论上保持一致，与国际标准接轨，为登上国际舞台奠定基础。(2)结合我国期刊发展的实际，确定反映我国期刊学术水平的指标体系。(3)突出可操作性，指标易于统计和获得计算结果。经过研究，确定了八项学术指标，分别是总被引频次、影响因子、即年指标、平均引用率、地区分布数、基金论文比、普赖斯指数和他引率。同时，为了全面反映期刊的编辑与管理水平，还制定了与反映学术水平对等级别的两项指标：科技期刊经营管理水平指标和科技期刊编辑水平指标。这两项指标下边，共有11项指标。这11项指标和反映学术水平的8项指标加在一起，共有19项指标，构成了中国科技期刊综合评价指标体系。

中文社会科学引文索引（CSSCI）是由南京大学中国社会科学研究评价中心开发的引文数据库。其主要作用是用来检索中文人文社会科学领域的论文收录和被引用情况。该评价体系对新闻出版署提供的9812种（因为学术期刊有增减，数量每年都有变动）期刊进行查重、核实、分析等，最终确定2770余种期刊作为筛选CSSCI来源期刊的基数。CSSCI按照文献计量学的规律，采用定量与定性结合的方法，从上述2770余种中文人文社会科学学术期刊中选出学术性强、编辑规范的期刊作为来源期刊。目前，有大约25类550余种学术期刊被收录CSSCI中，也就是说，共有550余种学术期刊进入CSSCI。这就是人们常说的CSSCI来源期刊的起源。

CSSCI来源期刊评选标准是：第一，期刊出版的规范性；第二，期刊被引用情况；第三，专家（包括学术委员会）的意见。采用的指标是影响因子和总被引次数，通过对这两个指标的统计计算，对被选的学术期刊进行分类和排序，根据加权值进行归一化处理，选出当年预选期刊总数的1.2倍数量的期刊，提交委员会讨论确定。以2009年为例，评价中心对2006—2008年的期刊通过上述两个指标统计，进行归一化处理，所得值乘以对应的权重，再将两个值合计得到综合值，对综合值进行排序，对进入备选值范围的期刊进行评价，即可得到CSSCI期刊的目录。

2000年，中国科学院自然科学期刊编辑研究会联合中国科学引文数据库课题组开展了"自然科学学术期刊综合评价指标体系"研究。经过研究，提出了自然科学学术期刊综合评价指标体系。该体系包括两个系列、两项水平和19项指标的评价体系。其中，两个系列是静态评价指标系列和动态评价指标系列。

两项水平即学术水平和编辑出版水平。反映学术水平的指标有：影响因子、被引频次、反应速率、平均引文率、期刊他引率、作者他引率、基金论文比、国际作者论文比、论文机构分布数、被国内重要检索系统收录数、被国际著名检索系统收录数、影响因子平均增长率等。反映期刊编辑出版水平的指标有：编校质量、标准规范、装帧印刷质量、论文评价发表周期、社会效益和期刊获奖情况。这些是自然科学学术期刊评价的静态评价指标。其动态评价指标体系是反映引文的指标，主要有两项：稳定指数和影响因子平均增长率。

中文核心期刊研究工作是北京大学图书馆与北京高校期刊工作研究会共同发起的，1990年开始，1992年完成并出版了《中文核心期刊要目总览》。对此，我们称为"中文核心期刊评价体系"。该体系的构建原则是：能够反映期刊学术水平的、核心效应明显的、适合大部分学科的、具有可操作性、有较好统计源的指标作为核心期刊评价指标。经过不断地完善和补充，在出版发布了四版评价结果之后，形成了2004年版的主要评价指标体系，体系包括的指标有：被索量、被摘量、被引量、他引量、影响因子、被摘率、被国外重要检索工具收录和获国家级奖项数量。

第二，利用科学的计量统计方法和评价方法，对评价指标进行统计分析，得到总体评价结果。

期刊评价中可以借鉴已有的评价方法和评价体系中的计算方法，得出期刊评价等级。自然科学学术期刊评价体系结构具有多层次、多方位的评价功能，可以用于优秀期刊评比和择优支持评比。对于优秀期刊评比，采用静态评价指标系列；对于择优支持评比，则在静态评价系列的基础上，通过动态评价指标系列筛选具有发展前景的期刊。在计算过程中，通过调查，设定学术水平权重与编辑出版水平权重之比为7:3。同时，对于同一数据库因收录类型不同或收录内容不同其重要性有较大差别，需要根据情况分别赋予不同的权重。

中文核心期刊评价体系则是根据模糊数学理论，建立一套综合评价数学模型，使用计算机完成复杂的数学运算，得出期刊的评价结果。同时，建立计算机专家评审系统，对专家意见进行快速准确的汇总，将定量结果由学科专家进行定性评审，根据专家的意见，纠正偏差，最终得到比较客观的评价结果。

二、指标权重设计

（一）中国科技信息研究所评价体系中权重的设计

中国科技信息研究所在建立综合评价指标体系时，采用定性与定量分析结合的方法、计算机综合处理与学科专业评价结合的方法，即德尔菲专家评价法与层次分析法结合，建立了功能完备、指标体系齐全和权重适宜的期刊综合评价体系。这个体系我们称之为中国科技期刊评价指标体系。该体系采用了德尔菲专家调查分析评价法与层次分析法结合的方法处理体系中各个层次指标的权重。各个指标的权重处理是指标统计的关键环节。中国科技期刊评价指标体系利用其建立的递阶层次指标体系，从最高层到最底层，在每一层次上通过包含指标间的两两比较，确定出各个指标的相对重要性表度值，确定量化指标，形成数值判断矩阵，求解判断矩阵的最大特征根及其对应的特征向量，导出指标体系中各层指标相对于上一层次中某指标的相对重要性权重值（单排序），继而导出指标体系中各项指标相对于评价总目标的重要性排序权重值（总排序）。在具体研究中，按照层次分析法原则设计调查表，选取该领域有影响的专家进行德尔菲调查分析，提出意见，利用计算机将专家们的意见进行集中分析统计处理，技术处理各级权重和合成权重。最后，对各个经过模糊隶属度转化的指标，经过加权求和，得出期刊的总体评价结果。

（二）中国社会科学院文献信息研究中心评价指标权重的设计

《中国人文社会科学期刊学术影响力报告》指标体系是一个比较完备和严谨的评价指标体系，体系中的指标既有影响因子等传统评价指标，也有Web下载率等反映网络环境下期刊被使用情况的指标；既有定性指标，也有定量指标。指标权重赋值也较为公正科学，值得借鉴。《中国人文社会科学期刊学术影响力报告》对具体指标权重分配如表9-1所示。

表9-1 《中国人文社会科学期刊学术影响力报告》评价指标体系

指标分类	一级指标		二级指标	
	指标名称	指标权重	指标名称	指标权重
学术规范化指标	学术规范化量化指标	0.15	篇均引用文献度	0.0375
			基金论文比	0.0375
			机构标注比	0.0375
			作者地区广度	0.0375

续表

指标分类	一级指标		二级指标	
	指标名称	指标权重	指标名称	指标权重
被引指标	被引次数	0.10	总被引次数	0.025
			学科引用次数	0.025
			他刊引用次数	0.500
	被引速率	0.10	总被引速率	0.025
			学科引用速率	0.025
			他刊引用速率	0.500
	影响因子	0.30	一般影响因子	0.075
			学科影响因子	0.075
			他刊影响因子	0.150
	被引广度	0.10	引用该刊的期刊数	0.100
二次文献转载	二次文献转载数	0.10	被《新华文摘》转载数	0.045
			被《中国社会科学文摘》转载数	0.035
			被《复印报刊资料》转载数	0.020
Web下载	Web即年下载率	0.15	Web全文下载率	0.150

《中国人文社会科学期刊学术影响力报告》评价指标体系是比较科学的评价体系，但是，它也不是完美无缺的。其中，第一项中"学术规范化指标"中的指标，有些对期刊质量影响并不大，例如"机构标注比""作者地区广度"，还有一些指标设计没有反映期刊的社会影响力和社会价值，例如"篇均引用文献度""被引广度"等。

以上学术期刊评价体系和评价方法是在有关机构经过严谨的科学研究之后，逐步提出和完善的，在很多方面具有较高的应用价值，是我们当前学术期刊评价中的权威和标杆，被广泛重视。其中的很多指标和方法具有一定的科学性，值得在学术期刊评价中参考使用。在对纸质版+电子版（网络版）的双版型学术期刊评价中，仍然可以选用，并得出比较真实的质量评价结果。其中的一些评价指标已经考虑到网络出版和网络传播对期刊评价的影响，因而被引入评价指标体系，成为评价双版型学术期刊的重要指标，因此，可以使用和借鉴现有的评价结果。

第三节　网络出版学术期刊评价基本理论

期刊评价是一个复杂的科学评价，不能只使用单一计量指标，而要运用多种指标共同构成评价指标体系。除了运用定量指标进行量化分析外，还需要一些定性指标如价值判断、性质判断等非量化指标。成熟的评价指标体系是在实践中不断探索和完善的，其中，评价对象、评价目标和评价方法的互动是极为重要的环节。

网络出版和网络传播的学术期刊评价指标体系要在现有评价体系的基础上，增加反映网络下载和阅读、网络引用和评价的指标。其中，现有的期刊评价指标可以根据对期刊质量反映的高低进行取舍，同时，要增加反映期刊被网络读者下载、阅读和引用情况的指标。

学术期刊作为一种有固定版式、连续出版、内容新颖、数据原始的出版物，对于科学研究具有无可替代的促进作用。从印刷版到网络版、从传统出版到网络出版，学术期刊的评价理论和评价方法也在不断地改进。网络出版学术期刊是由印刷版学术期刊发展而来的，其质量要求和规范也基本上继承了印刷版的纸质学术期刊的质量要求和出版规范。在学术期刊评价问题上，同样具有继承性和延续性。其中，包括学术期刊评价的有关理论、评价指标和方法。随着网络出版成为学术期刊的主导，期刊评价理论和方法也需要创新。这里在回顾和借鉴已有的评价理论和方法的基础上，试图提出理论改进和创新的思路。

学术期刊评价理论的发展有一个过程。赵丹群（2013）回顾了学术期刊的评价研究历程，发现从20世纪40年代"核心期刊"概念的提出，到20世纪专用评价工具ISI Journal Citation Reports（JCR）的问世，再到现在的复杂评价算法设计，运用的指标众多，方法复杂，然而从理论上看，其评价理念是沿着"发文数量"向"引文数量"，再到"引文质量"的方向前进和发展的。[1] 他进一步认为，可以把学术期刊评价分为三个阶段：简单评价阶段（20世纪50年代—60年代）、综合评价阶段（20世纪70—90年代）和复杂评价阶段（2000年至今），通过对期刊评价理论基础进行梳理分析，以期为网络出版学术期刊评价研究提供启发。我们追踪学术期刊评价理论的发展，发现主要是以下三方面。

---

[1] 赵丹群. 学术期刊评价理论的演变分析［J］. 情报资料工作，2013（2）：58-61.

一、布拉德福定律

20 世纪 30—40 年代英国图书馆学家布拉德福，为了找到"核心期刊"的评价方法，通过对科学文献集中与分散规律进行研究，提出了这个定律。这是当前学术期刊评价理论发展的主要源泉。作为文献计量学的三大定律之一，布拉德福定律的主要内容是：

如果把科技期刊按其刊载专业论文数量的多少以递减顺序排列，这些期刊就可以分出一个核心区域和相继的几个区域，每个区域刊载的论文数量相等。此时，核心区域和相继各区域中的期刊数量之间的关系为 $1:n:n^2:\cdots$（n 为布拉德福常数）。

以此理论为指导，布拉德福揭示出了文献分散规律的经验定律。后经过后继学者的探索，形成了一个包含多个公式和数学模型的理论体系。它揭示了学科（专业）文献在期刊中的分布规律，为人们寻找特定领域的核心期刊提供了理论支持。

按照布拉德福定律可以得到一个关于核心期刊的图像，利用图像寻找核心期刊的方法被称为"图像分析法"。其步骤是：（1）选择、确定收录特定学科（专业）相关论文的目录性或文摘性检索工具。（2）统计期刊数、载文数、累积期刊数、累积载文数和累积期刊数的常用对数。（3）根据期刊载文数进行排序，由多到少，降序排列，形成列表。（4）建立坐标系，根据统计表中的数据绘制布拉德福分散曲线图。（5）确定核心区域的分界点，出现在核心区域的期刊即为该学科（专业）的核心期刊。

布拉德福定律下单纯依据"发文数"来筛选核心期刊，开启了期刊评价的序幕，但是存在着以数量代替质量进行评价期刊的问题，因为需要完善和改进评价方法，使期刊评价更好地反映期刊的质量。

二、加菲尔德引文分析理论

1972 年，加菲尔德（E. Garfield）在对 SCI 收录期刊论文的参考文献进行统计分析时发现，这些参考文献高度集中分布于少数期刊，与布拉德福所揭示的来源文献在期刊中的分布规律是一样的。据此，他提出了"加菲尔德（引文）集中定律"，即引文分析定律。他提出，作为参考文献的"被引频次"（"引文数"）指标，可以反映该文献的质量、重要性和学术影响，也就是说，一篇文献或者某一个特定期刊的被引频次（数量）与其内在品质（质量）存在着某种正向的关系。他提出多个基于"引文数"测度的学术期刊评价指标，其中，"影响因子"被广泛地应用和关注，成为今天学术期刊评价的核心指标。这种把发文数量与被引用频次结合起来考察期刊质量的方法，较布拉德福提出的以"发文数"评价期刊的方法，更加具有科学性。因此，在学术期刊评价研究及应用中得到一致认可，并不断地发展完善，甚至衍生出一系列更为实用有效的指标。例如，除了"影响因子"指标，还衍生出"5年影响因子""剔除自引的影响因子"等。

20世纪80年代以来，以引文分析理论为指导，以"影响因子"为核心指标，逐渐形成了一个评价应用效果更好的方法——"综合评价法"。在综合评价法中使用定量指标与定性评价相结合的办法，使学术期刊评价更为有效、更加科学。这些指标通常有"载文量""收录量""借阅率""流通量""基金论文比"和"Web下载量"等指标。

三、复杂网络评价理论

20世纪90年代，普赖斯对文献（集合）基于引用和被引用关系所形成的"引文网络"问题进行探讨。但当时的讨论仅仅限于简单的定性描述。随着1998年搜索引擎Google问世，以及其推出的Page Rank算法，人们开始对于文献"引用"具有类似效应的网页"链接"进行分析，并基于复杂网络算法来计算不同网页的链接权重，进而作为衡量网页重要性和质量指标用于搜索结果的排序上。这对如何评价期刊产生了启发，为期刊评价研究提供了新的思路。

2007年，美国华盛顿大学"文献计量研究项目组"发布一个新的学术期刊评价指标——"Eigenfactor"，即我们称之为"特征因子"的指标。澳大利亚学者基于Google Scholar数据源的研究提出了类似的评价指标。此外，西班牙的学者也提出了类似的指标。这些都使用了类似于Google的Page Rank的算法，在具体计算时对来自声望更高的学术期刊的引用赋予更高的权重。

2009年，汤姆森路透科技集团与华盛顿大学"文献计量研究项目组"合作，推出新版JCR（2007年版），其中，新增两个指标：Eigenfactor Score（特征因子值，EF）和Article Influence Score（论文影响分值，AI），进一步推动了新指标"特征因子"的应用。

"特征因子"的计算过程：假设一位研究人员，随机选择一本期刊的一篇文章，并任意选择该文章的一个参考文献，跟随这个文献进入下一个期刊，再从这个期刊任意选择一篇文章，继续选择其中的参考文献，链接并进入下一个期刊，这样的行为不断地重复进行，从而可以发现，越是著名的期刊，或者是影响力大的期刊，研究者进入该期刊的次数就越多，进入概率就越大。这个概率就是该期刊的特征因子值。

"特征因子"的计算相当复杂。参考赵丹群（2013）的研究，其计算主要过程是：第一步，使用JCR数据，构建提出自引的期刊5年期引文矩阵，进行矩阵规范化。第二步，进行悬点判定和处理。第三步，构建论文向量。第四步，模拟研究者浏览期刊的随机过程，构建与Page Rank网页链接矩阵相类似的过渡矩阵。第五步，经过迭代计算，寻找过渡矩阵的唯一主特征向量。第六步，以收敛后的主特征向量值作为区分期刊影响力的权重（即"影响向量"，其含义是可以表示研究者在每个期刊停留的时间比例），最终完成EF和AI的计算。[1]

"特征因子"作为学术期刊评价的新指标，是在弥补以往指标缺陷的目标下提出的，具有很好的修复作用。它首先很好地兼顾了引文的"数量"与"质量"因素，其次还将引文统计向前延伸至5年，并剔除了自引的影响，同时，突破学科限制，方便跨学科评价和比较。此外，该指标具有可加性。但也存在自身的缺陷，例如在计算上的复杂性和数据封闭性，对排名靠后期刊的评价区分度较低，准确性难以检验。[2]

第四节　基于质量因子理论和知识网络扩散理论的学术期刊评价

一、以"质量因子"为综合特征指标的网络期刊评价理论探索

从以往学术期刊的评价看，以数量集中程度为指标的评价方法，忽视了期刊论文质量在评价中的作用。为弥补这个缺陷，期刊评价研究者发展了学术期刊评价方法，采用了刊文数量与论文质量结合的指标进行评价，但是，这种方法在计算上非常复杂，而且数据的获得较为封闭，例如复杂网络算法，提出的指标在反映论文质量方面还显得不足。

期刊评价的实质是质量评价，是以刊载论文的学术质量为核心、兼顾其他质量要求的评判行为。因此，找到反映期刊质量的指标，并加以科学计算，对得到的结果进行评价。为此，我们提出"质量因子"这个具有综合性的实质性

---

[1] 赵丹群.学术期刊评价理论的演变分析［J］.情报资料工作，2013（2）：58-61.
[2] 赵星.期刊引文评价新指标Eigenfactor的特性研究——基于我国期刊的实证［J］.情报理论与实践，2009，32（8）：53-56.

的指标,作为评价学术期刊质量的依据。

"质量因子"的定义是,由学术期刊刊发的论文,在学术质量、网络编辑质量及其他相关质量方面,共同决定的学术期刊质量特征。具有较高质量的刊载文献,将获得更多的引用频次,引用率也更高。这是一个综合特征指标,反映的是学术期刊的整体质量。这一指标弥补了以往评价指标在学术期刊质量方面模糊不清的缺陷,从根本上体现了学术期刊评价以质量为标准的实质。

相同学科(专业)的学术期刊,在质量上的差别可以通过刊载论文被引用频次、引用率、应用效果反映出来。引用率高、引用质量高、产生社会效益好的学术期刊,可以统称为"高质因子期刊"。质量因子可以作为网络学术期刊评价的有用指标。

网络出版学术期刊和传统期刊一样,要把质量作为首要的任务。质量就是生命。评价网络学术期刊,关键的标准是质量标准。一般来说,学术论文的学术研究质量是首要的质量,网络出版中,质量高的论文,有较高的转载率、引用率,引用频次高,并且在实践中的应用价值高。网络出版的质量也对学术期刊产生不可忽视的影响,网络编辑质量高低,对论文的传播和发挥社会影响,具有与内容质量同样的作用。当网络期刊的编辑质量很高时,将会最大限度地提高论文的引用率,从而对提高学术期刊社会影响力具有促进作用。

网络出版对学术期刊文献引用行为的影响是,在网络搜索引擎的帮助下,容易找到相关主题的论文,也更加容易通过一篇论文的持续链接,不断地搜索到更多的论文,因此,当研究者进行引用时,会面临着期刊选择的问题。通常,研究者更愿意引用社会反响好、影响大的期刊的论文。因此,网络引用的频次就成为评价期刊的有用指标。一般来说,网络下载的次数越多,被引用的概率就越高。Web下载率和点击率的提高,也会增加引用频次。而一般情况下,点击率和下载次数多的论文,说明论文对读者的吸引力较高。但是,只有对研究者有使用价值的论文才被引用。网络引用与否以及引用的频次,能反映论文的质量的高低。引用率越高,说明网络出版的论文质量越高,也反映了所在期刊的社会影响较高。

"质量因子"的计算是一个相对复杂的过程。首先要确定它的组成部分。然后,对组成"质量因子"的每个部分进行统计计算,最后才能计算出具有总体质量标志的数值。

确定"质量因子"组成因素的方法,是参考现有的评价方法中相对科学和比较有价值的指标,吸收其中一些指标,剔除那些相对价值小的指标。然后根据文献计量学的方法,建立"质量因子"计量模型,进而进行相应的计算并得出具体的数值。

二、基于知识扩散的网络期刊评价理论分析

从知识演进的视角看，知识扩散是对原有知识在文献之间的传播。Chen 和 Hicks（2004）[①] 认为知识扩散指科学出版物和专利所记录知识的改变与应用。知识扩散是一种学习和传播活动，在学习和应用中，知识可以不断得到积累和创新。Stoneman 和 Diederen（2002）[②] 指出，知识扩散有两种方式，一种方式是通过有目的、主动的学习以获得知识，一种方式是将学到的知识与现有知识融合，创造和获得新知识。知识扩散发生后，接受者借助发出者原有的知识使自身的知识量增加，而发出者原有的知识仍然存在。从引文视角看，知识扩散从期刊和论文出发，由被引论文扩散到施引论文。知识也由期刊这种显性知识的集合，扩散到引用者，被引者的显性知识扩散为引用者的显性知识和隐性知识。期刊成为知识扩散的网络节点，人们可以通过网络获得知识扩散的路径，从而发现文献和期刊的影响力。吕志军、王亚丽、刘爽（2018）认为，"以期刊为节点的知识扩散分析能够研究期刊在学科领域内的地位和影响力，对于网络期刊亦是如此。因此，引文网络影响力能够代表引文视角下网络期刊的知识扩散及影响力"[③]。

在网络环境下，网络期刊通过期刊数据库、搜索引擎和官网网站，将存于网络期刊中的显性知识传播到接受者，成为接受者的显性知识和隐性知识，知识在网络媒体中得到迅速且有效的扩散。网络下载率成为反映网络期刊影响力的有效指标。其他诸如搜索引擎、官网网站和微信公众号的社会影响力，也成为反映网络期刊影响力的补充。

现有的评价体系中，普遍重视一些反映期刊被引用情况的指标和一些其他反映期刊社会影响的指标。这些指标在网络出版中仍然具有适用性，我们可以对其中的具有综合性、代表性的指标加以选择和改进，为网络出版学术期刊评价使用。

[①] Chen C M, Hick D. Tracing Knowledge Diffusion [J]. Scientometrics, 2004, 59（2）: 199-211.

[②] Stoneman P, Diederen P. Technology Diffusion and Public Policy [J]. Economic journal, 2002（104）: 918-930.

[③] 吕志军，王亚丽，刘爽. 基于知识扩散理论的网络期刊评价研究 [J]. 数字图书馆论坛, 2018, 169（6）: 52-59.

三、质量因子和知识扩散视角下的网络学术期刊评价指标体系

为了全面和准确反映网络出版学术期刊的质量及社会影响，对现有指标进行划分，可以分为两类：一类是反映期刊规范程度的指标；二是反映期刊学术质量的指标，通常通过期刊内容被引用或使用情况来体现；三是反映学术期刊网络扩散力的指标，用来反映学术期刊的知识传播中隐性传播及其影响。

（一）规范质量指标

规范性指标由一系列反映期刊编辑出版规范化的指标构成。无论国外期刊还是国内期刊，也无论自然科学期刊还是社会科学期刊，都要在规范制度的约束下运行，符合国际统一的规范制度要求，才能更好地提高效率，实现国际化发展。规范性指标具有合规性，是期刊质量的重要要求，对于学术期刊网络出版规范具有指导作用。因此，需要一些规范性指标作为评价指标。包括编校质量指标、政治合规性指标等。规范性质量指标反映了网络出版中的基本质量要求，用来评价学术期刊符合出版规范的程度。薛晓芳、陈锐、何伟（2011）借鉴秦金聚（2007）的研究，把基本质量评价分为稳定性、规律性和编校性三项内容评价，其中的规范性是指有正式刊号、论文格式规范、工作流程规范。并把编校质量单独列出作为编校性评价指标。我们认为，它们可以统一为规范性质量评价，因而其所产生的指标是规范性质量指标。

规范性质量指标包括的内容很多。主要指标有：编校质量、标准规范、装帧印刷（网络期刊的纸质期刊使用，网络期刊采用排版设计）、论文发表周期、期刊出版内部管理制度等。这些指标主要考察期刊在编辑出版中是否遵循国家政策法规、管理制度、标准规范，是否符合有关规定，从而利于行业管理和行业发展。规范性指标在期刊评价中的地位和作用不是可有可无的，在我国具有十分重要的影响。因此，在期刊评价中，必须按照科学的比例制定规范性指标的权重。如果没有按照规范性要求，或者违反了有关规定，则应当按照有关制度降低评价水平。

规范性质量指标在许多学术期刊评价中被作为既定的质量标准，不作为期刊评价的因素，因而放弃对这个指标的考察。尤其在国外的期刊评价中，几乎没有找到这个方面的评价指标。但在我国一些评价体系中，很重视这个指标的评价意义，这就是中国期刊评价特色，应当继续发扬光大。这是我国的基本国情决定的，也是期刊作为服务社会主义市场经济和社会文化发展的需要。

（二）学术质量指标

学术期刊的出版是为社会发展和他人需要提供价值服务的，只有被他人使

用，取得社会效益或者经济效益，推动社会进步，才能发挥其作用，实现其社会价值。被使用或者发挥了社会影响特别是促进了社会进步，是期刊质量评价中社会价值的主要标志。因此，期刊评价应当充分重视内容质量。

一般地讲，学术期刊刊载的论文质量好、创新度高、价值大，则会受到其他研究者或使用者的关注和引用，被其他人接受或者讨论，因而社会影响就大，影响力指数就高。一个社会影响力指数高的期刊，获得的社会声望也高。反映影响力指数的指标，也是衡量期刊声望高低的指数。

社会影响力指数是指期刊借助高质量的内容，实现对读者的思想、认识的影响，进而产生对社会进步的影响。内容优秀、质量高的期刊，对人们的思想认识产生了较好的影响，被阅读的人所使用，被应用于社会改造和生产力发展上，从而对科技发展、社会进步、文化积累与传播等产生积极的作用。一个良好的社会环境，对于学术思想的活跃和创新具有重要的作用。学术思想创新和进步是现代社会科技发明和进步的先导。学术研究带来的发现也是生产力。

学术期刊的社会影响力是期刊内容和学术创新思想在社会上产生的影响。它主要通过其刊载论文被引用和被阅读所带来的价值体现。因此，被引用和被读者吸收为隐性知识的多少反映其社会影响力的大小。反映引用和使用情况的指标在现有的指标体系中，可以找到很多，我们对网络出版期刊进行评价时，通过吸取现有指标或者对其进行改进和完善，可以作为网络出版期刊社会影响力的评价指标。而且，这些指标虽然是针对纸质出版提出的，但是对网络出版的学术期刊也同样具有较高的价值。

我们对当前各个评价体系中用来反映内容质量和使用率的指标进行分析和评估，然后确定需要采用的指标，并加以网络特征化。吕志军、王亚丽、刘爽（2018）在研究中提出的"引文网络影响力"与我们提出的社会影响力指数所包含的指标几乎是一致的。其主要指标有：网络影响因子、网络总被引次数、网络被摘转率、网络被检索工具收录量、即年指标、被引半衰期、网络扩散因子、H指数等。这些指标反映了双版学术期刊被读者使用和重视的程度，以及在学科交流中的影响。

（三）网络扩散力指标

衡量期刊声望高低的指标，常常使用SJR指数，也叫作期刊声望指数，这是基于Scopus数据库的期刊评价指数，其基本假设是：如果一个期刊被高声望期刊引用的次数多，其声望也高。引用次数越多，声望越高。SJR的计算使用了类似于Google网页排名PageRank算法，计算时给予高声望期刊更高的权重，通过迭代计算得到一个收敛值。

由于 SJR 指数具有免费、数据公开、刊源丰富等特点,在评价期刊时容易在公开的数据库中获得,因此,可以用来评价网络出版学术期刊的质量。

网络关注度指标反映学术期刊出版后通过网络传播,对社会产生的影响并引起网络使用者的关注程度。关注度高,也反映了文献所在期刊的网络声望高。大数据和云计算为该指标提供了丰富的数据信息。期刊出版并在网上传播,读者网络点击、阅读、评价、反馈等一系列行为都可以被准确地记录下来,并经过综合计算,成为计算期刊论文网络关注度的指标。

体现网络关注度的指标主要有:网络出版载文量、Web 即年下载率、下载次数、搜索指数、官方网站影响力、微信传播力。但是,这些指标在反映读者关注度和使用情况时,存在着计量难度上的差异,并且在反映期刊对读者的影响力上作用不同。因此,务必选择最能反映对读者影响力的指标。网络关注度是一个很有用的指标,但是,由于技术上的原因,目前在计算上还需要进一步优化。

网络影响度指标用来反映期刊载文的水平和质量时,存在一定的不确定性,尤其是对于一些专业性比较强、相对冷门的学科和领域。为避免单纯的量化统计带来的不利影响,可以结合学科的横向比较,给这个指标设置一定的浮动系数,消除不利影响。

学术期刊不仅需要读者引用,还需要专家和行业评价,也就是由学术期刊的出版者在互联网、大数据的支持下,分学科领域由同行进行评价。评价的内容包括学术期刊的声誉、社会反响等。同行评价的优点在于评价者了解出版规范和期刊发展要求,了解学科领域的发展情况,他们作为学科的专家对于学术期刊的质量和影响具有一定的发言权和评价基础。正如论文被同行评价一样,网络期刊也需要同行评价,作为期刊评价的参考标准。

读者评价是一个重要的指标。读者是学术期刊的主要阅读者和使用者,对于期刊的内容和质量评价具有十分重要的地位和作用。学术期刊的媒介融合和大数据、云计算等技术的应用,以及文献计量学的发展,为学术期刊读者评价指标的应用提供了技术基础。未来结合使用大数据技术的检索工具,对于期刊刊载论文的创新性观点、前沿性观点和关注度高的观点,将进行及时、准确的数据统计和分析,对同行和读者转发的观点、点赞的内容、争论的焦点问题等都进行分析和统计,作为对论文创新程度的评价依据。对观点的评价可能是未来期刊评价的主要着力点,进而代替单纯对论文引用和下载的统计。观点评价的方式主要是借助网络平台大数据、云计算,通过观点对比、论点比较,判断观点的新颖程度,在运用上比较灵活、简洁,易于凸显作者思维成果创新度。

　　一篇论文在期刊上刊载后,通过网络传播,由读者下载和阅读。在大数据技术的支持下,可以建立期刊阅读反馈平台,记录读者的评价。借助大数据和云计算,将读者的评价、留言和讨论等内容,以数据的形式保留下来,经过提炼整理,得出读者关于论文的评价意见。也可以专门设计供读者进行评价和反馈意见的平台,读者可以直接在阅读论文后进行评价,给出不同等级的评价意见。

　　微信传播力指标。微信在学术期刊传播文献信息中的作用主要通过公众号来实现。学术期刊借助微信公众号平台持续地向用户推送用户需要的文献信息,带来了很高的用户黏度,保障了读者经常浏览学术期刊的内容。这是学术期刊网络出版中一个十分重要的出版传播途径。因此,借助对微信平台的使用,可以获得大量的关于学术期刊的情报信息,用于评价学术期刊质量和社会影响。因此,可以采用微信传播力指数来作为评价学术期刊网络出版质量因子的指标。微信平台比较容易获得的信息有期刊刊载的论文数(载文数)、读者浏览阅读频次(浏览量)、用户点赞数。

　　载文数反映了网络期刊在微信公众号平台发布的学术信息与文献的数量,较高的载文量有助于增加网络期刊的文献信息,扩大网络期刊知识传播。浏览量反映了读者下载、阅读和使用期刊内容的情况。一定时期的浏览量反映出期刊知识传播的效率。点赞数是读者对微信公众号发布文章内容的简单评价,是对期刊内容的一个反馈。这些指标虽然重要性不如引用指标,但是,作为网络期刊质量的体现,能够部分地刻画期刊内容给社会带来的影响,尤其是隐性知识的扩散和传播。因此,浏览量和点赞数反映了网络期刊内容隐性知识扩散程度。[①]

第五节　网络出版学术期刊评价方法探讨

一、网络出版中学术期刊评价方法概述

　　评价方法的选择与采用是达到评价目的的手段。现有评价体系采用的评价

[①] 吕志军,王亚丽,刘爽. 基于知识扩散理论的网络期刊评价研究 [J]. 数字图书馆论坛,2018,169(6):52-59.

方法都有自己的科学和合理之处，因而能够在一定程度上完成期刊评价的任务。但是每个方法也都有一定的局限，可能忽视某种指标的作用或者对一些指标设定的权重不科学，因而导致期刊评价客观性、科学性受到损害。

我国学者在研究网络期刊的评价时探索了一些方法。他们往往通过构建计量模型来完成对某个方面的评价。楼文高、张卫、杨雪梅（2009）[1] 根据科技期刊学术水平评价指标体系和评价标准，生成足够多用于神经网络建模用的训练样本、检验样本、测试样本，建立了用于期刊学术水平综合评价的神经网络模型。吕志军、王亚丽、刘爽（2018）根据知识扩散理论，建立了网络期刊综合评价指标体系。安路（2003）提出基于印刷版与电子版的学术期刊综合评价框架，对期刊网络进行评价和对期刊数据库进行评价。但都没有提出比较系统的评价方法。

进行学术期刊评价，其目的因不同的主体有所不同，所采取的评价体系、指标和方法也有显著的差异。同样，对于网络出版学术期刊来说，也可以根据使用主体的需要使用不同的评价体系和方法。总结已有的文献可以看出，现有的评价体系主要是基于纸质学术期刊的评价体系，例如北京大学图书馆的《中文核心期刊要目总览》、中国科学院文献情报中心的《中国科学引文索引（CSCD）》、中国科学技术信息研究所的《中国科技论文与引文数据库》、中国社会科学院文献信息中心的《中国人文社会科学引文数据库》、南京大学的《中文科学引文索引（CSSCI）》等五个评价体系，它们在期刊评价中采用的评价方法也有很大差异，虽然主要是针对纸质版学术期刊设计的，但是，也可以用于网络出版学术期刊评价，有的评价体系中还加入了反映网络下载率的指标。我们可以在这些评价体系和方法的基础上，选择和完善一些评价体系和评价方法，不必完全放弃现有的评价体系另辟蹊径。

对于评价网络期刊所采用的方法，我们发现，单独采用专家评价法或者计量评价法，都会产生偏差，因此，最好的方法是将计量评价方法与专家评价法相结合，进行综合评价，才能避免采用单独的评价方法带来的缺点和不足。

可见，在对网络出版中的学术期刊进行评价时，比较好的方法是采用综合指标分析法。与现有的评价体系所采取的方法有很多相似之处，综合指标分析法也是用一系列指标对期刊进行定量分析，综合考虑多种指标的作用，最后运用计量方法计算出期刊评价分值，将某个分值以上的期刊纳入核心期刊目录。

---

[1] 楼文高，张卫，杨雪梅. 科技期刊学术水平综合评价的神经网络模型［J］. 2009, 28 (9): 73-77.

二、网络出版中学术期刊评价方法举例

在评价指标体系和方法的制定和应用上，不同评价指标体系分别具有自身的特点。我们借鉴中国科技信息研究所评价指标体系和北京大学图书馆期刊评价机构采用的指标体系和评价过程，说明网络出版中学术期刊评价的一般方法和过程，对其评价方法提出改进意见，并提出新的评价方法。

方法一：

中国科技信息研究所自1999年开展中国期刊综合评价指标体系研究，经过数年的研究和实践，建立了一个长期稳定的规范化的综合评价指标体系，并在计量方法的基础上，对期刊进行综合评价。具体的过程和方法是[①]：

首先，采取定量与定性分析结合，专家评议与计算机综合处理相结合，建立指标齐备、功能完备和权重适宜的综合评价指标体系。先把指标划分为"科技期刊经营管理水平""科技期刊学术水平"和"科技期刊编辑水平"三个一级指标，再对每个一级指标进行细分，列出子指标，如图9-1所示。然后，采用德尔菲调查法和层次分析法相结合，处理各个层次指标和内部子指标的权重。具体地说，有如下几个步骤：

第一步，确定量化标度，形成数值判断矩阵。对每一次层次上包含的指标进行两两比较，确定其相对重要性的表度值。

第二步，求解判断矩阵的最大特征根及其对应的特征向量，导出指标体系中各层次指标相对于上一层次中某指标的权重值，继而导出指标体系中各项指标相对于判决总目标的重要性排序权重值。这个过程中，需要运用德尔菲专家调查法利用计算机集中分析处理专家意见，计算各级权重和合成权重。

第三步，需要对各类指标进行模糊隶属度转化，将转化后的指标作为该项指标的评分值。

计算指标隶属度的方法是，用某个指标在整个被评价期刊中指标相对比重来确定。以被引频次指标为例，某个期刊被引频次的隶属度 C_i，采用如下公式计算：

$$C_i = \frac{Q - Q_{\min}}{Q_{\max} - Q_{\min}}$$

式中，Q 表示该期刊的被引频次，$Q_{\min}$ 表示被评价期刊中最小被引频次，$Q_{\max}$ 表示最大被引频次。

[①] 贺德方，蒋勇青，曾建勋. 期刊网络出版概论[R]. 2006: 117-125.

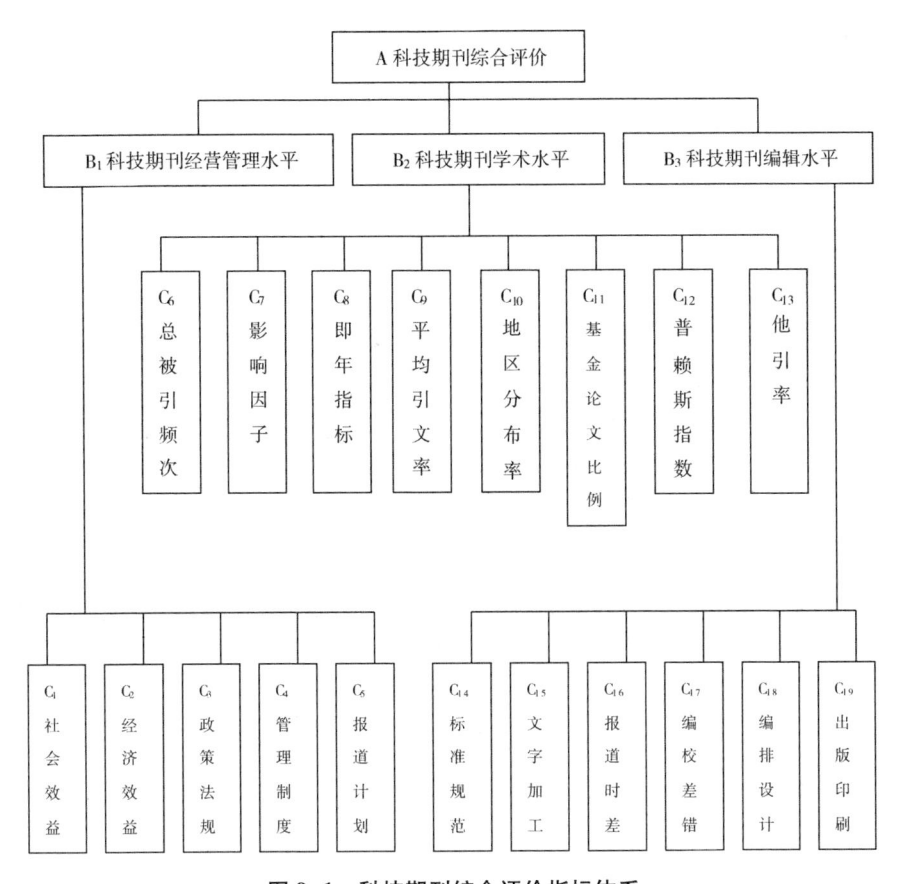

图 9-1　科技期刊综合评价指标体系

最后，对每种期刊的各项指标的隶属度加权求和，就得到该期刊评价分值。将求得的单个期刊分值与其他期刊分值进行比较，可以看出其评分高低。

期刊评价综合得分的计算公式为：

$$S = \sum_{i=1}^{n} W_i P_i$$

式中，S 表示期刊评价综合得分，W_i 表示第 i 项指标的权重，P_i 表示第 i 项指标的隶属度值，n 表示指标个数。

这个评价方法具有很多优势，例如计量分析与定性分析相结合，既坚持了计量分析的客观性，又将专家评价有机地融合到评价中。但是也有一定的不足，其不足就是对网络引用和使用行为没有制定科学的指标。因此，网络出版中，应当在"科技期刊学术水平"等一级指标系列，加入网络下载率、引用率指标。并通过计算合理赋权。

方法二：

北京大学图书馆自1990年与北京高校期刊工作研究会共同发起中文核心期刊研究工作，并每隔4年发布一次《中文核心期刊要目总览》，目前已经形成较为成熟的评价体系和评价方法。其设置的指标，基本上与其他评价体系相同，但也存在区别，在目前的评价指标体系中，融入了Web下载率等指标，为网络出版的学术期刊评价提供了方便。同时，也适应了网络出版的现实情况。所采用的方法是多指标分析方法。

为了汇总和处理不同性质评价指标的统计数据，该体系根据模糊数学理论，建立一套综合评价数学模型，使用计算机完成复杂的数学运算。具体的方法是：

首先，构建原始统计数据矩阵。以 i 表示期刊数，以 j 表示指标数。

$$V = \begin{bmatrix} V_{11} & \cdots & V_{1j} \\ \vdots & \ddots & \vdots \\ V_{i1} & \cdots & V_{ij} \end{bmatrix}$$

进行隶属度计算，其中，第 i 个期刊的第 j 个指标的隶属度为：

$$C_{ij} = \frac{V_{ij}}{V_{i=1}^{l}(v_{ij})}$$

得到评价矩阵：

$$C = \begin{bmatrix} C_{11} & \cdots & C_{1j} \\ \vdots & \ddots & \vdots \\ C_{i1} & \cdots & C_{ij} \end{bmatrix}$$

确定各指标权重（征求专家意见），构成权重向量 $B = (b_1, b_2, b_3, \cdots, b_j)$ 对评价矩阵进行加权平均，得到：

$$A = B \times C^T = [B_1, B_2, \cdots B_i, \cdots, B_j] \begin{bmatrix} C_{11} & \cdots & C_{1j} \\ \vdots & \ddots & \vdots \\ C_{i1} & \cdots & C_{ij} \end{bmatrix} = [a_1, a_2, \cdots, a_i, \cdots, a_j]$$

经过计算，可以得到综合隶属度表，然后将期刊按隶属度降序排列，得到定量统计的综合筛选期刊排序表。

为了弥补计量评价的不足，纠正评价偏差，北京大学图书馆期刊评价中心还建立专家评审机制，扩大学科评审专家数量，运用计算机专家评审系统，准确及时处理专家评审意见。将计量评审结果与专家评审意见结合，进行纠偏处理，最后得到比较客观的期刊评价结果。

方法三：

参考以上学术期刊评价方法，结合网络出版的特点，我们提出下面的学术期刊评价方法。

首先，根据网络出版环境下学术期刊出版与传播的特点，设计了规范质量指标、学术质量指标和网络扩散力指标，并给出相应的下一级代表性指标名称。

其次，给相应指标赋予适当的权重。由于很多指标不是数值，需要经过调整转化，才能够成为数值，因此，必须借助数学方法进行计算。很多指数需要采用数学方法对有关指标进行模糊隶属度转化，赋予相应的权重。权重的制定还需要采用专家评价法进行，通过召集业内专家对有关指标进行分析，根据对期刊评价重要性确定其权重。但是，由于需要进行人为判断评价，容易出现主观性偏差，因此，应当计算评价误差进行修订。

在期刊评价中需要对指标进行赋权。给指标确定权重的方法很多，目前通常采用的方法是层次分析法。层次分析法侧重考虑专家的意见，对指标进行综合分析后确定指标权重，虽然这种方法具有一定的主观性，但考虑到指标的实际作用和影响，采用的标准比较符合实际，并剔除了一些主观因素的影响，因而具有较高的可靠性。还可以采用主成分分析法确定指标权重。

主成分分析法是数理统计学中一种多元分析方法，是因子分析法的一种特殊方法。其原理是：在一组相关的统计数据中，找出彼此趋向独立并且足以反映原始数据的共同因素，用少于原理变量维数且互不相关的主成分替代原来的变量，其权重由方差贡献率计算得出。主成分分析可以解决指标之间信息重叠问题和权重选择问题，还可以进行降维以减少计算量。

最后，对相关指标加权汇总，计算出期刊的总体评价值。为了计算期刊总得分，还需要对期刊指标进行计算。对期刊各项指标的隶属度加权求和，即可得到该期刊的总得分。

我们通过建立线性函数模型，对各项指标值进行加权汇总。其线性模型计算公式为

$$QFI = a_0 + \sum a_i X_i + \mu$$

其中，QFI 代表质量因子得分，a_0 表示规范质量因子指数，a_i 表示学术质量因子的权重，X_i 表示各项子指标得分，μ 表示误差修正值。

经过以上求和公式计算，所得的评价分数就是该期刊综合评价的质量因子。然后按照与其他期刊的得分进行比较的结果，确定该期刊的质量等级，供使用者选择使用。

第十章

学术期刊网络出版政府规制

在学术期刊媒介融合中，由于网络出版的复杂性和传播方式的创新性，学术期刊管理与政府规制更加重要，这是在新媒体时代保证学术期刊提高质量、扩大影响及对新时代中国特色社会主义建设起到推动作用的重要条件。学术期刊管理和规制在媒介融合中怎样进行完善和创新，更加符合新的学术期刊出版形态发展需要，这是一个需要认真研究的课题。通过对网络出版环境中学术期刊管理和规制问题的研究，提出管理创新途径和制度完善的对策措施，更好地促进高校学术期刊的发展。本章主要从宏观管理的角度，运用规制原理，研究学术期刊政府规制问题，并提出改革路径和对策。

第一节 学术期刊网络出版规制研究回顾

对学术期刊网络出版加强管理是保证其提高出版质量、实现出版宗旨、坚持出版原则的重要措施。加强对学术期刊管理是实现学术期刊发展的需要。不管是国内还是国外，都十分重视学术期刊的出版管理，确保学术期刊有序、规范和科学发展。对于学术期刊的管理主要是通过政府规制实现的。因此，学术界在研究学术期刊管理中很重视政府规制的研究。但是，专门研究学术期刊政府规制的成果并不多，由于学术期刊是文化传播的方式之一，更多的研究见于对出版业、传媒产业的政府规制研究中。

学术期刊是发表学术研究成果、传播学术思想、提供学术交流平台的出版物，本身属于文化传媒产业的一个领域。通常来说，出版管理制度是对包括学术期刊出版等在内的所有出版物的规范和要求，因此，学术期刊的规制包含在文化产品的出版规制中。对于传媒产业的规制要求也适用于学术期刊出版管理。那么，对于传媒产业规制的研究在很多方面也是对学术期刊出版管理规制的研究。

对于出版业规制问题，研究者分析了我国改革和完善政府规制的必要性。张新华（2010）[①] 研究了转型期中国出版业政府规制的现状和存在的问题，认为经过 30 多年的转型，我国特殊的出版业双重规制体制已经建立，还颁布了一系列法律法规，建立了相对完备的法律法规体系，但是出版业规制与建立和完善具有中国特色社会主义出版市场经济体系的要求还有明显差距。

网络出版给传统出版管理带来新的变革，从出版形态到传播方式，都发生了巨大的变化。这要求管理者必须面对新的变化做好规制管理。吴金平和王坤（2013）[②] 研究发现，政府规制网络文化管理的目的主要是克服市场缺陷，通过制定一定的规制措施解决文化产品供给不足、外部性和信息不对称等问题，但由于政府对网络文化的政府规制原则认识不深刻，导致政府对网络文化管理的一些规制措施无法克服市场失灵问题。为此，必须加强法制体系建设，健全管理体制，加强管理规范化。崔国平（2009）[③] 通过对我国传媒产业政府规制的研究，认为我国传媒产业政府规制缺乏国家法高度的专门法，还缺乏法定独立的规制机构，在内容规制上存在松紧失度等问题。他提出，应当加强传媒产业政府规制的合法性基础，强化传媒产业的内容规制，同时，对传媒产业组织政策的规制进行改革。这些虽然只是比较宏观地阐述了传媒产业的发展规制，但对于学术期刊来说也具有一定的指导作用。

版权保护是学术期刊政府规制的重要内容。网络学术期刊版权规制问题是学术期刊网络出版规制的主要研究对象。张雁凌（2013）[④] 通过对欧美科技期刊版权保护机制的分析，认为欧美科技期刊网络版权保护机制较为成熟，可以为我国提供学习借鉴的重要经验。他把欧美科技期刊网络版权保护机制以是否开放存取为标准分为两种，一种是开放存取为基础的网络版权保护机制和以非开放存取为标准的网络版权保护机制。进而提出了我国应从行政层面、付费习惯和分成机制等方面对学术期刊网络版权进行规制构建。闫博慧（2018）[⑤] 从优先出版的角度研究了网络出版学术期刊版权保护的对策，认为学术期刊 APP 优先出版已经成为未来出版业发展的重要趋势，它打破了传统出版模式，实现

[①] 张新华. 转型期中国出版业政府规制分析［J］. 北京印刷学院学报，2010（1）：20-25.
[②] 吴金平，王坤. 基于政府规制视角的网络文化管理研究［J］. 经济视角，2013（4）：116-118.
[③] 崔国平. 我国传媒产业政府规制改革［J］. 商业经济研究，2009（8）：87-89.
[④] 张雁凌. 欧美学术期刊网络版权机制研究［J］. 编辑之友，2013（11）：109-111.
[⑤] 闫博慧. 学术期刊 App 优先出版的局限性克服与版权保护［J］. 苏州大学学报（哲学社会科学版）2018（2）：83-89.

了网络出版与电脑、手机等移动智能终端的结合，具有传统出版发行难以比拟的优势，但是，在版权保护、网络监管、学术道德规范等方面存在诸多问题，需要积极构建完善的网络 APP 优先出版法律规范，提升学术期刊网络出版中的监管能力。祁雪冻（2014）从期刊权益保护的角度，分析了学术论文网络转载中期刊的权益保护问题，认为在现实实践中，网站非法转载学术期刊论文的现象严重，给期刊权益造成了极大侵害，对于这种侵害期刊权益的行为，由于期刊权益保护严重缺失、立法不完善，导致期刊权益保护存在一定的困难。而高质量、高引用率的学术论文的产生，期刊及编辑起到了十分巨大的作用，应明确承认期刊等出版者在学术论文创造和发表中的独立权益，并在转载问题上完善保护机制。妥善解决学术论文网络转载中的期刊版权保护问题，首先完善管理制度，其次要强化著作权保护机制，将期刊转载权明确纳入著作权管理。

综上，学术期刊政府规制研究从规制的必要性、管理控制、版权立法和收费制度等方面进行了研究，取得了一定的研究成果，但是，如何在网络出版中更加系统地对学术期刊进行规制问题还没有深入的研究，还有许多方面需要研究。

第二节　网络出版中学术期刊政府规制理论基础

学术期刊管理是对学术期刊的出版、传播和发展进行规范的管理，是保障学术期刊有序和良好发展的基础。它分为宏观管理和微观管理两方面。在宏观方面是指从政府管制上进行的规范和控制，又称政府规制。微观管理则是学术期刊出版机构的企业管理，包括内部管理制度、出版流程和有关规定。政府规制是宏观管理的具体要求和体现。

一、政府规制的基本理论

规制理论是产业经济学的重要理论。规制的含义是，政府为了克服市场失灵，保护公众利益，运用公共权力，以法规和规章制度、条例等形式，通过制定一定的规则，对个人和组织的行为进行规定、限制和调控。简单地说，规制就是政府对某种行为进行某种直接的、行政性的规定和控制。政府规制要解决的问题是，政府在什么情况下引入规制，采取什么规制措施保障市场秩序和克服市场失灵。

政府规制通常分为经济性规制和社会性规制。经济性规制是针对经济活动中的具有自然垄断特征、信息不对称等的行业,政府在企业进入、定价、竞争、退出、服务质量等方面做出的规定和制度安排,目的是消除垄断或信息不对称等造成的效率损失。社会性规制是针对外部性、安全等采取的措施和有关规定,目的是防止个体经济行为产生的社会危害。①

(一) 政府规制的目的

首先,保持资源的有效配置。规制经济理论指出,自然垄断产业一般来说是自然形成的垄断,由一家企业生产所有产品的总成本小于多家企业生产这些产品的成本之和,这就是说,自然垄断产业具有劣加性。在这种情况下,由一家企业垄断经营比引入竞争效率更高。一是新进入的企业会夺走现有垄断企业的大部分市场,造成产业的供给过剩。二是自然垄断产业的沉没成本都很大,即使竞争的结果是过剩生产力被迫退出市场,这个过程也必然造成资源浪费。因此,对自然垄断产业进行规制,防止过多企业进入带来的资源浪费和效率损失,这是政府规制的一个重要目的。通过政府规制,严格制定和执行进入规制,达到保持社会稀缺资源有效配置的目的。

其次,防止垄断企业对消费者和社会福利的侵害。政府规制虽然可以通过进入规制保护垄断企业,达到资源有效配置,但是,垄断企业也可能会利用垄断地位轻易地将一部分消费者利益转化为生产者剩余或企业利润,从而造成消费者和社会福利损失。垄断产业侵害消费者和社会福利的途径主要是:第一,制定垄断价格,获取一部分消费者剩余,从中谋取垄断利润。第二,减少供给,造成供给短缺,提高价格,降低社会福利水平。第三,由于没有竞争对手,垄断产业缺乏提高服务质量的动力,也缺乏创新的动力,妨碍了技术进步。因此,为了防止对消费者和社会福利的侵害,政府必须担负起"守夜人"职责,对自然垄断产业进行规制,一方面对其价格进行规制,防止其通过垄断价格攫取超额利润,损害消费者利益,损害社会利益;另一方面,对垄断产业产品质量进行规制,保证垄断产业提供足够数量和高质量的产品和服务,确保企业自主创新和技术进步的动力。②

最后,降低信息不对称带来的成本。信息经济学表明,由于生产者和消费者存在信息不对称的事实,导致拥有信息的一方对缺乏信息的一方有不利影响,通常来说就是损害。因此,减少信息不对称给消费者带来的损失,是政府规制

---

① 吴金平,王坤. 基于政府规制视角的网络文化管理研究 [J]. 经济视角,2013 (4): 116-118.

② 白永秀. 产业经济学基本问题研究 [M]. 北京:中国经济出版社,2008:265-269.

的重要任务，其途径是通过规制降低获得信息的成本。一般地说，有以下几种情况的信息不对称：第一，消费者掌握的信息远远少于供给者，或者获取的信息是虚假的，就容易受到供给者的欺骗，造成消费者损失。第二，消费者对于收集到的信息无法作出判断，而做出错误判断的损失又很大，这时就要求政府进行规制，降低获取正确信息的成本。第三，由于某些理由，供给者不能提供消费者所需要的信息，如上市公司信息披露问题。

（二）规制方法

政府规制方法很多，主要是通过进入规制、价格规制和其他有关制度进行规制。

1. 进入规制

进入规制是指针对某一行业的产品行业结构和产品市场结构，对某些企业进入该行业的限制。规制的目的在于保持该行业的规模经济效益，减少因竞争带来的效率损失，从而合理配置资源。进入规制给进入者设置门槛，避免过度竞争带来的效益损失，因而保护了已有市场的稳定。一般地讲，进入规制的方法主要有许可制、注册制和申报制。

许可制要求进入的企业必须经过规制机构特批才能获得生产某种产品和提供某种服务的资格。具体形式是颁发许可证和政府特许文件等。其主要针对法律上被禁止的某些行为，但根据具体情况，规制机构又做一些调整并给予许可的事情，具有较强的严厉性。

注册制是指进入的企业需经过规制机构加以注册检查，在符合注册条件后，才能开始经营活动的制度。其重点是规制机构对进入的企业进行资格审查，并完成注册程序。如果企业未通过资格审查，则规制机构可以对其拒绝注册。获得营业执照是取得注册资格的表现形式。

申报制是指准备进入的企业需要按照特定程序向规制机构提出申报，在获得接受后才能从事某种生产或经营活动。如果被拒绝申报，则表明企业不具备生产或提供某种服务的资格，不得从事生产及经营活动。具体表现为政府向申报企业或机构颁发某种许可文件。

2. 价格规制

所谓价格规制，是指政府规制机构从资源有效配置和产品服务的供给效率出发，对受规制产业的价格体系和价格水平等方面进行的规定，这是政府规制最重要的部分。价格规制的方法主要有：第一，规定垄断产品价格。对垄断行业提供的产品和服务，根据其生产成本，政府规制机构参与产品定价行为，确保消费者剩余不被供给者掠夺，避免社会总福利损失。关键问题是如何制定一个合适的价格水平，既能保证消费者的利益，又能保证企业维持正常的收益。第二，制定最高限价和最低限价。最高限价和最低限价是以资源有效配置和保护消费者利益为出发点，直接对价格进行控制的价格规制。当出现某种产品的售价含有超额利润时，因为这种情况不利于满足消费者需求，不利于资源有效配置，就需要政府制定出最高限价。当垄断企业刻意压低工资水平时，政府就要采取最低限价保证工资水平高于市场均衡价格。第三，费率规制。这是价格规制的一种形式。费率规制是指对公用事业、公益事业和自然垄断部门及其他相应部门收费标准、收费结构的规制。通过费率规制，使收入在消费者和供给者之间再分配，或者通过制定供给方对应费率，达到调整产量的目的。通过费率规制，达到保护消费者利益的目的。

二、学术期刊网络出版政府规制的界定与性质

（一）学术期刊网络出版政府规制的理论依据

对文化产业进行管理与控制历来受到各国政府的高度重视。这是由文化产业在社会经济中的重要地位和社会影响决定的。学术期刊是文化产品的一个特殊类型，是文化产业的一个重要组成部分，它通过学术思想出版传播为社会生产与人们生活提供思想动力和精神享受，是文化积累和文化生产力提升的途径。由于它具有影响人们思想和认识、丰富文化内容等作用，因此，它是上层建筑的一个重要组成部分，可以引导人们行为和思维活动。

网络背景下的学术期刊出版具有不同于传统出版的方式和特征，出版方式更加灵活，传播途径以网络为主。作为新的出版传播形态，网络学术期刊出版对于加快学术成果出版周期、提高学术论文的影响力，起到了巨大的促进作用。因而在推动学术思想创新、学术思想传播方面，发挥了积极作用。但是，我们也看到，如果管理跟不上，网络出版下的学术期刊的负面影响也会以传统出版方式下所没有的速度迅速扩散，所产生的结果更加严重。因此，在网络出版和传播环境下学术期刊更加需要加强管理和规制。

政府规制通过制定一系列的规范和制度加强对市场主体的行为进行限制，行为主体必须按照有关规定从事经济活动。在规范和规制的约束下，行为主体才能够取得更好的社会效益和经济效益。对于行为主体来说，规制是外在的制度，由于规制具有法律效力或者约束力，其行为受到规范和制约，并按照规制要求从事生产和服务活动。

网络出版环境下学术期刊也需要更加科学的规制加以引导和制约。首先，学术期刊的内容需要受到规制，这是由学术期刊的办刊宗旨决定的。在我国，学术期刊的种类众多，涉及的领域广泛，但是，无论哪种学科领域的学术成果，都应当与我国社会主义建设的需要保持一致，没有这样的政治方向，就会产生错误的引导和社会影响。学术期刊不是简单地发表学术成果问题，学术期刊管理也不是简单的技术问题。政府在学术期刊网络出版管理中，是站在社会发展的战略高度进行管理的，其管理措施具有宏观性。其次，网络学术期刊出版中往往出现知识产权和版权问题，特别是网络技术的应用使得侵权行为更容易得逞，因此，需要加强政府规制，通过版权法律法规保护知识产权不受侵害。

（二）学术期刊政府规制的界定

在市场经济机制完善的前提下，市场起着调节资源配置的基础性作用，引导着市场中的行为主体按照市场规则从事经济活动。但是，在公共服务领域以及信息不对称等条件下，市场机制则发生失灵问题。这时需要政府干预和调节市场，引导市场，防止出现损害消费者和社会利益的现象。因此，经济学理论认为，市场机制和政府干预是资源配置的两种方式，它们具有不同的作用，同时可以相互配合共同对社会资源配置起到调节作用。一般地讲，政府干预的领域和作用的方向是市场机制失灵的领域。

对于网络出版中的学术期刊来说，也存在着发挥市场机制与政府干预两种机制相互配合的作用，一方面利用市场机制，发挥市场对学术期刊的促进作用；另一方面，在市场机制发挥作用不好或者无法发挥作用的情况下，政府管理不能缺位，尤其是学术期刊，要发挥政府规制的作用，加强对学术期刊网络出版的宏观管理。可见，学术期刊网络出版政府规制是宏观管理制度的体现。

学术期刊网络出版政府规制是政府规制机构对学术期刊在网络时代出版与传播制定的有关法律、条例、制度和要求，是政府对期刊出版进行宏观管理的一个重要手段，是强制性措施和正式制度安排。它反映了政府对学术思想出版传播的具体要求和方向性指导。它属于文化产业、出版传媒产业政府管理手段和方式。因此，政府对于网络文化产业的管理也必然适合对于学术期刊网络出版管理。

（三）学术期刊网络出版政府规制的性质

首先，学术期刊网络出版政府规制具有法律强制性。目前还没有专门的针对学术期刊制定的法律规定，但是，作为文化产业和传媒产业的一个重要组成部分，相关的一些法律规定和出版管理条例，都具有法律强制性，任何学术期刊出版机构都必须遵照执行。例如，我国1991年制定实施的《中华人民共和国著作权法》，2008年颁布的《电子出版物出版管理规定》《信息网络保护条例》等，都具有法律条文的性质。任何人、任何机构和单位，都不得以任何方式、任何途径和借口违反这些法律条例。其中，涉及学术期刊出版方面的内容，是政府对学术期刊出版的管理制度与政府规制。

其次，学术期刊网络出版政府规定具有针对性。虽然和其他出版物一样是文化传媒产业的内容，规制上同在一个法律条例中，但是，学术期刊政府规制又有自己的特殊性质，即针对性。它是针对学术期刊媒介融合中网络出版进行规制。学术研究成果具有其他出版物不具备的特殊性。读者十分有限，对研究者具有重要参考价值，而对非学术研究者价值很小甚至不存在。当然，其对社会的发展、科技的进步和学术思想的发展具有十分积极的意义。因此，作为一种具有公共产品性质的文化产品，具有较大的外部性。由于其公共产品性质和外部性较大，在政府规制行为中就要有特殊的制度安排才能促进其发展。

最后，学术期刊政府规制具有规范性和指导性。政府规制是规制机构对经济行为主体做出的强制性规定，对行为主体具有规范性和指导性。学术期刊在网络出版中不仅需要进行宏观上的政府管理制度，还需要微观上的出版管理制度。在宏观管理上，学术期刊出版由宣传部管理，按照有关制度规定，各省市出版管理部门具体负责管理所属的出版机构。学术期刊在出版发行时，必须严格遵守有关规定，按照《出版管理条例》及有关细则，按照《期刊出版管理规定》的要求，从事学术期刊出版与发行。学术期刊网络出版中还要遵循《网络出版服务管理规定》和《电子出版物管理规定》等从事出版发行活动。这些管理规定都是政府针对出版物做出的规制，具有指导性和规范性。

第三节　学术期刊网络出版规制环境

随着数字技术和网络技术的创新发展，传媒产业领域媒介融合加速推进。高校学术期刊出版也被推入与新媒体融合发展的巨大潮流中，它们与数字出版平台、网络出版数据库、网络出版公司等密切合作，通过数字出版、网络出版，借助手机APP优先出版、微信公众号、开放存取等途径，实现媒介融合发展，搭上了向新媒体转型的快车，新旧媒体共同发展，借助新媒体发展学术期刊。

学术期刊在媒介融合大趋势大洪流中，由于技术缺乏、资金缺乏、人才缺乏等因素，委身于中国知网、万方数据等大型数字出版平台，希望由此实现与新媒体同步发展，更希望实现网络出版的华丽转身。然而，在网络出版领域取得了媒介融合发展新成果的同时，也产生了一系列的问题。在与大型期刊数据库合作中，学术期刊与大型数据库出版平台由最初的合作伙伴，发展为学术出版传播的竞争对手，学术期刊的主导地位丧失，沦为学术内容的加工厂。同时，很多在纸质期刊上存在的规范制度，由于学术期刊内容呈现形式的变革，不再具备适用性。学术期刊在媒介融合中面对的规制问题主要有以下几个方面。

一、被规制的主体构成发生变化，学术期刊社不是单一的出版主体

传统出版体制下，学术期刊的管理和规制体系由审批制度、主管制度、主办制度、行业管理制度、属地管理制度等构成，规制对象是学术期刊社或者学术期刊编辑部。在这种体制下学术期刊出版者是期刊社或者编辑部，期刊社或编辑部具有主体性地位和作用，并在学术出版传播中居于主流学术传媒地位。

学术期刊在学术出版传播中主体地位的形成有其历史因素和现实条件。17世纪60年代，学术期刊产生于欧洲，对于传播学术思想和进行学术交流起到了促进作用。以后的200多年里，许多重要的学术思想都是在学术期刊上得到展示和传播的，学术期刊在学术思想出版传播中的地位和影响得到了广大学术研究者的认可。为什么学术期刊在学术展现和传播中具有被公认的地位？主要原因是学术期刊出版周期短，形式灵活，发布及时，对于论文的发表要求能够给予及时的满足，并且，一些著名的学术期刊存在着由许多著名学者组成的编委会，编委会发挥了严格审查的作用，论文受到编委的认可，才能获得发表机会。因此，学术期刊逐渐成为学术展示、学术传播、学术交流的基本单元，得到了学术共同体的认可，受到同行研究人员的重视。其地位也超出了图书、报纸，成为主要的学术发表平台。

在我国，公开发表的学术论文被作为职称评定、晋升职务和提高薪酬的主要依据，而且只有那些被认为是高级别的学术期刊发表的学术论文，或者报纸、高级论坛上公开的学术论文，才是高级职称评定的依据。其中，学术期刊被作为主要依据。这就进一步提高了学术期刊在论文发表和学术出版中的地位。

然而，随着网络出版的发展，学术论文出版的主体也在悄悄改变。传统出版方式下从事学术论文出版与发表的是学术期刊社或编辑部、出版社以及报纸等组织机构，按照选题策划、组稿、收取稿件、审稿、编辑加工、排版印刷和发行的程序进行出版、发行和发布，研究者把研究成果交给期刊社或编辑部、出版社和报社的编辑人员，完成论文的发表和出版。现在，网络出版机构也具有了发表和出版学术论文的资格，学术出版的主体结构发生了变化。中国知网

和其他大型数据库网络出版平台开发的 App 优先出版、国外学术出版中的开放存取期刊（OA 期刊），以及它们直接运营的网络出版期刊，使得这些数据库平台及网络机构具备了学术论文发布或者学术期刊网络出版资格。

目前，中国知网等学术期刊大型数据库平台主要是向学术期刊社提供网络出版渠道服务，但也开始进行收取稿件、审稿、网络出版发布，一些数据库网络出版平台发表的论文开始受到关注并逐步扩大社会影响。如何对这些网络出版主体进行管理和规范，是今后学术期刊出版规制必须尽快解决的问题。这个问题越快解决，越有利于网络期刊的发展，越有利于传统学术期刊与新媒体融合发展。因为，如果不解决学术论文网络出版的社会认可问题，就不能进一步推进网络出版的发展。

二、学术期刊媒介融合中的期刊出版传播新形式

传统期刊出版方式下以纸质期刊为传播媒介，人们通过订阅纸质期刊，获取期刊内容信息，由于纸质期刊的形态限制，传播速度慢，影响较小。媒介融合中的学术期刊，在订阅方式受到极大冲击的情况下，学术期刊的内容实现了从线下订阅到线上阅读，抛开了订阅、寄送、开卷阅读的模式，转到了互联网、手机和新媒体领域，克服了纸质期刊空间和时间的限制，学术期刊实现了不受时间、地点、人数的限制，甚至不受语言种类的制约，可以无限制地进行传播。网络信息畅通无阻，在传播广度和速度上具有天然的巨大优势。对于这种传播方式的变化，需要规制机构做出相应的规制安排，谨防传播形态的变革带来的风险。

在网络出版日益成为学术期刊出版主要方式的情况下，期刊原有的表达方式发生了变化。在纸质期刊时代，刊物装帧设计风格、封面特色、板式设计、栏目设计特色、专题策划和专家主持等，这些是确立名刊与权威期刊的主要因素。但在网络出版方式下，学术期刊的这些方面都在数据库出版平台中被省略了，甚至消失了，新媒体反规则、碎片化、去特征、主题优选等给学术期刊出版带来创新性变革。这些都对原有的学术期刊规范和管理制度带来变革要求。而且，对于期刊评价指标和评价方法体系带来影响，检索频次、下载量、网络转引率、高被引作者等成为网络环境下描述学术论文影响力的重要指标。为了准确计量学术期刊有关指标，需要对有关指标进行规范。

三、学术期刊多头管理与规制困境

传统纸质学术期刊出版是由中央宣传部负责监督管理的，在国家中央宣传

部的总体负责管理下，各省（自治区）、直辖市负责辖区的期刊出版事业，对其进行具体的指导和监督管理，这是我国长期以来实行的管理体制。在这种体制下，以高校为例，高校学术期刊出版由高校主办、省市新闻出版部门主管，期刊编辑部在有关法律制度的制约和指导下，从事学术期刊出版与发行。

虽然学术期刊媒介融合大趋势不可改变，网络出版势在必行，但是，至今为止，网络平台或新媒体上发表的纯网络出版论文仍然被排斥，不能被学术数据库收录或者文摘性学术期刊转载摘录，因而不被看作公开发表。双重管理体制使传统媒体在发展新兴媒体业务时，不敢有创新。新媒体尽管具有方便、及时、快捷和其他众多优势，仍然不被给予出版传播学术论文的资格。怎样对新媒体形态下学术期刊进行规制，已经是亟待解决的现实问题。

第四节 国外传媒产业与学术期刊出版中的政府规制

传媒产业是近年来全球发展最快的产业之一，被称为21世纪的朝阳产业。随着数字技术和网络技术的发展，当代传媒产业经历了重大变迁，传媒技术形态不断创新，新媒体不断涌现和迅速发展。在传媒产业发展中，政府规制具有重要的地位和作用。大多数国家在传媒产业发展中实行了较多的规制。规制的手段和方式以及措施，也随着传媒形态发展而变革。

国外政府对传媒产业规制的手段大同小异，共同之处是都包括了法律法规、所有权制度、产业制度等，同时，传媒产业的意识形态属性被各国政府关注，政府规制的强度和执行方式上也存在较大差别。[①] 概括地说，世界上传媒产业规制大致有三种：一是以美国为代表，媒介市场自由发展，政府控制较少，规制较宽松；二是以欧洲为代表，实现双轨制管理，既有市场自由运行，又有政府适当控制；三是国家垄断型，既有严格规范，也存在部分市场化。

一、美国传媒产业与网络传播规制

美国是世界上文化传媒产业最发达的国家。美国控制了全球75%的电视节目的生产与制作。许多第三世界国家的电视节目60%—80%来自美国。在美国的电视节目中只有1.2%来自国外。美国公司生产的影片产量占全球影片产量的6.7%，但放映时间占全球总数的50%以上。图书出版业也几乎垄断了全球出

---

① 崔国平. 国外传媒产业的政府规制分析[J]. 商业经济研究，2008（9）：117-119.

版业。

美国有一套比较完整的传媒产业法律法规体系。对传媒产业的政府规制也是较为完善的。联邦通信委员会（PCC）管理全美国通信、电视、广播和卫星信息系统，借助美国完备的传媒产业法律体系，对传媒产业进行有效管理。

随着全球化和产业融合，美国政府和公司共同主导传播政策，政府逐步放松管制。政府规制的逻辑体现为对整个媒介市场进行规制。

美国对传媒产业政府规制采取的规制手段是许可证制度。通过许可证制度，对美国广播电视业、新闻出版业进行管理，限制对电视台、报纸、网络等媒介的交叉所有权，促进所有权多样化和媒介之间竞争。

对于网络出版与传播，美国政府构建了全面而丰富的网络传播法律规制，包括电子通信规则、行业进入规则、数据保护规则、反欺诈与误传规则、消费者保护规则、版权保护规则等，既有专门针对互联网的立法，也有针对其他行业但涉及互联网的立法。既有宏观层面的对互联网的整体规范，也有微观层面的对网络行为的具体规定。

就网络传播立法而言，美国的法律规制主要以《1996年电信法》为核心，构建了《1998年数字千年版权费》《爱国者法》《国土安全法》《反垃圾邮件法》等为基础的法律体系。《1996年电信法》明确规定了网络传播与现实社会大众传播一样受到法律保护，同时对其进行了规制，重点规制是四个方面：国家安全、未成年人保护、知识产权及计算机安全。明确规定禁止利用互联网宣扬恐怖主义、侵犯知识产权、向未成年人传播色情，以及从事其他违反美国法律的行为。《1998年数字千年版权法》延展了著作权人的权利，规范了网络服务商的责任，为网络传播作品的保护提供了法律依据。这部法律，第一，加强了对著作权人权益的保护，扩展了版权人的经济权利，包括对互联网复制、传播，规定了所有对作品进行网络传播或数字化的过程均属于复制，对作品的复制权范围作了延展性规定，大大提高了对版权人权利的保护。第二，对网络服务商的责任进行限制。规定网络服务商在从事某些行为时，只要符合存在便于内容提供者保护版权材料的某些法定条件，就将被免责。因此，该法明确给网络服务商开设若干"安全港"，使网络服务商积极与版权人配合。

从美国传媒产业政府规制的历史和现状可以看出，网络传播法律规制体现三大利益标准：

1. 体现公众利益的标准

美国最高法院认为，网络传播与传统大众传播媒介的重要区别在于它最大限度融合了公众参与媒体的各种方式，保证公众利益是司法的准则。政府应当为公众利益参与网络传播提供帮助,保护网络传播的表达自由。同时,政府也重视网络传播中对未成年人的保护,其措施包括禁止向未成年人提供不良信息,以及通过技术手段将网络不良内容有效阻止在特定公众群体的视野之外。

2. 体现了国家安全的标准

国家安全是美国在传媒产业和网络传播规制中的重要准则。美国通过《爱国者法》和《国土安全法》,允许执法机构调查人员和政府获取嫌疑人的电话内容和互联网通信内容,防止公民和传媒表达自由可能对国家安全造成的威胁,特别是授权国家安全和司法机构对涉及计算机欺诈、恐怖行为的电话、通信进行监听。

3. 体现了行业利益的标准

互联网作为大众传播的新兴媒体,成为信息时代经济增长的主要驱动力。美国联邦通信委员会(FCC)对于互联网具有监管责任,在1997年3月公布的《网络与电讯传播政策》报告中,提出了网络传播规制的基本原则,大致有3条:一是政府应该避免对互联网传播进行不必要的管制。二是对于传统媒体管理的法规要有选择地适用于网络管理。三是政府鼓励互联网行业自律。这些原则避免了完全按照传统媒体的管理方式,使互联网行业能够在比较宽松的环境下自由发展。[1]"少干预,重自律"成为互联网行业管理的一个基本思维。

从美国网络传播规制的发展看,政府支持网络行业的发展,但网络行业不得侵犯公众的利益。国家安全放在公众利益和网络行业利益之上。通过政府规制、技术约束、行业自律实现国家、网络行业和公众利益的协调发展,进而使网络传播规制适应世界的发展。[2]

放松管制是美国对传媒产业规制的一个重要措施。《1996年电信法》在传媒产业规制历史上是一个里程碑,给广播、电视和电话的管制带来了巨大变化。特别是在所有权上放松了限制,允许广播电视网对有线电视系统的交叉经营。这一放松管制的法律出台后,美国的广播电视业出现了前所未有的变化趋势:其一,广播电视业内部兼并、联盟,市场日益集中在少数几个大的广播电视媒介手中;其二,广播电视对外与其他产业,包括电信、新媒体如计算机、互联网等进行整合。[3]

---

[1] 张化冰. 互联网内容规制的比较研究 [D]. 北京:中国社会科学院,2011.
[2] 李盛之. 美国大众传播法律规制问题研究 [D]. 大连:大连海事大学,2012:135-139.
[3] 匿名. 欧美传媒产业规制及模式研究 [DB/OL]. http://max.book118.com/html/2018/0531/169860546.shtm.

二、日本出版业政府规制

日本出版业相当发达，其中，动漫产业已经成为国民经济第二大产业，日本也成为世界上最大的动漫制作和输出国。对于出版业，日本引入竞争机制，放松进入规制，出现多元化的发展。日本利用《宪法》《维持治安法》《出版法》《新闻管理法》等对出版业进行规制。其规制机构是文部省。日本在有关法律约束下，还充分发挥出版业行业自律规制来激活企业活力。

与其他国家相比，日本出版业主要由市场调节，政府规制相对缺乏。日本政府对文化产业进行规制中，重视吸收西方制度中以法律为基础的先进部分，并以日本的道德标准进行自我约束。与广播电视相比，出版业是其最自由的行业，出于对第二次世界大战前言论统制政策的反省，战后日本在宪法中规定"保证集会、结社及言论、出版等一切形式的表现自由"，因此，出版社可以自由设立，出版物公开销售前不得受到内容检查和禁止出版销售。

但是，事实上在出版物内容的表达上，国家公权仍然以各种"合法"的方式对出版物进行间接调控。日本文部省可以根据教育法对教科书实现"检定"，法院也可以根据一般法对出版物做出禁止发行的决定。[①]

日本对出版业的政府规制和调节的途径主要有三种：

一是法律调控，政府依据一般法对出版物的内容进行限制。为对青少年权益和身心健康保护，政府制定了有关条例，对包含危害青少年身心健康的内容的作品的销售、借阅等进行限制。1947年颁布的学校教育法规定，民间出版社的教科书必须提交给文部省进行审定并得到批准后方可发行。

二是政府公权力对出版物的监管，例如文部省、法院、警察机构等对出版物进行监督，对不符合有关规定的出版物提出禁令。对出版业具有约束力的公权机构主要是文部省、具有执法权的警视厅和各级法院。这些机构的介入都必须依法进行。

三是行业自律，出版业建立自身的行业组织，由行业组织对出版业实现行业管理。行业自律的途径是建立行业内的自主规制。出版社和销售公司依据各自行业内公认的认识和自主判断进行规制，以自我防卫的方式预先消除内部隐患，不给公权力机关介入行业内部事务的借口。出版业的主要行业团体协会是日本杂志协会、日本书籍出版协会、日本出版销售协会和日本书店商业工会联合会。它们制定了各自的伦理纲领——《杂志编辑伦理纲领》《出版伦理纲领》

---

① 龙一春.日本出版业的规制方式及行业自律[J].出版发行研究，2006（2）：65-69.

《出版物经销伦理纲领》和《出版销售伦理纲领》。其中,《出版伦理纲领》是日本书籍协会和日本杂志协会共同制定,要求出版在为社会发展做出贡献的同时,坚持言论出版自由,尊重个人名誉。《杂志编辑伦理纲领》规定杂志要从言论报道自由及尊重人权与名誉、尊重法律、尊重社会风俗、保持品位五个方面做出规定。《出版物经销伦理纲领》是出版物在经销商遵守的理论准则。

总体上来说,日本出版业政府规制体现了出版业与政府之间的相互协调的关系。日本政府在决定规制方式时,既吸收了西方制度中以法律为准绳的合理和先进经验,又极其重视行业自律的作用,以日本的道德标准进行自我约束,进而形成了具有日本特色的间接调控和行业自律双规并行的规制制度。

三、欧洲国家对传媒产业的政府规制

欧洲国家对传媒产业采取的规制政策随着社会的发展和技术进步,越来越趋于放松。双轨制是欧洲传媒产业规制的主要特征。20世纪80年代以前,欧洲传媒组织被看作政府政治体系的有机组成部分,并发展成为一个由国家财政支持的、强大的、服务于全国的组织。

以法国为例,政府对报纸出版进行资助,鼓励宣传政府政策。第二次世界大战后,法国公共广播电视公司是法国唯一的广播电视机构,公司的负责人由政府内阁任命,内政部官员对广播电视的内容进行监督。政府资助广播电视业发展,对其具有一定的控制力。

随着信息技术的发展,媒介形态多元化和国际化不断加强,政府对传媒产业的控制减弱,同时对传媒组织的支持减少,进而政府规制出现巨大变化,国家对传媒产业逐步放松管制,并形成了双轨制。

英国为了维护政府和媒体所有者的利益,通过各种法律法规对媒体进行严格的限制。顺应受众对信息快捷化、多样性的需求,传媒产业正在向多媒体发展,政府规制也因此做出调整,规制体系发生了巨大变化。原来单纯的公共服务向公共服务与市场效率并重转变。

第五节　国外学术期刊网络出版规制

学术期刊规制是文化产业规制的一个组成部分,学术期刊在欧美国家通常是由大型出版机构出版发行,并形成了一套科学的编辑出版发行模式。许多欧美科技期刊在发表研究论文和其他研究成果方面,成为公认的学术论文发表平台，在出版学术期刊、发表学术论文方面受到学术界的一致认可。这与学术期刊出版机构的管理和政府规制有着密切关系。欧美学术期刊除了受制于国家安全、公众利益的统一规制外，在版权保护规制上较为成熟，包括在网络出版中版权保护机制较为完善，它们的经验值得我国学术期刊界学习和借鉴。

在版权保护方面，欧美科技学术期刊分为两种保护机制：一种是开放存取期刊的网络版权保护机制，包括版权归作者所有、版权部分转让和版权部分保留三种；二是非开放存取期刊网络版权保护机制，分为以学术期刊仓储方式为基础、以美国版权结算中心为结算平台的版权保护和国家许可制度两种机制。[①]

一、国外开放存取学术期刊版权保护机制与规制

（一）开放存取期刊界定

开放存取是近年来一些西方国家学术期刊兴起的一种出版模式，它是一种全新的出版方式和出版机制，在网上在线出版，用户只需支付上网费用，不必支付其他费用，免费供给用户阅读使用。开放存取学术期刊又称作 OA 学术期刊，其定义可以概括为：经同行评议出版的学术期刊，读者不需要付费，就可以通过互联网获得所需要内容，没有法律和技术阻碍，自由取阅。科学公共图书馆（Pubilc Library of Science，PLoS）给开放存取的定义是：免费即时获取并且不受限制地再次使用各种形式的原著。[②] 瑞典德隆大学开放存取期刊目录（DOAJ）把开放存取期刊定义为这样一种期刊：它采用集资的模式，不向用户或读者收取任何费用。

（二）开放存取期刊的产生与发展

传统学术期刊的出版中，首先是作者向学术期刊投稿，经过编辑审稿和出版发行，读者付费后阅读。20 世纪 90 年代以来，一些学术团体和机构认识到基于订阅的传统学术期刊给学术交流带来了严重的障碍，迫切需要一种新的出版模式。

在网络出版情况下，开放存取协会（Open Acces Society）致力于推动全球互联网无障碍地共享学术成果，于 2001 年 12 月提出倡议，"加速让所有学术领域的研究论文都能免费提供给大家取阅"，并通过《布达佩斯公开获取先导计划》，开启了开放存取运动，并获得了很多人的支持。2003 年 10 月，科学公共

[①] 张雁凌. 欧美学术期刊网络版权机制研究 [J]. 编辑之友，2013（11）：109-112.
[②] Public Library of Science（PLoS）. The ease of open access [EB/OL]. http://www.plos.org/about/open-access/.

图书馆（PLoS）建立了经同行评议的综合性开放存取期刊PLoS Biology，获得了巨大的成功。在此影响下，开放存取期刊不断发展并壮大起来，不仅出现了自然科学开放存取期刊，还出现了社会科学与人文科学领域的开放存取期刊。开放存取期刊还受到了传统文摘索引商的重视并被收录。

开放存取期刊是一种先进的出版模式。一方面，它将以前由出版社垄断的话语权转移到了学术团体中，减少了学术期刊的出版费用和购阅成本，为学术研究者提供了免费的学术期刊，真正推动了学术交流；另一方面，它把网络上所有开放存取期刊集成到同一网络平台上，加速科技期刊的全球传播。①

（三）国外开放存取期刊发展现状

目前，国外比较成功的开放存取期刊有以下几种②：

1. OA 期刊列表（DOAJ）

OA 期刊列表（DOAJ）是由瑞典隆德大学图书馆创建和维护的开放存取期刊目录，始建于 2003 年 5 月，由开放协会、SPARC 公司、Axiell 公司、欧洲学术出版和学术资源联盟、BIBSAM 机构共同资助，内容涉及多种语言和多个学科，提供可存取的经质量控制的期刊。2014 年 5 月，DOAJ 收录的开放存取期刊有 9800 多种，包含了 134 个国家 1662383 篇论文。其收录的内容均为学术性、研究性期刊，而且这些期刊都是通过同行评审或者有编辑质量控制的期刊。所有论文都可以被用户下载、打印、复印、阅读。DOAJ 提供所收录的期刊目录、摘要、PDF 全文，提供期刊名称检索、期刊内容浏览和论文检索，以便于用户检索下载。

2. 生物医学中心

生物医学中心（BioMed Central，BMC）于 1999 年在英国成立，主要提供网上开放存取、经同行评议的生物医学领域的研究论文。

3. 科学公共图书馆（PLoS）

科学公共图书馆（PLoS）由前美国国家卫生研究院院长、诺贝尔奖获得者哈罗德·瓦穆斯（Harold Varmus）博士等人创办，是一个由科学家和医生组成的一个非营利性组织，PLoS 致力于在全球范围内使科学和医学文献成为开放存取的公共资源。2002 年 11 月，在摩尔基金会和汉森基金会赞助下，开始出版科学及医学类期刊。PLoS 出版了 8 种生命科学与医学领域的期刊，这 8 种期刊已

---

① 吴帆，秦长江. 国内外开放存取期刊平台对比分析[J]. 情报探索，2015（4）：23-26.
② 开放存取期刊[EB/OL]. https://baike.so.com/doc/6918563-7140507.html.

经成为国际上顶级水平的科学期刊,如 *PLoS Biolgy*、*PLoS Medicine* 等。这些都是可以免费获取全文的开放存取期刊,在网上可以看到并免费使用,但在使用时要注明作者、出处和来源等。

4. High Wire Press

High Wire Press 由美国斯坦福大学于 1995 年建立,是全球最大的免费提供全文的学术文献出版商之一,提供高质量、经同行评议的网络期刊。最初它提供的仅有《生物化学杂志》(the Journal of Biological Chemistry) 这一种开放存取期刊,后来也提供《科学》(Science Magazine)、《新英格兰医学杂志》和《美国国家科学院院刊》(PNAS) 等刊物。

5. 科技在线图书馆(SciELO)

科技在线图书馆是 1997 年,由巴西、拉丁美洲及伊比利亚国家科技期刊共同计划建设的开放存取网络平台。目前,SciELO 共收集 355 种期刊,内容涵盖了 20 多个学科,用户可以访问自然科学、社会科学、艺术和人文领域的权威学术文献。其主要目标在于按照开放存取出版模式提供免费论文资料,提高国家及国际间期刊显示度。到目前为止,SciELO 图书引文索引收录了大约 650 种以上的图书和超过 400 万条的参考文献。其开放存取期刊除全部提供英文摘要外,还提供英文、葡萄牙文和西班牙文 3 个界面。

(四) 国外开放存取期刊版权机制与规制

网络出版中,学术期刊将独有的内容资源提供给数据库公司进行数字化出版,并在网络中传播,而不介入具体的工作,这就导致了期刊论文版权的保护问题。版权人在其权利不受侵害的前提下可以转让其部分权利,成为实现开放存取的重要条件。开放存取的主要矛盾在于学术信息和研究成果的免费获取与版权人的授权使用,只有在满足版权人提出的授权要求和协议规定的情况下才能实现开放存取。欧美国家在版权保护方面取得了一定的经验,它们的版权保护模式可以分为 3 种。①

1. 版权归作者所有制度

开放存取期刊的版权归作者所有,除了以单纯的教育为目的,使用他人研究成果者均需要征得作者本人同意。这种版权制度规定:版权归作者所有,并且作者拥有完全的版权;版权声明指出除教学使用免费外,其他使用者必须征得作者同意方可使用论文文献成果;期刊刊载作者的论文需要获得第一出版人授权许可;作者通过其他渠道再次刊登该文章时,需标注开放存取期刊为来源

---

① 张雁凌. 欧美学术期刊网络版权机制研究 [J]. 编辑之友,2013 (11):109-112.

期刊。

2. 版权部分转让制度

这种版权制度将版权划分为两个部分：商用价值和版权价值，其中商用价值赋予出版商，收益由出版商所有；版权价值由作者所有，归作者支配。出版商需要与作者签订出版协议，获得版权使用权，从而获得论文的首发权，由此获得的商业价值归出版商所有。但是，如果出版商利用论文再做其他商用活动，必须向作者支付一定比例的版税，这是作者版权价值受到保护的体现。如果作者开展非商业活动，那么他可以随意处置自己的论文作品，无须征得开放存取出版商的同意许可。

3. 版权部分保留制度

大部分开放存取期刊都与作者签订保留部分版权的许可协议，以此作为版权保护的依据。作品共享组织（Creative Commons）是一个由斯坦福大学法学院教授 Lawrence Lessig 倡议成立于 2001 年的为创造性作品提供灵活的著作权许可协议的组织。它向作者和出版商提供了许可协议的参考性依据 Common Document License（共享协议）。该协议规定，对于数字作品，版权保护中采取的措施是"保留部分权利"，保留组织的部分精神权利，如作品完整权、署名权等，同时，把创造共享、非商业用途、禁止演绎和保持一致等 4 项权利，以及转载、复制权等其他 11 项权利，授予使用者（如开放存取出版商、学术期刊社等）。

在开放存取出版模式中，作者发现保留全部版权不利于论文的使用和传播，保留部分或者不保留权利的版权模式更有利于作品的无差异交流和推广。同时，开放存取机构也遵循保留部分版权的准则设定授权许可协议。美国科学图书馆（PLoS）和 BioMed Central 出版社（BMC）均使用了创作共享协议的相关细则。[①] PLoS 将署名许可协议应用到旗下所有出版物，作者保留论文版权，任何人使用论文都要注明作者和出处，并在注明作者和出处的前提下可以对 PLoS 期刊中的论文进行下载、使用、复印、修改和发行（传播），无须和作者及出版商沟通以便获取其许可。BMC 制定了《BMC 版权和协议许可》，对研究性论文出版做出相应规定，允许任何人在按照作者或许可人指定的方式对作品进行署名的情况下，可以自由复制、发行、展览、表演或者通过信息网络传播作品，或者创造演绎作品，或者对作品进行商业性使用。

---

① 林姿蓉. 欧美科技论文网络共享的版权保护模式［J］. 出版科学，2012（5）82-88.

二、国外非开放存取期刊网络版权保护机制与规制

在国外学术期刊出版模式向开放存取转变发展的同时，还存在着很多继续以非开放存取为出版方式的出版集团，并且运行得很好。目前，世界著名的出版集团 SpringerLink、Elsevier（爱思唯尔），都是采用非开放存取的出版方式，并依靠订阅获取收益。由于很多出版商以论文订阅获取收益，在出版论文时，往往要求作者转让版权，其中包括电子版权。非开放存取期刊在版权保护上，主要的机制和规制体现在以下三个方面。

（一）出版商网络版权保护的措施

非开放存取期刊出版商一般要求作者在出版论文时出让版权，其中包含电子版版权，即使是作者在个人网页或机构仓储论文中，也不得使用出版商出版的版本，并且在存储论文时必须加入出版商网站中该论文的链接。著名出版商 SpringerLink 就是这样要求版权保护的。一方面，它要求作者于论文出版时将版权转让给 SpringerLink；另一方面，它要求作者不得使用 SpringerLink 全文数据库的版本，只能存储自己的论文，并加入 SpringerLink 网站的该原始论文链接。

非开放存取期刊的使用者必须遵循出版商的规范要求。这些要求有：一是只有订户及授权用户为了个人使用或者科研目的才能下载、保存和打印网络出版平台数据库提供的论文。二是允许订户和授权用户引用期刊的内容，但必须注明引文出处。三是只有在订户和授权用户与其他个体之间进行非持续性、规模性、系统性学术信息交流时才可以对期刊内容进行复制与传递。网络出版商将其许可与禁止的使用方式张贴在平台网站上，作为其版权保护的声明。

（二）建立统一的版权管理平台，同时实现资源共享与版权保护

在美国，版权结算中心（Copyright Clearance Center，CCC）是目前世界上最大的版权许可组织。它于 1978 年由一些出版商和作家共同建立，是一个世界性的非营利性组织。目前，除了开放存取期刊外，CCC 是欧美国家的期刊论文网络共享主要来源平台，至少超过 2000 万人在平台上使用年度许可协议和付费使用服务进行信息共享，其提供并使用的版权许可协议方案，已经成为整个欧美地区解决期刊论文网络共享版权问题的主要依据版本。CCC 通过便捷的方式，针对版权保护的作品提供版权许可，为各种不同的使用者提供多种版权许可方案，其提供的版权解决方案包含以下几个主要方面：

1. 年度许可

CCC 为作品使用者在组织内部进行复制、下载、电子发行提供年度授权服

务，其中包括向使用者提供集中的复制许可和向作者、出版者提供费用支付服务等。年度许可的方式是将 CCC 系统中所有已获得的著作权人授权的作品集体打包，以年为单位，授予使用者进行内部复制、交流。使用者不必就某一单个著作从版权人取得授权，而是获得所有著作的授权。原则上，在一年时间内，使用者可以无限次地复制和利用 CCC 系统中所有已取得著作权人授权的作品。年度许可要经过签订两类合同：一类是 CCC 系统中心与著作权人的合同；另一类是中心与使用者之间的合同。通过版权年度许可，研究机构可以提前获得试用版权保护的作品内容许可，减少了图书馆人员逐一处理版权许可的工作负担。

2. 以次为单位付费

这是使用者以使用次数为单位进行付费的制度，要求使用者对著作依据该次利用的方式进行付费，金额由版权人授权给 CCC 时在系统中设定。版权人可以根据使用者利用著作的页码、数量等决定收费金额。CCC 系统中可以对著作的某些部分和特定使用行为进行限定，并提醒使用者哪些是禁止使用的内容和方式。

3. 提供影像文件（Ready Images）

CCC 向使用者授权后，使用者可以一次性获得 CCC 系统中影像文件的使用权，这对于学校、图书馆等需要大范围使用影像的机构来说，具有极大便利性，使用者无须一一取得所需影像文件的授权，可以一次性获得 100 万张影像文件的使用权，可以任意复制、下载所需影像文件。

4. 版权汇集及推广服务（Rights Central & Rights Link）

CCC 不仅可以集中为出版商提供版权授权服务，还可以协助出版商进行效益分析、宣传教育、推广服务。通过宣传推广，让使用者了解某种利用行为是否取得授权或者不属于授权范围，以及了解如何取得版权人授权。

目前，Springerling、SAGE Publications 和 Nature Pubishing 等 200 家出版商使用年度许可。荷兰的全球最大的科技文献出版商的 Elsevier 数据库在 10 年前已经通过 CCC 进行内容版权许可。研究人员、研究机构在数据库网页中单击"获得许可"按钮，并在列表中选择自己希望获得权利，就可以共享 Elsevier 数据库中的论文。美国 ProQuest 公司数据库同样通过 CCC 进行版权许可。用户可以直接链接到 CCC 权利许可数据库或者版权人，获得某篇论文的版权信息并取得相应的使用许可。

版权结算中心（CCC）的存在和运行方便了科研人员获取学术研究资料，促进了学术研究和科研成果共享，也有利于保护出版商的版权，是网络版权保护的有效途径。

(三) 国家许可制度

国家许可制度是指由政府授权、出版商与第三方非营利性组织签订国家许可协定，发放国家许可证，允许第三方非营利性组织使用出版商的信息资源，并且负责向所有公众免费提供接入、检索、下载、浏览和复制。目前，这种版权保护制度已经被丹麦、芬兰、挪威等北欧国家广泛采用。[①]

国家许可证制度采用第三方非营利组织在提供信息服务中单方负责原则，消除了使用者承担法律风险的后果，由第三方非营利性组织承担责任，方便了用户使用科学研究资料和论文，促进了知识共享和知识传播。这对著作权人及出版商的版权保护起到了积极作用。

在实现国家许可制度下，国家采取向作者、出版商和第三者非营利性组织提供资助或转移支付的方式，弥补其利益损失，支持其发展，因此，出版商也积极通过修改担保条款以担负可能出现的法律责任。

国家许可制度是一种比较有效的版权保护制度。它不仅可以较好地平衡作者、使用者和出版商之间权益关系，而且可以在一定程度上解决科技论文网络共享面临的版权问题，大大提高了学术资源的利用率，促进了论文的传播。

第六节　我国学术期刊出版政府规制

学术期刊网络出版是随着互联网的发展出现的一种新型学术出版形态，具有网络和新媒体的先进性和独特性，所带来的学术出版形态和传播途径变化是十分巨大的。对学术期刊网络出版及传播进行规制，建立相应的规制体系，可以规范并促进学术期刊的发展，提高学术思想影响力，促进学术研究的创新。学术期刊网络出版规制是学术期刊规制的一部分，也是文化事业和传媒产业规制的一部分，因此，既要符合文化事业和传媒产业的一般规制，又要具有针对性的规制措施和政策。

现有的文化事业和传媒产业规制是我国文化传媒业发展的基础，为文化事业和传媒产业的发展提供了政策依据和规制措施。分析已有的相关规制可以发现，既有科学合理和积极的一面，也存在需要完善发展的一些问题。特别是学术期刊在媒介融合中规制政策问题，需要进一步研究。

[①] 陈传夫，姚维保．我国信息资源公共获取的差距、障碍与政府策略建议［J］．图书馆论坛，2004（6）：54-57．

一、我国学术期刊出版政府规制体系

(一) 规制体制

由于学术期刊出版是出版业的一个分支或组成部分,因此,对于出版业进行的所有规制政策都适合于学术期刊规制,更加适合学术期刊出版传播。我国出版业规制体系与出版业管理体制密切联系,是管理体制的体现。长期以来,我国形成了对出版业的双重管理体系,也就是说,对出版业管理由党的有关机构和政府专门机构共同进行。管理机构是指以中共中央宣传部为首的党的各级宣传部门,负责对出版业意识形态和舆论导向的领导与管理。政府有关机构是指在党的宣传部门领导下,以国家新闻出版署为首的各级新闻出版管理部门,除了负责出版机构的意识形态和舆论导向外,还对出版机构的出版规制负有管理责任。同样,学术期刊出版也是在这样的管理体制下进行的,受到相应的规制约束。

出版业(包括学术期刊出版)管理体制反映了出版业在我国具有双重任务的性质,一方面,我国出版业具有意识形态性质,要宣传马克思主义思想和意识形态,是上层建筑的重要构成部分;另一方面,出版业具有文化产业属性,是产业结构的重要组成部分,需要专门的政府管理机构负责管理。在双重管理体系中,宣传部门和新闻出版管理部门都对出版业的意识形态和舆论导向具有领导责任,但是在规制管理上具有明显的分工,新闻出版管理部门负责制定出版业的规制及管理制度。同样,学术期刊的管理制度和规制也是由新闻出版管理部门制定的,但前提是必须与宣传部门保持一致。

在出版业融合发展中,由于网络技术和电子信息技术的应用,网络出版日益壮大,在整个出版业中新媒体、网络出版占的比例迅速扩大,因此,出版业随着网络出版的发展还必须接受相关部门的有关规制政策约束。例如工业与信息产业部制定的有关网络传播、电子通信等规定,也是出版业必须遵从的规制。

(二) 规制机构

作为出版业的一个部分,学术期刊出版规制机构属于出版业规制机构的制度框架。在我国,与其他行业主管机构一样,出版业规制机构就是出版业的主管部门。出版业是传媒产业的一个组成部分,其行政主管部门是国家新闻出版署及地方各级新闻出版局,目前隶属于中共中央宣传部。由于国务院是我国国家事务的行政主管机构,因此对各个部委具有管理权,也具有发布规制的权利,因此,各个部委机构对本部门本行业的政策与规制是在国务院有关规制指导下进行的。

2002年，国务院颁布《出版管理条例》（简称《条例》），这是出版业遵循的基本法规，也是出版业规制的总纲领。根据《出版管理条例》的规定，我国出版业规制的基本目标是：加强对出版活动的管理，发展和繁荣有中国特色的社会主义出版事业，保障公民依法行使出版自由的权利，促进社会主义精神文明和物质文明建设。《条例》规定了规制的对象、行为和具体规范。修订后的《条例》第六条指出："国务院出版行政主管部门负责全国的出版活动的监督管理工作。国务院其他有关部门按照国务院规定的职责分工，负责有关的出版活动的监督管理工作。"同时，"县级以上地方各级人民政府负责出版管理的部门（以下简称出版行政主管部门）负责本行政区域内传播活动的监督管理工作。县级以上地方各级人民政府其他有关部门在各自的职责范围内，负责有关的出版或的监督管理工作。"可见，出版业的监督管理是由在国务院领导下的各级行政主管部门及相关部门共同进行的。

主管部门是监督管理部门，也是规制制定和发布的部门。在遵守《条例》规定的各项要求的前提下，各级主管部门可以制定执行细则作为补充，但必须完全符合《条例》基本规范要求。

国家新闻出版广电总局作为我国出版业的管理者和规制机构，由1987年成立的直属于国务院的国家新闻出版署于2001年改为国家新闻出版总署，并在2013年3月与国家广播电视总局合并，成立了国家新闻出版广电总局。这是我国新闻出版和传媒业的专门管理部门，具有对出版业和传媒业的管理和监督职能。

根据2008年7月国务院发布的《国家新闻出版总署（国家版权局）主要职责内设机构和人员编制规定》，国家新闻出版总署的主要职能包括了十三项，其中第一项就是：起草新闻出版、著作权管理的法律法规草案，拟定新闻出版业的方针政策，制定新闻出版、著作权管理的规制并组织实施。

（三）规制方式

我国出版业的政府规制方式有两种：预审制和追惩制。在具体的管理规制中常常把二者结合起来，共同规范和管理出版业的发展。学术期刊出版的政府规制方式也遵照这两种方式。

预审制，是指根据有关法规对学术期刊出版活动事先设定相应的程序和规范，通过申报、审查、核准、注册登记等程序，批准学术期刊成立和从事出版发行活动，在操作中执行严格的规定。这是学术期刊出版的进入规制，具有严格的要求。只有符合规定的期刊可以获得审批。对于学术期刊的成立和出版活动，我国实行的是审批制。

2005年9月原国家新闻出版总署颁布了《期刊出版管理规定》（以下简称《规定》），这是对我国期刊（含学术期刊）的规制性文件。《规定》对期刊的审批程序作出了具体安排。首先，《规定》指出，期刊要由期刊出版单位出版，期刊出版单位必须依法成立，出版期刊必须经过新闻出版批准，持国内统一连续出版号，领取《期刊出版许可证》。其次，规定期刊的形式必须有固定的名称，用卷、期或者年、季、月顺序编号，按照周期出版的成册连续出版物。再次，《规定》规定了创办期刊必须具备的条件，例如，要有期刊出版单位的名称、章程；符合相关规定的主管、主办单位；有确定的期刊出版业务范围等。最后，规定了期刊不得刊载《出版管理条例》和其他有关法律法规以及国家规定的禁载的内容。此外，还规定了其他需要规制的内容。

追惩制，是指根据相应的法律法规，对出版机构或个人发生的违法违规行为作出的追加处罚和惩治。《条例》和《规定》都具体规定了期刊必须遵守的宗旨和具体的出版行为规范，对违反《条例》和《规定》的期刊出版行为，实行严格的惩罚。《规定》指出，期刊出版单位违反本规定的，新闻出版行政部门根据情节轻重，采取的惩罚措施有：下达警示通知书；通报批评；责令公开检讨；责令改正；责令停止印刷、发行期刊；责令收回期刊；责令主办单位、主管单位监督期刊出版单位整改。

此外，还有一些其他相关的法律法规，都对期刊的出版和传播制定了相应的措施，也是学术期刊必须遵守的强制性制度。这些法律法规体系从多个方面对学术期刊出版传播进行了规制。

（四）规制体系

关于学术期刊的法律法规，除了《期刊出版管理规定》等相关规制外，还没有单独的针对学术期刊的法律规定，但是，期刊规制同样适用于学术期刊出版管理。

在所有的法律法规中，《中华人民共和国宪法》（简称《宪法》）是最根本的法律，其他法律法规都是在《宪法》的基础上和指导下制定的。因此，追根求源，《宪法》中规定的有关内容是制定《出版管理条例》的依据，而《期刊出版管理规范》是依据《出版管理条例》制定的。相应地，其他有关部门制定的关于出版、电信、网络等有关传媒产业的法律法规，都是依据《宪法》制定的。

据统计，当前我国新闻出版法有19部，有关规定超过30部，与学术期刊出版发行有关的规制20余部，分为直接规制或者间接规制两类，直接规制包括电子出版、网络出版等方面的规制。

表10-1 学术期刊出版相关规制体系

规制名称	规制与发布机构	发布时间（最新发布）	主要任务	与学术期刊出版有关的主要规制内容
《中华人民共和国宪法》	全国人民代表大会	2018年修订	规定公民的基本权利和义务、国家机构等方面大政方针	学术期刊出版必须遵守宪法各项要求，与宪法规定保持一致
《出版管理条例》	国务院	2016年修订	加强对出版活动的管理，发展和繁荣有中国特色社会主义出版产业和出版事业，保障公民依法行使出版自由的权利，促进社会主义精神文明和物质文明建设	所有《条例》内容。出版活动必须坚持为人民服务、为社会主义服务方向；坚持以马克思主义、毛泽东思想、邓小平理论和"三个代表"重要思想为指导，贯彻落实科学发展观，以及中国特色社会主义思想，有益于经济发展和社会进步的科学技术和文化知识；应当将社会效益放在首位，实现社会效益与经济效益结合；出版物不得含有禁止的十项内容等
《期刊出版管理规定》	新闻出版总署	2005年	促进我国期刊业的繁荣和发展，规范期刊出版活动，加强期刊出版管理	全部内容。其中，包含了对期刊出版出版单位、出版宗旨、出版管理、禁止的事项和其他有关内容。规定是针对所有期刊做出的规范和要求，包括学术期刊及其他类型的期刊，是期刊的审批、设立、经营活动和退出等方面的具体规定

续表

规制名称	规制与发布机构	发布时间（最新发布）	主要任务	与学术期刊出版有关的主要规制内容
《电子出版物出版管理规定》	国家新闻出版广电总局	2016年修订征求意见稿	加强对电子出版物出版活动的管理，促进电子出版业的健康发展与繁荣	主要方面有：国家对电子出版物出版活动实行许可制度。电子出版物应由电子出版物制作单位制作。设立电子出版物出版单位应当具备相应的条件。出版管理制度。电子出版物的内容符合有关法规、规章规定。电子出版物应当符合国家和出版行业的技术、质量标准和规范要求等
《图书质量管理规定》	新闻出版总署	2005年	建立图书质量管理机制，规范图书出版秩序，促进图书出版的繁荣和发展	图书质量包括内容、编校、设计、印制，分为合格、不合格两个等级。对于出版单位违反规定继续发行编校质量不合格图书的，给予相应规定处理。1年内造成3种以上图书不合格或连续2年造成图书不合格的直接责任人，由省、自治区、直辖市新闻出版行政部门注销其专业技术人员职业资格，3年内不得从事出版编辑工作
《期刊出版形式规范》	新闻出版总署	2007年	为期刊提供可以依据的出版形式规范，为提高期刊出版质量，建立科学的期刊出版管理体系服务	对期刊形式做出规范：国内统一连续出版物号（CN）、国际标准连续出版物号（ISSN）、期刊条码、期刊名称、期刊主要责任单位、印刷发行单位、总编辑、期刊出版标识（期刊编号、刊期）、版权页和期刊标识性文字

续表

规制名称	规制与发布机构	发布时间（最新发布）	主要任务	与学术期刊出版有关的主要规制内容
《中华人民共和国著作权法》	全国人民代表大会	2010年修订	为保护文学、艺术和科学作品著作的著作权以及与著作权有关的权益，鼓励有益于社会主义精神文明、物质文明的作品创造和传播，促进社会主义文化和科学事业的发展与繁荣	著作权属于作者。两人以上合作创作的作品，著作权由合作作者共同享有。作者的署名权、修改权、保护作品完整权的保护期不受限制。对作品的使用，为个人学习、研究或者欣赏，为介绍、评论某一作品或者说明某一问题，适当引用他人已经发表的著作，不必经过作者许可。使用他人作品应当同著作权人订立许可使用合同，本法规定可以不经许可的除外。作品刊登后，除著作权人声明不得转载、摘编的外，其他报刊可以转载或者作为文摘、资料刊登，但应当按照规定向著作权人支付报酬
《互联网文化管理暂行规定》	文化部	2011年	加强对互联网文化的管理，保障互联网文化单位的合法权益，促进我国互联网文化健康、有序发展	互联网文化单位不得提供载有本规定禁止事项的文化产品：反对宪法确定的基本原则的；危害国家统一、主权和领土完整的；泄露国家机密、危害国家安全或者损害国家荣誉和利益的等10项内容。其他相关规定
《网络出版服务管理规定》	国家新闻出版广电总局、工业和信息化部	2016年	规范网络出版服务秩序，促进网络出版服务业健康有序发展	网络出版服务许可的有关规定。网络出版服务单位实行编辑责任制度，保障网络出版物内容合法性。网络出版物不得含有的10项内容。网络出版使用语言文字，必须符合国家法律规定和有关标准规范。其他有关规定

续表

规制名称	规制与发布机构	发布时间（最新发布）	主要任务	与学术期刊出版有关的主要规制内容
《出版物汉字使用管理规定》	新闻出版署和国家语言文字委员会	1992年	对报纸、期刊、书籍、音像制品等出版物汉字的使用进行规范，消除用字不规范现象	报纸、期刊、图书、音像制品等出版物的报头（名）、刊名、封皮、包装装饰物、广告宣传品等用字，必须使用规范汉字，禁止使用不规范汉字。出版物的内容，必须使用规范汉字，禁止使用不规范汉字
《出版物市场管理规定》	国家新闻出版广电总署和商务部	2016年	规范出版物发行活动及其监管，建立全国统一开放、竞争有序的出版物市场体系，满足人民精神文化需求，推进社会主义文化强国建设	单位从事出版物批发业务，应当具备相应的条件。单位、个人从事出版物零售业务，必须报经所在县级人民政府出版行政主管部门批准。单位、个人通过互联网等信息网络从事出版物发行业务的，应当依据规定取得出版物经营许可证。不得发行违禁出版物，以及侵犯他人著作权或者专有出版权的出版物

二、学术期刊出版规制的主要内容

学术期刊规制是出版业规制的重要组成部分，和其他出版活动规制的内容基本一致，其主要内容有进入规制、内容规制、质量规制、激励性规制和刊号、经营范围、广告等方面规制。

（一）进入规制

由于出版业属于我国意识形态和文化传媒领域，因此，对出版业管理采取了严格的管制，以确保其为我国社会主义事业发展服务，为党的事业服务。在规制上，建立了以审批制为基础的准入制度，包括法人准入、产品准入、职业准入等。

进入规制中，严格审查出版机构的法人资格，规定只有符合有关规定才可以成立出版机构，编辑出版图书、期刊等文化产品。国务院颁布的《出版管理条例》规定，国务院行政部门（国家新闻出版总署）是出版业的行政主管部门，负责制定有关法规条例，对全国的出版单位总量、结构和布局进行规划，审批设立出版单位，管理出版行业。结合《出版管理条例》规定，国家新闻出版总署2005年制定颁布的《期刊出版管理规定》对出版机构和期刊出版单位的设立等作出了相应的进入条件规定。

《期刊出版管理规定》第二章第九条的规制内容是："创办期刊、设立期刊出版单位，应当具备下列条件：（一）有确定的、不与已有期刊重复的名称；（二）有期刊出版单位的名称、章程；（三）有符合新闻出版总署认定条件的主管、主办单位；（四）有确定的期刊出版业务范围；（五）有30万元以上的注册资本；（六）有实行期刊出版活动需要的组织机构和符合国家规定资格条件的编辑专业人员；（七）有与主办单位在同一行政区域的固定的工作场所；（八）有确定的法定代表人或者主要负责人，该法定代表人或者主要负责人必须是在境内长久居住的中国公民；（九）法律、行政法规规定的其他条件。"

概括地说，学术期刊进入规制要求：第一，出版宗旨规制。期刊出版必须坚持马克思主义、毛泽东思想、邓小平理论和"三个代表"重要思想，坚持正确的舆论导向和出版方向，坚持把社会效益放在第一位、社会效益和经济效益相统一的原则，传播和积累有益于提高民族素质、经济发展和社会进步的科学技术和文化知识，弘扬中华民族优秀文化，促进国际文化交流，丰富人民群众的精神文化生活。第二，具备相应的出版单位设立条件。第三，符合创办期刊、设立期刊出版单位的程序，提供相应的申请材料，并按照有关程序审批。即，设立期刊出版单位，由其主办单位向所在地省、自治区、直辖市人民政府出版行政部门提出申请，省、自治区、直辖市新闻出版行政部门审核同意后，报国家新闻出版署审批。国家新闻出版署作出批准或者不批准的决定，并直接或者由省、自治区、直辖市新闻出版行政部门书面通知主办单位。

《网络出版服务管理规定》是2016年国家新闻出版广电总局、工业和信息产业部制定发布的针对网络出版服务的法规，其目的是规范网络出版服务秩序，促进网络出版服务业健康发展。在进入规制上，主要内容是：规定"从事网络出版服务，必须依法经过出版行政主管部门批准，取得《网络出版服务许可证》"；图书、音像、电子、报纸、期刊出版单位从事网络出版服务，应当具备的条件是："（一）有确定的从事网络出版业务的网站域名、智能终端应用程序等出版平台；（二）有确定的网络出版服务范围；（三）有从事网络出版服务所需的必要的技术设备，相关服务器和存储设备必须存放在中华人民共和国境内。"其他单位从事网络出版服务，除了以上所列条件外，还需具备规定的另外六项条件。《网络出版服务管理规定》禁止中外合资经营、中外合作经营和外资经营的单位从事网络出版服务。

此外，国家新闻出版总署颁布实施的《出版专业技术人员职业资格管理规定》规定了责任编辑的准入条件和注册办法，对编辑人员的资格进行了规范，建立了职业准入和岗位准入制度。

(二) 内容规制

内容规制是保证出版物内容符合有关规定和要求，是各国政府对出版物作出的一项强制性规定。内容规制分为出版物内容禁止事项和出版物内容审查规定。通过事先禁止和事后审查，达到出版物内容合规性要求的目的。

我国《出版管理条例》《期刊出版管理规定》和《网络出版服务管理规定》等对有关出版内容方面，都做出了严格的禁止性规定。禁止的内容相同，都规定任何出版物不得含有下列内容：(1) 反对宪法确定的基本原则的。(2) 危害国家统一、主权和领土完整的。(3) 泄露国家秘密、危害国家安全或者损害国家荣誉和利益的。(4) 煽动民族仇恨、民族歧视，破坏民族团结，或者侵害民族风俗、习惯的。(5) 宣扬邪教、迷信的。(6) 扰乱社会秩序，破坏社会稳定的。(7) 宣扬淫秽、赌博、暴力或者教唆犯罪的。(8) 侮辱或者诽谤他人，侵害他人合法权益的。(9) 危害社会公德或者民族优秀文化传统的。(10) 有法律、行政法规和国家规定禁止的其他内容的。《期刊出版管理规定》第二十五条明确规定："期刊不得刊载《出版管理条例》和其他有关法律、法规以及国家规定的禁止内容。"

在青少年权益保护方面，《出版管理条例》和《网络出版服务管理规定》都做出了严格的规定："不得含有诱发未成年人模仿违反社会公德的行为和违法犯罪的行为的内容，不得含有恐怖、残酷等妨害未成年人身心健康的内容。"

(三) 质量规制

《出版管理条例》规定："出版物的内容不真实或者不公正，致使公民、法人或者其他组织的合法权益受到侵害的，其出版单位应当公开更正，消除影响，并依法承担其他民事责任。"还规定："出版物必须按照国家的有关规定载明作者、出版者、印刷者或者复制者、发行者的名称、地址，书号、刊号或者版号，在版编目数据，出版日期、刊期以及他有关事项。出版物的规格、开本、版式、装帧、校对等必须符合国家标准和规范要求，保证出版物的质量。"

出版物的质量不仅体现在内容质量上，还体现在编辑校对质量、装帧印刷质量等方面。《期刊出版管理规定》第五十一条规定"期刊出版质量长期达不到规定标准的",不予通过年度核验。"不予通过年度核验的,由新闻出版总署撤销《期刊出版许可证》,所在地省、自治区、直辖市新闻出版行政部门注销登记。未通过年度核验的,期刊出版单位自第二年起停止出版该期刊。"

对于期刊出版质量的核验,一般规定是在期刊出版后实行事后审读制度、期刊出版质量评估制度、期刊年度核验制度和期刊出版从业人员资格管理制度。新闻出版管理部门制定期刊出版质量综合评估标准体系,对期刊出版质量进行全面评估。

(四) 限制性规制

对出版业及期刊出版经营活动进行限制性规制,是保证出版活动符合规制的重要措施。《出版管理条例》《期刊出版管理规定》和《网络出版服务管理规定》等法律法规,对出版中的书号、刊号、广告、经营范围等作出了限制性规定,出版单位必须按照规定从事出版经营活动。

在刊号、书号等管理方面,有关法规做出了明确的要求。国家新闻出版署1997年1月发布的《关于严格禁止买卖书号、刊号、版号等问题的若干规定》中明确指出:"严禁出版单位买卖书号、刊号、版号。凡是以管理费、书号费、刊号费、版号费或其他名义收取费用,出让国家出版行政部门赋予的权力,给外单位或个人提供书号、刊号、版号和办理有关手续,放弃编辑、校对、印刷、复制、发行等任何一个环节的职责,使其以出版单位的名义牟利,均按买卖书号、刊号、版号查处。"《期刊出版管理规定》第三十六条规定,"期刊出版单位不得出卖、出租、转让本单位名称及所出版期刊的刊号、名称、版面,不得转借、转让、出租和出卖《期刊出版许可证》。"《网络出版服务管理规定》第二十一条规定,"网络出版服务单位不得转借、出租、出卖《网络出版服务许可证》或以任何形式转让网络出版服务许可。"

在广告规制方面,同样作出了具体的规定。《期刊出版管理规定》第三十七条规定,"期刊出版单位利用其期刊开展广告业务,必须遵守广告法律规定,发布广告须依法检验有关证明文件,核实广告内容,不得刊登有害的、虚假的等违法广告。"《网络出版服务管理规定》第十九条规定,"互联网相关服务提供者在为网络出版服务单位提供人工干预搜索排名、广告、推广等服务时,应当查验服务对象的《网络出版服务许可证》及业务范围。"

(五) 激励性规制

对出版物实行激励性规制是国家促进图书、期刊等出版业发展的主要措施,是确保出版业良好发展的基本规范。进行激励性规制,有利于出版业传播和积累有益于社会进步和经济发展的科学技术和文化知识，弘扬民族优秀文化。《出版管理条例》《期刊出版管理规定》等相关法规都制定了相应的激励性规制。《期刊出版管理规定》明确指出，"新闻出版总署对为我国期刊业繁荣和发展做出突出贡献的期刊出版单位及个人实施奖励。"《网络出版服务管理规定》第四十六条规定，"国家支持、鼓励下列优秀的、重点的网络出版物的出版：（一）对阐述、传播宪法确定的基本原则有重大作用的；（二）对弘扬社会主义核心价值观，进行爱国主义、集体主义、社会主义和民族团结教育以及弘扬社会公德、职业道德、家庭美德、个人品德有重要意义的；（三）对弘扬民族优秀文化，促进国际文化交流有重大作用的；（四）具有自主知识产权和优秀文化内涵的；（五）对推进文化创新，及时反映国内外新的科学成果有重大贡献的；（六）对促进公共文化服务有重大作用的；（七）专门以未成年人为对象、内容健康的或者其他有利于未成年人健康成长的；（八）其他具有重要思想价值、科学价值或者文化艺术价值的。"

（六）惩罚性规制

对于违反有关出版法律法规的行为进行惩罚，是确保出版单位正确执行出版管理规定的强制性措施，对于出版业发展具有极大的促进作用。惩罚性规制规定了违反出版管理法律法规的具体惩罚办法和措施，根据情节的轻重，采取不同的惩罚方法。概括起来说，（1）对于情节较轻的违法违规行为，给予通报批评、限期整改、没收出版物或违法所得、罚款、取消资格、吊销许可证或经营许可证、取缔违法活动等；（2）情节严重的，比如造成严重后果的，侵犯他人合法权益的，依法承担民事责任；够刑事处罚的，依法追究刑事责任。

惩罚性规制还对出版经营活动中相关责任人制定了处罚规定，包括对期刊等其他出版活动具有管理监督责任的上级主管单位和主管部门的责任人。例如，《出版管理条例》第六十条规定，"出版行政主管部门或者其他有关部门的工作人员，利用职务上的便利收受他人财物或者其他好处，批准不符合法定条件的申请人取得许可证、批准文件，或者不履行监督职责，或者发现违法行为不予查处，造成严重后果的，依法给予降级直至开除的处分，构成犯罪的，依照刑法关于受贿罪、滥用职权罪、玩忽职守罪或者其他罪的规定，依法追究刑事责任。"《期刊出版管理规定》规定，"对期刊出版单位做出行政处罚，新闻出版行政部门可以建议其主办单位或者主管单位对直接责任人和主要负责人予以行政处分或者调离岗位。"

三、我国学术期刊网络出版规制缺陷

第一，系统性不强。有关规定分散在众多法律法规中，指导性和规范性受到削弱。近年来，我国出台了30多个关于网络管理的法律法规，但针对学术期刊网络出版的内容较少，又过于分散，不能系统地指导和规范学术期刊媒介融合中的网络出版行为。从已颁布的相关法律法规看，与学术期刊网络出版相关的主要是《电子出版物出版管理规定》《网络出版服务管理规定》《互联网文化管理暂行规定》《图书、期刊、音像制品、电子出版物选题备案办法》等，针对学术期刊网络出版的法律法规还没有制定和颁布。

第二，立法主体多，出发点多，多头管理。受多个领域的影响，规制主体多，管理主体多。多头管理造成有些规定难以一致，甚至与现实脱节，不利于网络出版发展。这些都表明我国立法体制存在缺陷，并给学术期刊网络出版管理带来困扰。

第三，对学术期刊网络出版规制存在着针对性不强问题。如何按照网络出版的规律对学术期刊进行规范，这是一个特殊领域的规制问题，但是，规制机构往往采取传统纸质期刊的规制方法和手段，对具有网络文化规律的网络出版进行规制，导致规制水土不服，难以有效规范和促进学术期刊媒介融合及网络出版。一旦网络传播出现问题，不是积极应对，正确引导，而是采取行政手段加以拦截堵卡，学术期刊媒介融合和网络出版问题得不到真正解决。

第四，法规体系存在缺陷。市场经济是法制经济，各种市场行为主体都受到法律法规的制约，按照法律法规从事生产和经营活动，才能保证正常的经济运行秩序，达到资源有效配置。但是，不健全的法律体系，会造成法律规范的冲突，导致行为主体无所适从。当前我国存在着立法主体过多、位阶较低、规定不够细、规则相互矛盾等缺陷，这与迅速发展的网络文化和网络出版不相适应。许多版权纠纷也由于法律法规的不健全得不到妥善地处理。

媒介融合时代网络出版的发展使版权纠纷案件不断发生，也给现有的法律体系提出了相应的要求。2010年5月27日，龙源期刊网负责人汤潮因网站登载湖南师范大学副教授魏剑美58篇文章，被告上法庭，败诉后拒不履行判决，被北京市朝阳法院采取强制执行司法拘留。

在这个互联网侵权案例中，原告魏剑美认为，龙源期刊网未经其同意，擅自在网站首页《名家名作》栏目刊载其58篇文学作品，并且每点击阅读一次收取0.1元，侵害了其著作权。为此，向法院提起诉讼，要求龙源期刊网每天赔付3000元作为赔偿。龙源期刊网负责人给魏剑美的解释是，网站已经把费用支

付给相关报刊，取得了授权。而魏剑美认为，自己并没有将数字版权授权给报刊，也没有获得任何数字出版的报酬。

龙源期刊网方面认为，目前互联网企业在期刊数字版权问题上，通常与杂志社合作，取得杂志社授权，并将有关费用交给杂志社，不仅使期刊扩大了传播和影响，也促进了印刷版期刊的销售。纠纷案的最后结果是，法院判决龙源期刊网赔偿约2.4万元。

此互联网版权纠纷案表明，由于杂志社没有与作者明确授权范围，导致互联网公司在转载作者的作品时发生侵权行为。此类数字版权纠纷在现实中存在着大量案例。虽然互联网公司在转载学术期刊杂志上的论文时尚未发生重大版权纠纷，但是，存在的隐患还是非常严重的，需要在有关法律法规中尽快做出规制。

第七节　学术期刊网络出版政府规制分析

对学术期刊出版行为进行规制，是促进其发展，保护其权益，为其营造一个良好发展环境的重要途径。从主办方的类别看，我国学术期刊种类较多，既有研究机构主办的学术期刊，也有高校主办的学术期刊，还有一些社会团体主办的学术期刊。其中，我国高校主办的学术期刊占的比例较大，对社会经济文化的影响也较大。从发展的角度讲，需要进行科学的规制。

一、以政府规制规范学术期刊网络出版

政府规制是政府有关机构对规制对象的行为作出的规定和要求，以便其行为符合社会经济发展的整体需要，是以法律法规的形式进行的强制性规范，具有强制性的特征。政府规制是在有关规制理论指导下对规制对象采取的一种强制性的约束措施。规制理论的基本思想认为，政府是公共利益的代表，在市场失灵的情况下，应公众的要求提供规制，矫正市场活动产生的无效率或者不公平，从而矫正市场失灵、保护公共利益，提高整个社会的福利水平。这种理论是规制理论中公认的公共利益规制理论。

在公共利益规制理论中，政府规制是针对私人行为的公共行政政策，从公共利益出发制定的规则，通常的目的是控制相关企业对价格进行垄断或者对消费者滥用权力，具体表现为控制进入、决定价格、确定服务质量和服务条件、规定在合理条件下服务所有客户时应尽义务等。这是针对自然垄断行业进行的

规制。至于文化产业和出版传媒业规制，则是从出版规范、进入规制和版权保护等方面进行的。学术期刊网络出版也需要进行相应的规制，以便保证网络出版的内容质量、编辑出版质量、服务质量和版权保护等。

学术期刊网络出版是传统期刊出版与新媒体融合发展的产物，是学术研究成果借助期刊通过网络渠道进行出版和传播，既有出版业的特征，也有网络服务的特征，是学术期刊在互联网时代发展的产物。

在我国，出版业是文化传媒产业的一个重要组成部分，担负着传播和发展社会主义精神文明的重任，是社会主义意识形态的重要载体，具有意识形态的性质。因此，学术期刊出版要符合社会主义物质文明建设和精神文明建设的需要，要与党的路线方针政策保持一致，要在内容上符合有关政治要求。这就要求规制部门按照党的路线方针政策对学术期刊网络出版做出政治标准规制，以便使学术期刊在从事网络出版服务时按照政治标准进行经营管理活动。

学术期刊网络出版不仅需要从期刊出版的角度进行规制，还需要从网络传播的角度加以规制，并且在二者中找到较好的结合点，即在传统期刊出版与新媒体融合中进行规制，既离不开学术期刊出版的规制内容，又要有互联网中新媒体的规制特点。

对学术期刊网络出版进行规制不仅是管理机构加强对学术期刊利用网络进行出版传播管理的需要，也是学术期刊提高出版水平、提高服务质量和加强自身发展竞争力的需要，同时，在全球化背景下要实现学术期刊的国际发展和提高国际影响力，也需要对网络出版与传播进行规制。

我国学术期刊规制与国外学术期刊规制既有相同之处，也有不同情况。国外期刊规制重点在于维护国家安全和保护未成年人的权益，各种协会在期刊出版规范中起到了十分重要的作用。在这些方面，我国政府规制也非常重视国家安全和未成年人保护。我国主要依靠国家有关部门制定的法律法规来统一规制管理学术期刊，协会的作用相对弱。因此，对期刊出版进行规制就成为管理部门加强学术期刊管理的主要措施。在长期的出版管理中，我国也制定了一系列的出版法律法规，逐渐完善了期刊出版的管理制度，对期刊的网络出版也作出了相关规定，学术期刊网络出版也必须按照相关规制从事出版传播经营活动。

目前，我国还缺乏统一的学术期刊在媒介融合中利用互联网进行出版传播的规制。这是导致网络出版中侵权行为较多、纠纷严重以及网络出版发展滞后的主要原因。由于网络出版已经成为不可抗拒的历史潮流和发展方向，尽快制定出相应的法律法规，完善已有的法律法规，成为当下规制机构应思考和解决的问题。

二、学术期刊网络出版下的版权保护策略

针对不同类型的学术期刊网络出版，需要制定相应特点的政府规制。这里主要是从版权保护方面而言的。在未来的学术期刊网络出版中，由于网络出版可以分为开放存取类和非开放存取类，在版权保护规制上也出现差异。

（一）开放存取学术期刊版权保护策略

目前，国外采取开放存取的期刊出版越来越普遍，增长速度达到每年18%，而且有加速的趋势。预计未来学术期刊出版将以开放存取出版为主要方式，开放存取期刊出版的发展以及非开放存取期刊的存在要求实行多元化的版权政策。从开放存取期刊的版权的影响因素看，主要与开放存取出版的经费、政策和作者有关。政府和出版商关于开放存取期刊的版权规制政策决定着开放存取学术期刊出版模式、机制与实现途径。

很多学者都认为，开放存取期刊（OAJ）是一种经过同行评议的、网络化的免费期刊，所有用户都可以免费获取学术信息，期刊的出版、编辑评审费用以及资源维护费用不需要由用户承担，而是由作者及出版机构承担。它由两个判断标准：一是保障用户永久的免费使用权利；二是期刊作者将论文存储到一个或几个开放存取文库中供用户自由免费使用。

对于开放存取期刊的类型划分，学术界有不同的出发点和依据，也就出现了不同的划分方法和结果。

一种划分方法是从创建机制出发，将开放存取期刊分为原生性开放存取期刊和衍生性开放存取期刊。前者是指从一开始就实行开放存取政策，放弃商业化的版权传统，用户自由免费使用，从而彻底回归了学术交流权。这种开放存取期刊被称为原生性开放存取期刊出版。后者是在学术期刊传统出版方式的基础上，向开放存取期刊过渡的形式，只对作者或者所属机构支付了费用的文章开放存取，或者对重要的有专门用途的文章进行开放存取。

另一种划分方法是从版权的开放程度或者时间角度出发划分的。这种划分方法将开放存取期刊分为完全开放存取期刊、半开放存取期刊与延时开放存取期刊，前两种是原生性开放存取期刊，后一种是在出版后经过一段时间再实行开放存取。

还有一种划分方法，是根据版权归属与权利状态进行划分的，分为作者保留版权开放存取期刊、出版商保留版权开放存取期刊和保留部分版权开放存取期刊。

通过划分开放存取期刊的类型，为版权保护提供了依据。开放存取期刊是对传统学术期刊出版方式的一种超越和创新，为学术期刊出版摆脱商业模式制约，实现商业出版之外的学术交流而创造的新的出版方式。传统学术期刊商业出版模式使得学术资源存在封闭、专有、限制性版权的弊端，开放存取期刊则突破这种版权限制，使学术期刊的内容资源开放、共享、自由传播。

在版权保护方面，开放存取并不违背版权制度，而是在现有版权制度下寻求最大限度的开放存取。它将完全保留版权模式下的"谈判授权使用"，转变为部分保留版权模式或者不保留版权模式下的"自行授权使用"，促进了学术期刊的资源共享和传播，提高了学术资源的使用效率。

国外越来越多的国家通过立法支持开放存取期刊出版。2005年4月，美国政府发布了科技信息公共获取草案。2007年3月，美国国会讨论了一项强制性开放存取政策，2008年4月颁布实施了这些政策法案，即著名的NIH法案。美国强制性开放存取政策还有FRPAA法案、CURES法案。2012年7月，英国政府发布RCUK开放存取政策，这项政策突出强制性，全面促进开放存取期刊出版。

一些高等院校和基金组织也制定了强制性的开放存取政策，要求其资助的论文或者通过开放存取期刊出版，或者存储在机构仓储向社会免费开放。

OA期刊通常采用"作者（或机构）付费，读者免费使用"的运行模式，有些也采用机构赞助，作者优惠付费的模式，这其实是机构与作者共同付费出版的一种模式。由于作者可以不付费而取得学术研究成果的使用权，也使这种出版形式隐藏着版权受侵犯的危机。OA期刊版权保护成为人们十分关注的问题。

开放存取期刊的版权政策存在多元化特征。有的出版商要求作者保留版权，有的出版商要求出版商保留版权，有的出版商采取复合版权政策。同是采用知识共享协议授权的出版商，采取的条款也是多样化的。即使是同一家出版商出版的开放存取期刊，采用的版权政策也可能不同。

采用协议对读者、出版者进行制约，并用协议使作者转让部分权利，成为化解OA期刊运行中版权危机的主要途径。OA期刊允许作者"保留部分权利"，但要让渡部分其他权利。"保留部分权利"指的是文献作者对其作品的完整性的控制权、署名权以及合理引用的权利。其让渡也是基于协议进行的，是通过授权的方式让别人拥有某些权利。

为了实现版权保护，开放存取期刊出版规则的制定一般是由出版商自行制定或者与作者共同协商制定，或者使用统一的授权协议，但常用的是《知识共享协议》。出版商对于文献作者在 OA 期刊上发表论文，存在两种供其选择的权利保护方式：一是强制让渡；二是自由选择让渡。Springer 允许作者自由选择保留的权利和让渡的权利。BMC（BioMed Central）则强制性地要求作者同意让渡某些权利。当然，权利的让渡都是依据开放存取协议进行的有规则的让渡。BMC 规定了几个等级的知识共享协议，即永久免费在线获取、注册即可免费在线获取和只摘要免费获取，如需要全文获取则需要订阅。这些都有相应的版权许可证。

版权许可证是一种管理制度，在 OA 期刊运营中被广泛应用。它与著作权法保持一致，使 OA 期刊的文献资源在发表和使用中都有序化、合法化。通过版权许可证，在版权法范围内，在不违背作者意愿的情况下，最大限度实现知识共享。版权许可可以有效保护作者的某些权利，激励了知识的创造，促进了知识产权保护，但也在一定程度上限制了知识的自由传播。为了化解知识创造和知识传播之间的矛盾与冲突，制定版权许可证的机构事先设定作者的授权范围，只有同意这个范围的作者，才能发表研究成果。作者自愿选择这种权利，同时要赋予使用者一定的自由使用权利，当然这种权利是作者授权。

采用许可协议是当前 OA 期刊版权保护普遍使用的策略。目前主要的许可协议有以下方面：知识共享许可协议（CCL）、免费文献许可协议（GNU Free Documentation License）、开放内容和开放出版物许可协议（Open Content and Open Publication License）、设计科学许可协议（Design Science License）和共享文件许可协议（Common Documentation Licese）等。其中，知识共享许可协议的灵活性授权机制受到广泛欢迎和应用。[1]

许可协议通常规定了使用者的权利和义务，即在不违背作者和出版者权利的情况下可以自由使用 OA 期刊的文献内容。例如，Open Publication License 规定，使用本协议的版权由作者或者指定的人拥有。同时，该协议规定，作品的全部或者部分内容可以在任何媒体中被使用，在商业复制使用中也是被允许的，但是，引用者必须在其参考文献中注明作者、原始版权和作者的信息。Design Science License 规定，作者允许其作品被复制、发布或者修改使用，读者可以复制、阅读、讨论作品，但必须在版权法范围内，并且版权属于作者。Common Documentation License 规定，使用者可以在任何物理或者电子媒介中使用、复制、修改、分发或者出版作品即衍生作品，但要在保存的文件中声明版权所

---

[1] 范贤容，韩欢. 论开放存取期刊的知识产权保护 [J]. 图书与情报，2009（6）：78-82.

有者。

OA期刊采用许可协议已经成为保护版权的普遍做法。但是,由于没有实施专门针对OA期刊作品的法律规定,加上国际社会可能存在不同的解释行为,在很大程度上限制了OA期刊的发展。其中的原因是:第一,并不是所有版权人都能按照条款资源放弃其应得的权利;第二,许可协议建立在不同的特定国家法律之上,不同的国家对其解释会产生较大差异;第三,没有法律规范,一些人就会因此侵犯版权而不受法律的惩罚,开放存取就成为其不劳而获的途径,自由传播和交流就会产生异化(范贤容,2009)。

因此,在OA期刊不断得到广泛认可的情况下,其知识产权保护必须受到法律规范,运用法律手段和其他方式,综合起来共同保护作者和出版者的权利。同时,要不断宣传OA期刊开放存取理念,使全民意识到知识产权特点和保护方式的重要性,转变传统观念,注重对自己和他人知识产权的保护。

(二)非开放存取学术期刊网络版权保护

除了开放存取学术期刊需要版权保护,非开放存取学术期刊的网络版权也同样需要保护,不过与开放存取学术期刊知识产权保护有一定的区别。根据现有的保护方法和策略,可以归纳为几点:

第一,作者把研究成果提供给出版机构,通常是期刊社,将版权转让给期刊社,经过签订协议或者通过其他方式,使期刊出版单位拥有首发权、出版权,而将署名权、作品的完整权利等留给自己,其他权利则几乎全部放弃,如多媒体制作权、转载权等,默认期刊出版者拥有这些权利。但是,正是如此,容易造成一系列侵害作者知识产权的行为,作者受到侵害而无法追究责任。

第二,期刊社在没有能力实现数字出版和网络传播的情况下,将数字版权交给数字出版商,数字出版商则借助数字版权管理(DRM)来保护知识论文,使电子内容不被盗版和非法使用。主要的措施是先建立数字节目授权中心,编码压缩后的数字内容,在密钥的控制下,受到加密保护。用户在使用数字化内容时,需要得到授权和密钥解码,方可使用。[①] 当前国内的几个大型学术期刊数字化出版平台,都是采取了对数据加密的方式来保护版权。例如,万方数据库规定,未经北京万方数据股份有限公司或相关权利人授权,任何人不得将本站发布的内容用于商业性目的,也不得改动、复制、链接、发行、传播本站的内容或服务。中国知网(CNKI)《中国学术期刊(网络版)》是中国学术期刊

---

① 范贤容,韩欢.论开放存取期刊的知识产权保护[J].图书与情报,2009(6):78-82.

全文数据库，是"十一五"国家重大网络出版工程的子项目。中国知网在《关于向中国学术期刊（光盘版）电子杂志社领取学位稿酬的通告》中，有这样的说明：《中国博士学位论文全文数据库》（CDFD）、《中国优秀硕士学位论文全文数据库》（CMFD）是由原国家新闻出版总署批准正式出版博硕士学位论文的国家级的连续型电子期刊，由教育部、清华大学主办，《中国学术期刊（光盘版）》电子杂志社有限公司负责编辑出版，是中国知识基础设施工程（CNKI）的主要项目。"凡是经杂志社（指中国学术期刊光盘版电子杂志社，笔者注）审核后，被录用的学位论文由CDFD、CMFD编辑部向作者颁发学位论文发表证书，其著作权受法律保护。"同时规定："杂志社对学位论文著作权的使用为非独家使用，学位论文在CDFD、CMFD出版后，仍可在纸质期刊、报纸、图书等媒体上再次出版发表。"这是对作者著作权的一种尊重和保护。

第三，对作者和学术期刊社的版权保护缺乏科学的明确的规定。非开放存取学术期刊版权保护还存在一些不足。网络出版在给出版商带来巨大商机的同时，也产生了出版权、复制权、数字版权、汇编权等版权的归属难题。一方面，作者的著作权没有在杂志社刊登其论文时受到完全的保护，作者不知道自己都有哪些权利，也不知道怎样利用著作权法保护自己的知识产权，在知识产权受到侵害时往往不知道如何去追诉和挽回损失。另一方面，杂志社在出版发表作者的作品时，往往运用笼统的简单的公告而不是协议告知作者杂志社拥有的一系列权利。公告或者协议中，往往省略数字版权，没有在公告或协议中体现出来。在网络出版商出版杂志社的期刊内容时，不重视获取作者与杂志社的授权。在杂志社与网络出版商合作中，由于许多杂志社不具备网络出版的资金和技术，往往任由网络出版商制定合作协议，而且一般不去认真审核协议内容，造成网络出版商容易侵害作者和杂志社的版权。《著作权法》对此没有明确规定，网络出版商和杂志社也没有对数字版权做出明确规定，无法有效对作者和杂志社的版权进行有效保护。

（三）学术期刊网络出版市场反垄断

规制的目的是使规制对象的行为符合规制制定者的意图，并在规制的制约下，达到有利于社会经济发展的目的。不论是企业还是个人，只有在社会规范下依法合规的行为，才能节约社会成本、提高福利和效率。因为它可以避免因行为失范造成的混乱及效率的降低。但是，这也为规制制定者提出了科学规制的客观要求，如果规制不当或者错误规制，则必将使企业和个人的行为受到不当制约，并降低社会经济运行的效率，减少社会福利，妨碍社会经济的运行与发展。这是与规制的目的背道而驰的。因此，对规制者的规制活动进行科学的分析和制度设计，防止规制者被俘虏现象出现。

学术期刊规制在社会经济发展中具有重要的意义。需要在规制机构、规制目的、规制原则和规制方法措施等方面进行深入研究，做出科学的安排，才能够符合新媒体和数字信息时代网络出版的需要。

学术期刊网络出版中的技术因素是导致网络垄断的主要因素。例如，在我国，高校学术期刊在学术期刊出版中具有很大比例，高校学术期刊社在高校中一般是按照教辅单位定位的，虽然教育部要求学术期刊编辑应当按照科研系列专业人员对待，但是，这种教学辅助机构定位导致了期刊社或者杂志社经费不足，或者缺乏既懂编辑工作又懂网络技术的复合型人才，一般的高校学术期刊编辑部或者杂志社难以拥有相应的网络出版技术。技术上的障碍是学术期刊网络出版发展缓慢的主要原因。

一些网络技术公司则利用学术期刊社缺乏网络技术人才这个短板，在与学术期刊社合作中，具备了技术垄断的优势，从而导致网络出版垄断的问题。学术期刊社为了促进新媒体融合，采用网络出版和传播技术，实现扩大影响和提高期刊知名度，只得受制于网络出版公司，甚至无条件答应其要求，造成期刊版权和经济利益损失。

学术期刊网络出版垄断的形成既有促进学术期刊媒介融合的一面，也有不利于学术期刊利用网络出版与传播的一面。网络出版技术是科技含量高、专业性较强的现代技术。由于市场需求的存在，一些网络技术公司首先开发了相应的软件，实现了学术期刊网络出版与传播，提高了学术期刊的影响力，扩大了期刊的传播范围，提高了学术成果的利用率，因此，对于学术期刊来说，网络技术公司帮助学术期刊社利用网络技术，提高了其网络传播技术水平。但是，网络技术公司只是利用其技术取得学术期刊内容，再把内容进行包装分发给网络用户，学术期刊社成为提供内容的供给者，而在出版技术上并没有获得很大进步。为了垄断网络出版，网络公司只是向学术期刊社提供简单的应用技术，并没有把出版技术交给学术期刊社。因此，很多学术期刊社的网络出版只是停留在现有的接收稿件和审稿系统上，并没有实现更高级的网络出版。

为了促进学术期刊社媒介融合和网络出版的发展，需要政府制定相应的制度规范网络公司的出版行为，使其按照更加有利于学术期刊技术发展和网络出版的需要，与学术期刊社进行公平的交易与合作。政府规制在这里起到的作用是规制网络公司与学术期刊社的合作行为，防止出现侵权和技术垄断，促进学术期刊网络出版与传播。

第八节　学术期刊网络出版规制框架体系构建

网络出版已经成为出版业未来发展的大趋势。规范学术期刊网络出版对于促进学术期刊出版和出版业发展具有积极意义。作为出版业的一个组成部分，学术期刊网络出版规制是出版业规制的一个特殊部分，总体上属于出版业规制的内容。因此，在构建学术期刊网络出版规制框架中，一方面要在出版业的框架中进行规制，另一方面还要专门制定学术期刊网络出版规制措施。对学术期刊网络出版进行规制，应当尽快制定学术期刊网络出版管理条例，该条例主要内容包含了学术期刊网络出版规制框架体系。

学术期刊网络出版规制框架体系是指一个由规制机构、规制宗旨、规制方法、规制内容等共同构成的系统。该框架是一个理论框架，是从总体上做的规制体系安排。在我国，学术期刊和其他期刊一样具有期刊出版的特征和规律，其规制体系框架可以适用于所有期刊出版，也是所有出版活动的规制，因此，学术期刊网络出版规制可以在期刊出版管理规定中单独列出。

一、规制机构

在我国学术期刊网络出版规制框架中，规制机构的安排是：国家新闻出版署及地方新闻出版局是出版行政管理部门，也是有关规范条例的制定机构，负责有关规制的起草和制定。国家新闻出版署在中共中央宣传部的领导下，制定学术期刊出版管理规范，作为出版业及学术期刊网络出版规范制度，统一全国的出版业和学术期刊网络出版管理，是总的规制。因此，国家新闻出版署是出版业（含全国高校学术期刊）的规制主体，担负着制定出版业规制的职责和出版业管理职能，对出版业负总体管理任务。其所制定的管理规范具有总体性和指导性。在这个规制要求下，省级新闻出版局以此规制为依据，可以制定符合具体情况的学术期刊管理条例，以促进学术期刊网络出版的发展。地方出版规制机构主要是地方的出版行政管理部门，主要负责制定相应的期刊网络出版管理制度，管理监督地方出版业，协助省级出版管理部门，促进所在地方出版业的发展，包括高校学术期刊网络出版。

作为学术期刊出版规制机构的出版行政管理机构，在进行规制中，其规制目标和职能受有关方面制约。2002年国务院颁布了《出版管理规定》，其中规定了我国政府规制出版业的基本目的是：加强对出版活动的管理，发展和繁荣有中国特色社会主义出版事业，保障公民依法行使出版自由的权利，促进社会主义精神文明和物质文明建设。在此规定下，原国家新闻出版广电总局和地方出版管理部门制定相应的期刊出版管理制度，加强对学术期刊传统出版和网络出版的管理与监督。

这里以高校学术期刊网络出版规制为例进行分析。高校学术期刊是出版业中以高等学校为主办机构和出版主体的学术期刊，是以展示、宣传和传播高等学校学术研究成果为主要内容的学术期刊。和其他学术期刊相比，高校学术期刊出版、展示和传播的内容，在本质上没有显著的区别，只是在主办单位方面具有自身的特点，是由高等学校主办的学术期刊，不是由其他学术团体、研究机构、政府机构、社会组织等组织机构主办或创办的学术期刊。

从性质上看，我国高校学术期刊和出版业其他种类如图书出版、报纸出版、音像出版等一样，既具有意识形态的文化属性，是宣传社会主义思想、传播社会主义文化、反映党的路线方针政策的舆论宣传工具，又具有文化产业属性，要面向市场、促进产业进步、推动产业发展。虽然近年来出版业加强了市场竞争意识，走上了以市场配置资源为主的发展道路，但是，学术期刊出版作为上层建筑主要构成部分的意识形态属性一直被高度重视并得到强化。[①]

基于学术期刊具有双重性，在学术期刊规制框架体系和规制上，存在着两个特征：一是强化学术期刊出版的意识形态管理，确保学术期刊出版为社会主义服务、为党的伟大目标服务的宗旨，加强党对包括学术期刊在内的出版业、传媒业的领导和监督，确保学术期刊出版的正确发展方向。二是积极推进学术期刊出版面向市场，优化管理，发展壮大，使其规范有序和繁荣发展，增强其社会影响力和国际影响力。

在上述管理框架下，我国高校学术期刊出版机构与规制的框架体系如图 10-1 所示。

二、规制方式与方法

我国学术期刊出版规制主要体现在国家有关部门制定的相关法律法规中。已有的相关法律法规，例如《中华人民共和国著作权法》《出版管理条例》《期刊出版管理规定》《印刷业管理条例》《出版管理行政处罚实施办法》《出版专业技术人员职业资格管理规定》《网络出版服务管理规定》《电信网络运行监督

---

① 张新华. 转型期中国出版业政府规制分析 [J]. 北京印刷学院学报，2010（1）：20-25.

```
┌─────────────┐      ┌─────────────┐      ┌────┐
│中共中央宣传部│─────▶│国家新闻出版署│─────▶│学  │
└─────────────┘      └─────────────┘      │术  │
                                          │期  │
┌─────────────┐      ┌─────────────┐      │刊  │
│省级党委宣传部│─────▶│省级新闻出版局│─────▶│网络│
└─────────────┘      └─────────────┘      │出版│
                                          │管理│
                     ┌──────────────┐     │规定│
                     │学术期刊出版管理规定│─▶│    │
                     └──────────────┘     └────┘
```

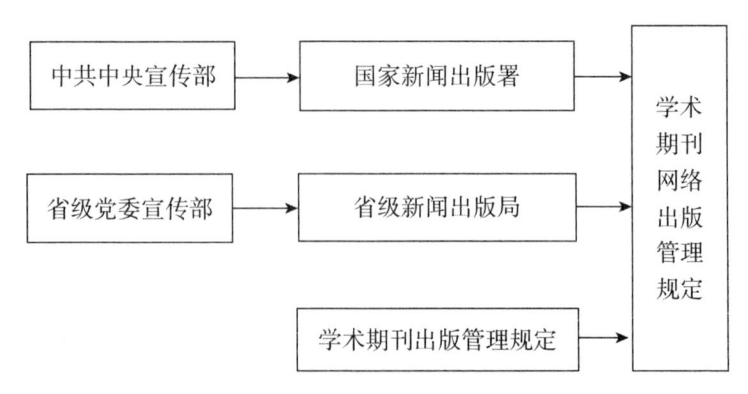

图 10-1　学术期刊网络出版管理机构与规制框架

管理办法》《中华人民共和国个人信息保护法》和《出版物汉字使用管理规定》等，共同构成了学术期刊网络出版的规制体系。

现有的规制体系表明，学术期刊网络出版的规制散见于各个相关的出版管理规定中，这些规定体现了学术期刊传统出版及网络出版的规制方式。概括起来，有两种规制方式：一是事前规制；二是事后规制。

（一）事前规制

事前规制是指通过事先设定一些标准和程序，通过合规审核的方式对学术期刊网络出版单位提出的申请进行审批，符合规定的申请经过审核，可以获得出版经营许可。通常，学术期刊出版单位的设立和经营要具备一定的条件并符合有关规定，这些条件和规定就是对学术期刊网络出版活动的规制。有的研究者称其为"预惩制"。事前规制在制定进入标准上做出了严格的规定，例如，必须有固定的与其他期刊不同的期刊名称，有固定的经营场所，有主管部门和主办单位，有相应的符合要求的编辑人员和网络技术人员，有符合规定的资产数量等。

事前规制的制定机构是国家新闻出版署和省级新闻出版局，国家新闻出版署负责制定具有基本法规性质的出版规制，省级新闻出版局负责对所属地区的出版机构进行管理和监督，并制定相应的管理条例，以执行国家新闻出版署制定的基本出版法规。

事前规制对于规范学术期刊网络出版机构的设立、运营和相关活动，具有事前监管的作用，防止不合规的出版机构从事学术期刊网络出版，提高行政管理效率，是学术期刊网络出版活动的基本规范和行为标准。

目前事前规制在规范学术期刊网络出版中发挥了积极作用，但是，也存在着继续完善和改进的必要性。由于事前规制只是规制的总体要求，对于学术期刊网络出版运营中遇到的一些矛盾和问题，存在着针对性偏差，难免出现一些漏洞和不足。学术期刊网络出版是一个涉及很多领域和方面的出版活动，一些交叉领域就成为不可避免的规制薄弱环节，无法避免一些矛盾的产生。

解决这个问题的途径在于将相关领域的规制通盘考虑，找到学术期刊与网络出版的结合点，制定相应的措施来规范学术期刊网络出版。特别是把出版行政管理的监管与网络信息管理部门的监管融合起来，共同制定网络出版的有关制度。

(二) 事后规制

事后规制是指有关行政管理部门对于违反出版法律法规的出版经营行为做出的惩罚和制裁。一些学术期刊出版单位或者是因管理制度混乱导致违法违规行为，或是在利益驱动下从事违法违规活动，不论是否给社会造成危害，都必须接受出版行业行政管理部门或者其他相关部门的惩罚。

事后规制主要用于对学术期刊出版中违规违法行为的惩罚，因此，有的研究者称其为"追惩制"。事后规制规定了各种违规违法行为的惩罚措施，违规行为分轻重，惩罚措施也分轻重。例如，对于违规行为较轻的出版行为采取警告、通报批评、限期整改、收回出版物、消除影响等。对于情节严重的，则不仅进行经济惩罚、停业整顿、吊销执照等，还将追究有关人员的领导责任和刑事责任。因此，事后规制对于促进学术期刊进行合规合法的网络出版具有十分有效的作用。我国所有出版机构都被纳入了国家行政管理体系，对出版机构采取追惩方式进行监管，其效果十分显著。

目前，对学术期刊出版的事后规制主要体现在《中华人民共和国著作权法》《出版管理条例》《期刊出版管理规定》《出版管理行政处罚实施办法》《网络出版服务管理规定》等法规中，形成了系统的事后规制体系。这个规制体系在保证学术期刊出版符合社会主义发展方向、为我国社会主义事业服务方面起到了保驾护航的作用。但是，随着媒介融合的深入发展，学术期刊网络出版和网络传播壮大，也出现了相应法律法规滞后的局面。如果出现了违反法律法规的行为，那么在追惩这些行为时经常遇到法规解释的矛盾。因此，需要尽快结合媒介融合的发展，对学术期刊网络出版行为做出科学的系统的规制，促进学术期刊网络出版的顺利发展。

学术期刊网络出版是我国网络文化的重要组成部分。加强网络文化管理规制对于学术期刊网络出版具有重要意义。目前，我国网络文化管理的措施主要是根据传统出版传媒的管理经验和模式制定的，对于目前以信息技术和网络技术为主要技术基础的新媒体和网络出版，还缺乏正确认识和系统规划。对于学术期刊网络出版出现的问题，既要从规制的角度进行管理，又要从规制体制和规制方式上加以改进，逐步改变多头管理和体制不顺等问题。

在管理方式与管理方法上，需要转变传统出版业文化管理的"全面规制""过度规制"的思维，建立适度规制的模式，把应当由政府管的管住管好，不需要政府管的放开，不该管的交给市场和社会去做。加强行业自律，借助行业协会的力量，由行业协会制定标准约束网络出版行为，充分发挥行业协会在网络出版中的规制辅助作用，也是实现政府规制作用的重要保障。

学术期刊网络出版专业性强，涉及学术出版和网络传播技术应用及管理等多方面，因此，需要解决好网络出版传播中管理方式规范化问题。针对管理上存在的问题，规制机构应当加强管理方式规范化建设。除了在管理方式上强化行政监督外，还要以人为本进行管理，运用行政、经济、法律、技术和行业协会自我管理等多种方式、多种手段综合管理。除了加强管理方式的制度性建设外，依法加强网络监督，坚持对涉及公共利益的网络出版服务实行行政许可制度，还要积极引导网络出版服务，把日常监管与提供服务结合起来，不断创新网络监管方法。①

三、规制内容

学术期刊网络出版规制的内容与传统方式下的学术期刊出版规制及出版业规制，有许多相同的部分，甚至大部分是一致的，但也有独特的部分，主要是关于网络出版的服务规制、市场规制及版权规制等。传统出版业规制内容包括进入规制、内容规制、编辑与印刷质量规制、发行规制、版权规制、处罚性规制等。在网络出版形式下，需要增加网络服务规制、网络版权规制、市场竞争与反垄断规制等内容，如表10-2所示。

表10-2 两种不同出版方式下的学术期刊规制内容

	传统出版规制	网络出版规制	规制内容
1	进入规制	进入规制	内容基本一致，但有区别
2	内容规制	内容规制	内容质量标准一致

---

① 吴金平，王坤. 基于政府规制视角的网络文化管理研究[J]. 经济视角，2013（4）：116-118.

续表

	传统出版规制	网络出版规制	规制内容
3	编辑质量规制	编辑质量规制	内容一致
4		网络服务规制	针对网络出版进行规制
5	版权规制	版权规制	内容基本一致，但有明显差别
6		市场竞争与反垄断规制	对网络出版单位进行的规制，用于公平竞争、防止垄断市场
7	价格规制	价格规制	内容一致，略有区别
8	处罚规制	处罚规制	基本一致

学术期刊网络出版中政府规制内容和传统出版规制内容整体上是一致的，具有统一性和兼容性，同时也具有网络出版的针对性。这种针对网络传播和出版中做出的规制，在很多内容上也不同于传统出版中的学术期刊规制，对于学术期刊在新媒体时代进行媒介融合和网络出版与传播具有很强的规范意义和引导作用。

（一）进入规制

学术期刊网络出版分为不同类型。一类是在已有的学术期刊机构或单位，将其所出版的学术期刊内容（指刊载的论文）以电子信息形式发布在网络上，成为电子版期刊内容。这种出版方式，可以是学术期刊机构把其出版的学术期刊内容交给大型学术期刊数据库，由大型学术期刊数据库经过数据库处理，发布于数据库网站平台；也可以是学术期刊机构利用自己的网站发布与纸质期刊相同的网络版内容。另一类是单纯的电子期刊出版机构所出版发布的网络学术期刊。目前这种新型的网络学术期刊并不普遍存在，主要原因是它所出版的内容还没有得到管理部门和作者的普遍承认。随着网络期刊出版趋势的不断发展，一些大型学术期刊数据库已经开始出版网络学术期刊，例如重庆维普资讯数据库出版平台的系列网络学术期刊，发展趋势良好。

对于不同的学术期刊出版机构从事网络学术期刊出版行为，有关管理部门为了加强管理作出了系列规制，其中的进入规制与传统学术期刊机构在设立与经营所需要的基本条件方面是相同的。原国家新闻出版广电总局2016年3月公布实施的《网络出版服务规定》，是基于《出版管理条例》和《互联网信息服务管理办法》及相关法律法规制定的网络出版规制，其中的内容适用于学术期刊网络出版。

《网络出版服务规定》指出:"本规定所称网络出版服务,是指通过信息网络向公众提供网络出版物。本规定所称网络出版物,是指通过信息网络向公众提供的,具有编辑、制作、加工等出版特征的数字化作品,范围主要包括:(一)文献、艺术、科学等领域内具有知识性、思想性的文字、图片、地图、游戏、动漫、音视频读物等原创数字化作品;(二)与已出版的图书、报纸、期刊、音像制品、电子出版物等内容相一致的数字化作品;(三)将上述作品通过选择、编排、汇集等方式形成的网络文献数据库等数字化作品;(四)国家新闻出版广电总局认定的其他类型的数字化作品。"

可见,学术期刊网络版属于网络出版范围,不管是原创电子期刊还是以数据库形式进行编排、汇集的网络文献数据库内容,都属于学术期刊网络出版服务的类型。

学术期刊网络出版的进入规制体现了国家新闻出版有关管理部门对于其做出的规定,是学术期刊从事网络出版必须遵守的法律准则。《网络出版服务规定》中规制内容主要是以下方面:

首先,宗旨规制。《网络出版服务规定》规定:"从事网络出版服务,应当遵守宪法和有关法律、法规,坚持为人民服务、为社会主义服务的方向,坚持社会主义先进文化的前进方向,弘扬社会主义核心价值观,传播和积累一切有益于提高民族素质、推动经济发展、促进社会进步的思想道德、科学技术和文化知识,满足人民群众日益增长的精神文化需要。"从事学术期刊网络出版的机构和单位,必须以此为宗旨。它规定了学术期刊网络出版的服务宗旨和出版方向。因此,学术期刊从事网络出版自其成立出版机构之初,就确定了其服务方向、价值观和产生的作用及影响。这些宗旨规制与传统出版方式下的宗旨规制是完全一样的,这是源于二者都是基于《出版管理条例》制定的宗旨。

其次,许可规制。取得网络出版服务许可是从事学术期刊网络出版的先决条件。只有取得网络出版服务许可的学术期刊出版机构才能从事学术期刊网络出版服务。《网络出版服务规定》第七条规定:"从事网络出版服务,必须依法经过出版行政主管批准,取得《网络出版服务许可证》。"第八条规定:"图书、音像、电子、报纸、期刊出版单位从事网络出版服务,应当具备以下条件:(一)有确定的从事网络出版业务的网站域名、智能终端应用程序等出版平台;(二)有确定的网络出版服务范围;(三)有从事网络出版服务所需的必要的技术设备,相关服务器和存储设备必须存放在中华人民共和国境内。"

如果是其他单位从事网络出版服务,除必须具备上述第八条所列条件外,还要具备以下条件:"(一)有确定的、不与其他出版单位相重复的,从事网络出版服务主体的名称及章程；（二）有符合国家规定的法定代表人和主要负责人，法定代表人必须是在境内长久居住的具有完全行为能力的中国公民，法定代表人和主要负责人至少1人应当具有中级以上出版专业技术人员职业资格；（三）除法定代表人和主要负责人外，有适应网络出版服务范围需要的8名以上具有国家新闻出版广电总局认可的出版及相关专业技术职业资格的专职编辑出版人员，其中具有中级以上职业资格的人员不得少于3名；（四）有从事网络出版服务所需的内容审校制度；（五）有固定的工作场所；（六）法律、行政法规和国家新闻出版广电总局规定的其他条件。"

以上规定是学术期刊进入许可规制，是取得学术期刊网络出版服务资格必须具备的条件。学术期刊网络出版单位由于多数属于《网络出版服务管理规定》中规定的第八条中的出版单位，因此，只要具备从事网络出版业务的网站域名、智能终端应用程序等出版平台，具有从事网络出版服务所需要的技术设备和确定的网络出版范围，就可以取得网络出版服务许可证。

除了许可规定外，《网络出版服务管理规定》还规定了禁止项，即"第十条"，内容是"中外合资经营、中外合作经营和外资经营的单位不得从事网络出版服务。网络出版服务单位与境内中外合资经营、中外合作经营、外资经营企业或境外组织及个人进行网络出版服务业务的项目合资，应当事前报国家新闻出版广电总局审批"。因此，国内学术期刊网络出版服务不能自行决定与中外合资经营、中外合作经营、外资经营企业或者境外组织及个人进行网络出版服务项目合资，只有经过国家新闻广电出版总局审批后才能进行合作。

最后，进入程序规定。《网络出版服务管理规定》规定了进入程序：申请从事网络出版服务的机构，应当持从事网络出版服务的申报材料，向所在地省、自治区、直辖市出版行政主管部门提出申请，经审核同意后，报国家新闻出版广电总局审批。申请者应自收到批准决定之日起30日内办理注册登记手续，领取并填写《网络出版服务许可登记表》，向出版行政管理部门换取《网络出版服务许可证》。网络出版服务经批准后，申请者持批准文件、《网络出版服务许可证》到所在省、自治区、直辖市电信主管部门办理相关手续。

以上进入规制从宗旨、许可和程序等方面做出了相当严密的制度规定，对于规范管理网络出版服务具有十分重要的作用，也促进了学术期刊网络出版的规范与发展。但是，也可以看出其中执行的审批制存在的问题——审批程序复杂，过程周期长，申请办理困难。这是在今后网络出版管理中需要尽快解决的问题。

实践中可以将网络出版服务审批制执行中的部分职能合并，出版管理部门和电信管理部门可以合在一起处理审批和登记手续，联合办公，提高审批效率，节约审批时间，促进网络出版服务机构尽快开展业务。

随着网络技术发展，应逐步实现网上审批手续和网上颁发《网络出版服务许可证》。对于已经从事出版活动的图书、音像、电子、报纸和期刊机构的网络出版申请，应减少审批程序，只要具备《网络出版服务管理》条例的第八条规定的条件，即可备案从事网络出版。

（二）内容规制

内容规制是出版业规制的主要方面之一，也是学术期刊网络出版的重要规制。出版业是内容产业，内容的质量对内容产生的社会影响具有直接作用。因此，不论是西方国家还是其他发展中国家，在出版业规制上都十分重视内容规制。我国出版业具有政治性要求和文化产业双重身份，对于出版业的政治性要求较为严格，因此，更加突出政治方向正确，突出文化企业的社会效益。由于网络出版社会传播能力强，学术期刊中需要更加重视在政治上与党的路线、方针、政策保持高度一致，社会效益要高于经济效益。学术期刊网络出版内容规制与《出版管理条例》《期刊出版管理规定》《网络出版服务管理规定》等在内容上的规定是一致的。具体地说，有禁止性规制、出版物质量规制、合法性规制等方面。

首先，合法性规制。和其他出版物一样，学术期刊刊载的论文等研究成果必须符合有关法律法规，不得出现违法违规内容。相关的法律法规很多，主要的有《中华人民共和国宪法》《中华人民共和国著作权法》《出版管理条例》《电子出版物管理规定》《网络出版服务管理规定》《期刊出版管理规定》《音像制品管理条例》等。如果学术期刊内容存在违法违规问题，那么必将依法追究当事者的法律责任，并承担相应的法律后果。

其次，禁止性规定。关于出版物内容的规制都明确地规定了禁止的内容。禁止性规制主要有两类：一类是关于国家安全、社会安定、民族团结等方面的内容。要求出版物不得含有以下内容：反对宪法确定的基本原则的；危害国家统一、主权和领土完整的；泄露国家机密、危害国家安全或者损害国家荣誉和利益的；煽动民族仇恨、民族歧视，破坏民族团结，或者侵害民族风俗、习惯的；宣扬邪教、迷信的；散布谣言，扰乱社会秩序，破坏社会稳定的；宣扬淫秽、色情、赌博、暴力或者教唆犯罪的；侮辱或者诽谤他人，侵害他人合法权益的；危害社会公德或者民族优秀文化传统的；有法律、行政法规和国家规定禁止的其他内容的。这些规定主要集中在《出版管理条例》《期刊出版管理规定》《网络出版管理服务规定》《音像制品管理条例》《电子出版物管理规定》中，是学术期刊等出版物在传统出版和网络出版中的强制性要求。另一类禁止性规定主要是用来保护未成年人合法权益的规定。主要规定是：出版物（或网络出版物）"不得含有诱发未成年人模仿违反社会公德和违法犯罪行为的内容，不得含有恐怖、残酷等妨害未成年人身心健康的内容，不得含有披露未成年人隐私的内容。"

最后，出版物质量规制。《网络出版服务管理规定》第三十条的内容是："网络出版物必须符合国家的有关规定和标准要求，保证出版物质量。"还规定"网络出版物使用语言文字，必须符合国家法律法规和有关标准规范"。《出版管理条例》（2016年2月第四次修订）第二十八条规定："出版物必须按照国家的有关规定载明作者、出版者、印刷者或者复制者、发行者的名称、地址，书号、刊号或者版号，在版编目数据，出版日期、刊期以及其他有关事项。出版物的规格、开本、版式、装帧、校对等必须符合国家标准和规范要求，保证出版物的质量。"因此，学术期刊出版在编辑、出版和装帧质量上，必须遵守这些规定，确保网络出版质量合格，力争达到优秀。

随着网络出版的发展，应当制定网络学术期刊质量规制。目前还没有明确的学术期刊网络出版物质量规制，现有的规制主要是关于纸质学术期刊出版物质量规制，虽然适用于网络期刊，但对于网络出版物质量来说，规制还很笼统，缺乏适用性。因此，应当在有关网络出版物管理规定中加入相应的内容，使网络学术期刊有法可依。

对于网络学术期刊出版形式出现的新形态、新变化，亟待出台有关法规，以规范学术研究成果的公开发表和传播。可以讨论并制定学术期刊网络出版中学术论文优先出版的质量规制，以及开放存取期刊（OAJ）的质量规制，承认学术期刊发表学术研究成果的新形态，促进学术研究发表效率的提高，促进学术论文的国内外传播，提高学术成果和国内学术期刊的国际影响力。

（三）版权规制

为保护作者的知识产权，我国《著作权法》对出版、表演、录音录像和播放他人的作品做出了明确的规定。《网络出版服务管理规定》也对网络出版他人的作品做出了具体的规定。

版权，又称著作权，是包含一系列财产权和人身权的产权束。按照百度百科的解释，从知识产权的内容看，版权主要是发表权、署名权、修改权、保护作品完整权、复制权、发行权、出租权、展览权、表演权、放映权、广播权、信息网络传播权、摄制权、改编权、翻译权、汇编权，以及由著作权人享有的其他权利。

　　学术研究是一项耗费研究者精力和体力的智力活动，研究成果（包含论文、研究报告、文献资料等）属于知识产品，是人类精神创造的结果。对于知识产权的保护有利于促进知识产权的创造。因此，每个法律完善的国家都把知识产权保护作为一项重要的法律保护的内容。

　　在我国，版权保护机构是各地的版权局。各个省市新闻出版局设立了版权保护中心，提供版权登记、版权维护和版权贸易等服务。但是，这类服务机构尚不健全，除了直辖市、省级出版管理部门外，很多地方的版权保护还处于初级阶段。

　　学术期刊版权保护是知识产权保护的一个方面，是版权规制的重要内容之一。由于我国版权保护是一件涉及很多方面的事情，到目前止，没有专门的学术期刊版权规制。学术期刊版权保护的法律法规见于我国一系列相关的法律法规中，主要有《著作权法》《出版管理条例》《期刊出版管理规定》和《网络出版服务管理规定》等。

　　目前的法律法规主要从两个方面对学术期刊版权保护进行规制：一是从作者的版权出发对作者的著作权进行保护；二是从出版者的利益出发对出版机构的版权进行保护。

　　首先，有关法律法规对作者的著作权保护。我国《著作权法》第四章第一节规定了图书和报刊的出版要求，即出版者应当和著作权人订立出版合同，并支付报酬，同时出版者应当按照合同约定的出版质量、期限出版图书。否则，应当按照有关规定承担民事责任。著作权人有权决定是否重印、再版，有权决定是否终止合同，有权在规定的投稿期限外将同一作品向其他报社、期刊社投稿（双方另有约定的除外）。作品刊登后，除著作权人声明不得转载、摘编的外，其他报刊可以转载或者作为文摘、资料刊登，但应当按照规定向著作权人支付报酬。第二十九条规定，出版者、表演者、录音录像制作者、广播电台、电视台等依照本法有关规定使用他人作品的，不得侵犯作者的署名权、修改权、保护作品完整权和获得报酬的权利。报社、期刊社可以对作品作文字性修改、删节，但对于内容的修改应当经作者同意。此外，出版改编、翻译、注释、整理、汇编已有作品而产生的作品，应当取得改编、翻译、注释、整理、汇编作品的著作权人和原作品的著作权人许可，并支付报酬。

　　对于网络出版机构使用著作权人的作品，《网络出版服务管理规定》第四十八条规定："国家保护网络出版物著作权人的合法权益。网络出版服务单位应当遵守《中华人民共和国著作权法》《信息网络传播权保护条例》《计算机软件保护条例》等著作权法律法规。"这里虽然笼统地指出了网络出版中著作权人的版权保护措施，但是，可以依据相关法律法规，加强著作权人的版权保护。根据《著作权法》第二十四条、第二十五条的有关规定，学术期刊社必须与作者签订网络出版传播权的许可使用或者转让合同，并在合同中明确权利的使用范围和期限，才能进行网络出版传播，并且约定许可他人使用期刊信息网络传播权的权利，但不能侵害原著作权人的合法权利。

按照有关法律法规，高校学术期刊网络出版中，应当依据有关规定对作者的作品进行版权保护，确保作者的著作权不受侵害。但是，在现实中，学术期刊社通常的做法并不严谨，没有做到与作者签订出版协议，即使有的签订了协议，但在协议中没有把作者的相关权利明确地进行说明，很多情况下是较为笼统地由作者向学术期刊社进行授权，当出现网络版权纠纷时，作者的著作权难以得到有效保护。

其次，对出版者版权进行保护。出版者在出版、刊载作者的作品时，需要对作品进行编辑加工和版式设计等，需要投入相应的人力、物力，因此，出版者为此进行了相应的物力投入和智力劳动，这就决定了其出版的作品作为作者劳动与出版单位的劳动融合为一体的出版物，出版者拥有对出版物的版权，其他人或单位在使用出版物时需要获得出版者的许可。因此对出版物版权进行保护也是版权规制的重要内容。

使用出版者的出版物从事商业经营或者其他营利活动，必须获得出版者许可，并向著作权人支付报酬。但是用于特定情况下的合法目的，可以不需要著作权人的许可。《著作权法》第三十六条规定："出版者有权许可或者禁止他人使用其出版的图示、期刊的版式设计。"第三十一条规定："图书出版者对著作权人交付出版的作品，按照合同约定享有的专有出版权受法律保护，他人不得出版该作品。"其他机构或单位在使用出版物的内容时，需要获得出版者的许可。

根据《著作权法》（2010年修订）第九条、第十四条规定，学术期刊为汇编作品，其著作权由期刊出版者享有。学术期刊同其他作品的著作权人一样对出版的期刊享有著作权，包括的权利有署名、发表权、修改权、保护作品完整权，以及复制权、信息网络出版权等财产权。未经期刊出版者授权许可，他人不得复制、发行、上传网络、翻译或者以其他方式使用学术期刊。

虽然《著作权法》对图书等出版物的版权做出了规定，但是，网络出版的多样性和复杂性，使版权保护问题依然十分严峻。网络出版带来巨大商机的同时，也带来了出版权、信息复制权、汇编权及改编权等划分与归属的难题。在出版协议或者出版合同中，信息网络传播权的相关条款或条款不完整，或者缺失有关条款。由于技术的垄断性，出版社或者期刊社不具有或者较少拥有网络技术，导致图书、期刊的数字版权丧失，作者与出版社或期刊社也没有对数字版权做出明确划分，《著作权法》等法律法规也没有对此做出明确的规定，出版社或期刊社无法做出明确的授权，导致了网络版权保护的困难。由此，也引起了一些版权纠纷。

目前我国关于网络版权保护的法律法规还在构建中，一些问题需要在实践中探索和解决。赵欧（2011）在对高校科技期刊网络出版版权保护的研究中认为，"我国现行法律对网络著作权保护缺乏力度，对于具体的网络出版侵权案例的评判缺乏有效的司法支持，亟待建立统一规范的网络著作权法律法规保护制度，对侵权出版者权益行为的认定标准作进一步修改。"①

（四）价格、市场竞争及反垄断规制

对于出版物的价格，规制机构通常没有做出具体的规定，主要原因是出版业的价格定价是由出版单位根据市场需求及出版成本进行定价的，基本不存在垄断定价问题。因此，规制机构不对出版单位进行价格规制。从经济学的角度看，只有出现产业垄断时，垄断企业才可能通过垄断价格（高于市场价格的定价）攫取垄断利润。图书和期刊出版业在书号和刊号上由国家新闻出版管理部门控制，出版单位很难形成垄断企业，对市场公平竞争难以构成威胁。这是由出版单位众多、出版物品种众多、市场分散、读者可选择余地大等因素决定的。因此，有关法律法规对于学术期刊等出版物的定价没有做出具体规定。

在网络出版领域，由于技术原因，我国已经形成中国知网、重庆维普、龙源期刊网等大型数据库网络出版平台，这些数据库平台已经成为具有行业垄断性质的企业，对于大多数学术期刊社和读者来说，它们处于网络出版的垄断地位，它们完全可以制定垄断价格获取垄断利润。因此，规制机构应研究和制定出有关规制，限制它们的垄断行为，从市场公平竞争和用户的利益出发，在价格和市场竞争上给予指导和制约，并限制垄断价格，以利于学术期刊网络出版与传播。

---

① 赵欧. 网络出版中高校科技期刊出版者的著作权保护［J］. 韶关学院学报（自然科学），2011（2）：68-71.

参考文献

[1] 张乔吉. 新媒体背景下的媒介融合走向 [J]. 新闻爱好者, 2010 (3): 8.

[2] 喻国明, 丁汉青, 支庭荣. 传媒经济学教程 [M]. 北京: 中国人民大学出版社, 2009: 10-17.

[3] 王菲. 媒介融合中广告形态的变化 [J]. 国际新闻界, 2007 (9): 17-21.

[4] 代玉梅. 媒介融合视域下出版业的变革与发展 [J]. 编辑之友, 2011 (9): 28-31.

[5] 蔡雯. 媒介融合发展与新闻资源开发 [J]. 今传媒, 2006 (11): 11.

[6] 尼古拉·尼葛洛庞帝. 数字化生存 [M]. 胡泳, 等译, 海口: 海南出版社, 1996: 7-32.

[7] 张力奋. "魔匣"褒贬说——浅论电视媒体的社会角色 [J]. 新闻大学, 1986 (13): 87-89, 49.

[8] 弓慧敏. 媒介融合视野中电视媒体的未来发展 [J]. 中国广播电视学刊, 2010 (5): 44.

[9] 陈力丹, 董晨宇. "媒合"背景下的媒介传播趋势与手段 [J]. 新闻传播, 2010 (8): 9-11.

[10] 郑瑜. 媒介融合: 新媒体时代的发展观 [J]. 当代传播, 2007 (3): 1.

[11] 曹疆. 走向融合的传统媒体与新媒体 [J]. 科学与管理, 2012 (2): 66-68.

[12] 秦艳. 新媒体崛起与传统媒体的经营策略 [J]. 经济研究导刊, 2011 (17): 287-290.

[13] 黄传武. 新媒体概论 [M]. 北京: 中国传媒大学出版社, 2013.

[14] 钟丽君. 传统出版与新媒体的嫁接方式 [J]. 出版发行研究, 2011 (8): 46-47.

［15］马新莉，张海珍．探讨新媒体时代的传统媒体发展之路［J］．价值工程，2011（2）：303．

［16］崔保国．2006年：中国传媒产业发展报告［M］．北京：中国社会科学文献出版社，2006．

［17］王鸿涛．媒介融合现状与前景［J］．中国记者，2007（6）：72-73．

［18］周建青．对"媒介融合"的质疑［J］．华南理工大学学报（社会科学版），2012（6）：70-74．

［19］周志平．媒介融合：媒体未来发展的新趋势［J］．新闻爱好者，2010（8）：54-55．

［20］黎泽潮，刘传雷．再谈媒介融合［J］．河南工业大学学报（社会科学版），2013（1）：83-85．

［21］普雁．论媒介融合的正负效应［J］．中国传媒科技，2012（7）：7-8．

［22］黄金，肖芃．解析媒介融合发展中的制约因素［J］．传媒观察，2010（2）：32-34．

［23］邹琳．浅谈媒介融合与我国期刊的发展［J］．社科纵横，2010（9）：65-66．

［24］梁赛平．媒体融合发展对科技期刊创新的影响与数字营销的应对措施［J］．编辑学报，2016（4）：320-323．

［25］吉海涛，郭雨梅，郭晓亮．媒体融合背景下学术期刊发展新模式［J］．中国科技期刊研究，2015（1）：60．

［26］董艳华．媒介融合与我国期刊的发展［J］．出版广角，2009（10）：192-193．

［27］陈永华．学术期刊"媒体融合"路径思考［J］．传播与版权，2015（7）：140-142．

［28］梁玮，曹阮华．中国期刊数字化转型探究［J］．科技、经济、社会，2011（4）：154-159．

［29］梁海虹．试论数字化期刊对纸质期刊的影响［J］．宝鸡文理学院学报（社会科学版），2008（6）：126-128．

［30］占莉娟．媒介融合背景下学术期刊的新媒体应用［J］．黄冈职业技术学院学报，2014（6）：65-68．

［31］徐枫，郭沁．数字时代学术期刊的创新形式［J］．科技与出版，2015（7）：4-9．

［32］柴纯青．学术期刊实现媒体转型的逻辑［J］．传媒，2014（9）：

[33] 孙远,朱晓红,喻伟. 网络环境下科技期刊数字化初探[J]. 人民长江,2009(4):102-104.

[34] 何红梅. 论期刊数字化的现状及发展趋势[J]. 山东商业职业技术学院学报,2009(4):106-109.

[35] 李仲先. 2006—2010年学术期刊数字化研究综述[J]. 科技与出版,2011(3):4-6.

[36] 许春辉. 期刊数字化的现状与发展趋势[J]. 编辑学刊,2009(6):24-28.

[37] 明海,杨小龙. 我国网络出版研究现状综述[J]. 情报杂志,2002(10):13-15.

[38] 周舟,朱栋梁. 学术期刊网络出版国内外研究综述与思考[J]. 情报杂志,2011,30(12):43-47.

[39] Roslina Othman, Sahlaw Halim. Retrieval Features for Online Databases: Common Unique, and Expected [J]. Online Information Review, 2004, 28 (3): 200-210.

[40] Angel Borrego, Lius Anglada, Maite Barrios, Nria Comellas. Use and Users of Eletronic Journals at Catalan Universities: The Results of a Survey [J]. Journal of Academic Librarianship, 2007, 33 (1): 67-75.

[41] Lawrence S. Free Onlin Availability Substantially Increases a Paper's Impact [J]. Nature, 2001, 411 (6837): 521.

[42] Antelman K. Do Open-access Articles Have a Creater Research Impact [J]. College &Research Libraries, 2004, 655): 372-383.

[43] 王炜. 网络出版时代传统出版转型策略研究[J]. 编辑之友,2010,159(2):36-39.

[44] 向飒. 期刊网络化发展的特征及应关注的问题[J]. 编辑之友,2004(1):61-63.

[45] 孟耀. 新媒体与数字出版[M]. 大连:东北财经大学出版社,2015.

[46] 周小华. 中国学术期刊的数字化问题探讨[J]. 理论学刊,2009,182(4):108-110.

[47] 曾建勋,屈海燕. 论数字化期刊的建造方式[J]. 编辑学刊,2003(6):397-399.

[48] 林国栋. 学术期刊网络出版的优势、现状与前瞻[J]. 中国科技出版,2002,13(1):46-48.

[49] 陈月婷. 科技期刊网络化内涵分析 [J]. 中国科技期刊研究, 2005 (5): 609-613.

[50] 焦灵芝, 杨海平. 学术期刊网络出版急需解决的问题研究 [J]. 中国出版, 2011 (11): 50-52.

[51] 柳莎丽. 学术期刊网络出版的问题及对策探析 [J]. 江汉大学学报 (自然科学版), 2012, 40 (4): 109-112.

[52] 程维红, 任胜利. 中国科技期刊开放存取出版现状 [J]. 编辑学报, 2007, 19 (3): 196-198.

[53] 袁满. 关于构建国内学术期刊集成化网络出版平台的思考 [J]. 中国科学院报, 2008 (1): 50-55.

[54] 杨琦, 赵文义, 王磊. 学术期刊的消费方式分析 [J]. 科技与出版, 2009 (8): 60-63.

[55] 李红. 中国精品学术期刊数字出版平台刍议 [J]. 图书情报工作, 2009 (16): 145-148, 73.

[56] Quinn R. Mainstreaming Electronic Journals Through Improved Indexing: Prospects for the Sciences [J]. Serials Review, 1999, 25 (2): 23-24.

[57] 郭丽芳. 网络电子期刊评估之研究 [J]. 大学图书馆, 1997, 1 (3): 56-81.

[58] 阮建海, 安璐. 基于印刷版与电子版的学术期刊综合评价研究 [J]. 情报理论与实践, 2004, 27 (2): 219-222.

[59] 秦金聚. 纯网络电子期刊质量评价研究 [J]. 情报探索, 2007 (8): 13-16.

[60] 谢新州, 万猛, 柯贤能. 网络期刊的发展及其评价研究 [J]. 出版科学, 2009 (1): 22-28.

[61] 林国栋. 学术期刊网络出版的优势、现状与前瞻 [J]. 中国科技出版, 2002, 13 (1): 46-48.

[62] 黄伟. 强强联合, 破解数字化期刊的版权难题 [N]. 中国知识产权报, 2010-08-25.

[63] 中国互联网信息中心 (CNNIC). 中国互联网络发展状况统计报告 (2018 年 7 月) [DB/OL]. http://cac.gov.cn/wxb_pdf/CNNIC42.pdf.

[64] 段艳文, 王军峰. 2016—2017 中国期刊出版业发展报告 [J]. 中国期刊年鉴, 2017 (1): 258-262.

[65] 刘毅. 媒介融合的传媒经济学理论阐释 [J]. 现代视听, 2008 (8): 26-29.

[66] 文蕴蕴. 报刊与网络媒介融合中的经营发展对策研究 [D]. 北京: 北京交通大学, 2011.

[67] 刘芳.《读者》电纸书在深圳面市 [N]. 中国青年报, 2010-05-18.

[68] 谢暄, 蒋晓, 何雨莲, 等. "融"时代下学术期刊媒体融合发展策略 [J]. 编辑学报, 2017 (3): 218-221.

[69] 陈颖, 陈玉霞. 传统期刊的数字化转型路径 [J]. 四川师范大学学报（社会科学版）, 2012 (5): 147-151.

[70] 申轶男, 曹兵, 李宁, 等. 科技期刊数字化出版方式探索 [J]. 编辑学报（增刊1）, 2013 (12): 48-51.

[71] 王锦贵, 王京山. 网络出版探析 [J]. 中国出版, 2001 (5): 37-39.

[72] 张蕾. 科技期刊网络出版刍议 [J]. 中国编辑, 2013 (6): 74-76.

[73] 张怀涛, 倪延年. 文献检索课教学研究手册 [M]. 北京: 海洋出版社, 1996.

[74] 黄晓鹂. 我国期刊管理工作研究 [M]. 北京: 北京图书馆出版社, 2003.

[75] 贺德方, 蒋勇吉, 曾建勋. 期刊网络出版概论 [M]. 北京: 中国科学技术信息研究所、万方数据股份有限公司期刊上网组, 2006.

[76] 杨开显. 论发展中的网络期刊 [J]. 重庆交通学院学报, 2004 (3): 140-142.

[77] 杨海平, 焦灵芝. 国外学术期刊数据出版商的运作模式研究 [DB/OL]. http://www.xzbu.com/2/view-1543856.htm.

[78] 鄢睿. 网络学术期刊传播模式研究 [D]. 武汉: 武汉理工大学, 2007.

[79] 何方, 李涛, 王昌度. 学术论文网络优先传播主要途径辨析及整合建议 [J]. 中国科技期刊研究, 2018, 29 (11): 1109-1113.

[80] 李海燕. 网络学术期刊发展中存在的问题及对策研究 [J]. 内蒙古科技与经济, 2012, 251 (1): 125-126.

[81] 吕淑珍. 网络学术期刊发展研究 [J]. 情报科学, 2005, 23 (12): 1827-1830.

[82] 郑继承, 段家喜, 杨蕾, 等. 数字出版平台下的光学期刊整合营销 [C] //2008年第四届中国科技期刊发展论坛文集, 2008.

[83] 王志刚. 约翰威利父子出版公司数字出版发展研究 [DB/OL]. http://www.bookdao.com/article/21321/.

[84] 向飒. 基于B/S/S构架的学术期刊网络化信息管理平台的构建[J]. 郑州大学学报(工学版), 2009(2): 116-119.

[85] 林树文, 曾润平. 期刊评价的产生与我国期刊评价的发展[J]. 情报探索, 2013(5): 43-50.

[86] 中国社会科学院法学研究所法制国情调研组. 中国学术期刊评价机制调研报告[A]. 李林. 中国法制发展报告No.9 (2011)[C]. 北京: 社会科学文献出版社, 2011: 300-326.

[87] 李玉进. 核心期刊评价及其负面效应[J]. 情报科学, 2002(12): 17-19.

[88] 屈燕, 李秀芳, 赵珍, 等. 谈谈"核心期刊"评价功能的负面效应[J]. 昆明医学院学报, 2007(6): 123-125.

[89] 陈丹, 陈新文. 学术期刊评价导向的异化[J]. 襄阳职业技术学院学报, 2013(6): 137-139.

[90] 胡玲, 傅旭东. 学术期刊学术评价功能的成因与机制研究[J]. 编辑学报, 2008(6): 201-203.

[91] 邱均平, 燕今伟, 刘霞, 等. 中国学术期刊评价研究报告[M]. 北京: 科学出版社, 2009.

[92] 朱强, 蔡蓉华, 何俊. 中文核心期刊要目总览(2011年版)[M]. 北京: 北京大学出版社, 2011.

[93] 北京万方数据股份有限公司. 中国科技期刊引证报告(扩展版)[R]. 北京: 科学技术文献出版社, 2012.

[94] 庞达. 大数据背景下学术期刊评价标准研究[J]. 科技与管理, 2016(4): 87-91.

[95] 杨红军. 网络环境下期刊评价亟待解决的问题[J]. 中国石油大学胜利学院学报, 2007, 21(2): 22-23.

[96] 周艳霞. 网络传播环境下对学术期刊评价体系的理论思考[D]. 中国优秀硕士学位论文全文数据库. 信息科技辑(51), 2011: 1-60.

[97] 薛晓芳, 陈锐, 何伟. 纯网络期刊评价指标、工具及其体系构建[J]. 中华医学图书情报杂志, 2011, 20(4): 16-20.

[98] 赵丹群. 学术期刊评价理论的演变分析[J]. 情报资料工作, 2013(2): 58-61.

[99] 赵星. 期刊引文评价新指标Eigenfactor的特性研究——基于我国期刊的实证[J]. 情报理论与实践, 2009, 32(8): 53-56.

[100] Chen C M, Hick D. Tracing Knowledge Diffusion[J]. Scientometrics,

2004, 59 (2): 199-211.

[101] Stoneman P, Diederen P. Technology Diffusion and Public Policy [J]. Economic journal, 2002 (104): 918-930.

[102] 吕志军, 王亚丽, 刘爽. 基于知识扩散理论的网络期刊评价研究 [J]. 数字图书馆论坛, 2018, 169 (6): 52-59.

[103] 楼文高, 张卫, 杨雪梅. 科技期刊学术水平综合评价的神经网络模型 [J]. 2009, 28 (9): 73-77.

[104] 张新华. 转型期中国出版业政府规制分析 [J]. 北京印刷学院学报, 2010 (1): 20-25.

[105] 吴金平, 王坤. 基于政府规制视角的网络文化管理研究 [J]. 经济视角, 2013 (4): 116-118.

[106] 崔国平. 我国传媒产业政府规制改革 [J]. 商业经济研究, 2009 (8): 87-89.

[107] 张雁凌. 欧美学术期刊网络版权机制研究 [J]. 编辑之友, 2013 (11): 109-111.

[108] 闫博慧. 学术期刊App优先出版的局限性克服与版权保护 [J]. 苏州大学学报 (哲学社会科学版), 2018 (2): 23-27.

[109] 白永秀. 产业经济学基本问题研究 [M]. 北京: 中国经济出版社, 2008.

[110] 张化冰. 互联网内容规制的比较研究 [D]. 中国社会科学院研究生院, 2011.

[111] 李盛之. 美国大众传播法律规制问题研究 [D]. 大连: 大连海事大学, 2012.

[112] 佚名. 欧美传媒产业规制及模式研究 [DB/OL]. http://max.book118.com/html/2018/0531/169860546.shtm.

[113] 龙一春. 日本出版业的规制方式及行业自律 [J]. 出版发行研究, 2006 (2): 65-69.

[114] Public Library of Science (PLoS). The ease of open access [EB/OL]. http://www.plos.org/about/open-access/.

[115] 吴帆, 秦长江. 国内外开放存取期刊平台对比分析 [J]. 情报探索, 2015 (4): 23-26.

后　记

书山有径，学海无涯。

在知识的海洋里徜徉，对于一个爱读书的人来说无疑是人生一件快乐的事。然而，学当以致用。我从1997年自中国人民大学经济学院（当时为经济系）硕士研究生毕业以后，被分配到东北财经大学出版社从事图书编辑出版工作，5年后调到杂志社从事学术期刊编辑出版工作，至今已20多年了，从对图书编辑出版的门外汉，到今天被人称为资深编辑，一直与知识的出版工作打交道、与学界人士做朋友，也算得上久经风霜了。然而，虽有修身、齐家、治国之理想，却不得不承认理想之远大，现实之无奈。即便如此，也常怀感恩之心、报国之志，于是，在出版领域勤耕不辍。

回顾学业历程，无非学习与工作对自己人生影响极深。学习和读书，改变了自己的人生。也是学习和读书，丰富了我的人生。因为喜欢学习和读书，我顺利考入大学，后来又念完硕士，读完博士，在求学道路上逐步走完学业之旅。然而，我也清楚地知道，学无止境，人生有限。在学业旅途上，我收获了知识，也收获了快乐，更获得了师生之谊，同学之谊。人生如此，已经足矣。

硕士研究生毕业之后，我从事编辑出版工作。在此期间，受到东北财经大学原出版社总编辑刘明辉教授、杂志社原主任吴旭东教授和宋亚非教授、杨全山主任等领导的器重和帮助，受到林桂芝老师、刘艳博士、韩淑丽编审、于振荣副编审等同仁的鼓励，在编辑道路上获得了一个又一个"优秀编辑"的光荣称号，并且先后出版了5部出版编辑学著作，获得了1项教育部人文社会科学规划基金研究项目和1项国家社会科学基金研究项目，从一个编辑，成长为一名副编审，再到2020年被评为编审，凤凰涅槃，苦中有乐。处于知天命之年龄，早已淡泊名利，只求健康快乐，且度余生。

大凡一个人的进步不单在于他本人的努力，还要有很多人来教导和帮助。在我的学业和事业征途中，从小学、中学，到大学，再到研究生，我的每一个阶段都得到了很多老师的谆谆教诲，我十分感念这些在我人生道路上给我授业解惑的导师，是他们的不懈努力和精心培育，使我取得了一个又一个的小小成绩。小学阶段的尚保德老师，初中阶段的苏金玲老师，高中的黄俊禄、高景文老师，大学时代的杨仁忠、王荣阁教授，研究生时代的彭刚、杨干忠、陈益寿教授，以及我博士生导师马秀岩先生，都让我感谢终生。我也非常感谢那些与我同吃住、同学习、同进步的同窗好友，以及在一起工作的同事们，他们使我在求学和工作中不感到孤独，并且给了我各种激励，使我积极进取。

悠悠岁月，慢慢人生路。如果有什么值得庆幸的，那就是我生长在一个和平稳定的中国，一个经历过百年屈辱之后再度日益兴旺发达的中国，一个由伟大的中国共产党坚定地领导中国人民迈向幸福生活的中国。在向全面小康社会迈进过程中，我们每个人都是建设者，都是当事人。做好自己的工作，也就是在给国家建设做贡献。

最后，感谢光明日报出版社工作人员，他们对这本书的出版做出了艰辛的工作和无私的奉献。希望本书对这个领域的研究和实践有所启发和裨益。

孟　耀

2020 年 12 月

东北财经大学梓楠楼